現代中國回憶錄叢刊 003 ■

我仍在苦苦跋涉

牛漢◎口述

何啟治、李晉西◎編撰

人間出版社

目錄

序

呂正惠

　　牛漢這個名字，既有鄉土氣，又讓人感到親切，我在一長串的「胡風集團」作家名單中首次看到，從此再也沒有忘記過。然而，這個歷史人名逐漸成為一個具體的作家，對他的作品與為人逐漸加深認識，卻又經過一段漫長的時間。有一天，我想從周良沛的一百位中國現代詩人評傳中選出十六位、編成一本書在台灣出版，選來選去，竟然發現自己把牛漢列入其中。如果是現在，我還會把牛漢的名字往前提升，列入中國現代詩人的前十名。三十年前，這完全是不可想像的。對現在許許多多台灣讀者來說，這仍然是不可想像的，因為他們恐怕連牛漢的名字都沒聽說過。

　　牛漢，本名史成漢，1923 年生於山西北部的定襄縣。祖先是蒙古人，元朝時鎮守河南，蒙古人被朱元璋趕回漠北後，他們家改姓史，落居在中國本部。牛漢身材高大、體格強壯，極能負重耐勞，這一切無疑來自他的蒙古血統。單看外表，你絕對想像不到牛漢是個詩人；看到了牛漢你也才能了解，詩人可以是多種多樣的。

　　牛漢的詩是非同尋常的，多讀了幾首以後，你會懷疑「詩可以這樣寫？」接著你會進一步思考，「那麼，詩是什麼？」突然，你會發現，文學教科書對於詩的定義似乎搖搖欲墜了。本書最後附錄了牛漢的三篇名作，建議讀者先加閱讀，以便了解我的驚訝。為了加深印象，這裡再舉三個例子：

　　　北方，

　　　落雪的夜裡，

一個伙伴，給我送來一包木炭。

他知道我寒冷，我貧窮，
我沒有火。

北方呵，
你是不是也寒冷？

我可以為你的溫暖，
將自己當做一束木炭，
燃燒起來。……（落雪的夜）

　　這是一首口語化的自由詩，沒有韻腳，沒有考慮到每行、每節的韻律感，好像隨口說出；但誰能否認落雪、寒冷、木炭、火、燃燒這一系列意象所表達的極端窮困與火熱的心靈的強烈對照呢？

啊，誰見過，
鷹怎樣誕生？

在高山峽谷，
鷹的窠，
築在最險峻的懸崖峭壁，
它深深地隱藏在雲霧裡。（下略）

風暴來臨的時刻，
讓我們打開門窗，
向茫茫天地之間諦聽，
在雷鳴電閃的交響樂中，

可以聽見雛鷹激越而悠長的歌聲。

鷹群在雲層上面飛翔，
當人間沈在昏黑之中，
它們那黑亮的翅膀上，
鍍著金色的陽光。（鷹的誕生）

本詩後兩節那種高遠的意象讓人沈醉、嚮往，但這是寫於文革期間作者在五七幹校天天苦力勞動、肉體備受折磨時。

我是根，
一生一世在地下
默默地生長，
向下，向下……
我相信地心有一個太陽

聽不見枝頭鳥鳴，
感覺不到柔軟的微風，
但是我坦然
並不覺得委屈煩悶。

開花的季節，
我跟枝葉同樣幸福
沈甸甸的果實，
注滿了我的全部心血。

跟前一首的精神昂揚相反，這一首寫一種踏踏實實往下紮根、因而體會到生活幸福的充盈感。這三首詩所綜合表達的那種人生「境界」，既是那麼簡單、樸實，卻又那麼深沈，超乎任何

理論，直扣人心。比起深奧難解的艾略特、里爾克等人，這種詩不是更能深深感動許許多多平凡的讀者嗎？難道這些不是極為優秀的詩嗎？

去年年底，《牛漢詩文集》（五冊，人民文學）出版，牛漢的朋友為他舉辦了新書發表會。原本只能容納 60 人左右的會場，卻擠滿了近百人。發表會持續兩個多小時，發言不斷，沒有冷場，大部分發言者都可以隨口引述牛漢的詩作。其中，九葉派老詩人鄭敏（90 歲）的發言讓我印象最為深刻。鄭敏上世紀四十年代畢業於西南聯大外文系，她的詩學習西方現代主義。她說，在西方，詩人是高高在上，備受社會尊崇，因此離群眾就比較遠。她很少看到像牛漢這樣的詩人，在中國各階層都擁有廣大的讀者群，這讓她對詩人在社會中的角色重新開始反省。這話講得很好。中國古代的著名詩人，都會寫出雅俗共賞的名作，流傳在歷代的中國人民的口誦中。在中國現代文學中，也有許多詩人繼承了這個傳統。由於中國現代歷史的特殊歷程，他們更進一步的成為人民的詩人，牛漢就是其中的佼佼者。

牛漢成長於抗戰時期，由於故鄉受到日本軍隊的侵占，不得不流亡他鄉，過著流浪的學生生活。他的青年時代，是和許許多多顛沛流離的中國老百姓同其命運的。為了戰勝這種命運，他加入了共產黨，參加了革命。革命成功後，他成為「胡風反革命集團」的一分子，此後二十年吃盡了苦頭。牛漢的一生，其實是許許多多現代中國人的縮影；牛漢的詩歌，唱出了歷盡千辛萬苦的中國人的心聲。這個生命，也許背負著常人所難以忍受的苦難，然而卻咬著牙關，終於熬過了最艱難的時刻。說是終於苦盡甘來，卻也未必見得。當然這不是就個人的得失而言，因為全民族的未來仍然有許多讓人憂慮之處。牛漢把他的自傳命名為《我仍在苦苦跋涉》，不但說明了他（還有全體中國人）的過去，也表達了他對現在及未來的關切之情。牛漢的自傳從一個側面反映了

現代中國曲折的命運，牛漢的詩歌表現了幾代中國人在堅忍中求生存、在生存中求發展的那種既沈潛又高昂的精神。

　　前年（09 年）五、六月間，我買到這本自傳，一口氣讀了大半本。後來要到北京，捨不得放手，就帶著走，一路讀到北京，終於讀完了。到北京後，住一對年輕朋友家，我跟他們介紹這本書。後來我又到東北去，把書放在他們家，一星期後回來，他們說，書已看完，真好看。確實如此，這是一本讓人看了就捨不得放下的書。我尤其推薦第一章和第十二章。第一章講童年，主要根據牛漢的散文編成，很少看到回憶童年這麼感人的，其中每一個人物都讓人難以忘懷。第十二章講牛漢在五七幹校時，如何在極端困苦的工作條件下，重新萌生了寫詩的衝動，這是了解牛漢第二次創作高潮的關鍵。一個人在極端困苦中，怎麼會產生一種精神的需求，這種經驗接近神秘，牛漢卻能夠講得那麼生動，我覺得，從這裡最能夠看出牛漢不平凡的個性與人生。說到這裡，突然又想起牛漢的一首短詩，就抄在下面，以結束這篇簡短的序：

　　　　是的，火焰可以撲滅
　　　　但仍然捕捉不住火焰
　　　　看到的只是焦黑的
　　　　被火焰燒過的痕跡

2011/8/19

第一章　「灰小子」的童年

（1923 年 10 月-1937 年 10 月）

1　灰小子

聽家裏人說，我是後半夜出生的。把我接生到世界上來的產婆是我們村的仙園姑姑。她滿臉麻子，粗手大腳，笑起來卻很美很甜。小時候，我曾答應為她畫像，她牢牢記住了。中學時，我在西北高原曾寫過一首詩獻給她。只記得詩裡有「棗紅的臉，棗紅的手」。

我是家裡第一個男孩。我上面有個姐姐，下面有一個妹妹，兩個弟弟。我一出生，首先接觸到的是柔細的沙土。沙土在熱炕上焙得暖乎乎的。我們那兒把這沙土叫綿綿土。我被綿綿土擦得乾乾淨淨。我們那裡的老人都說，人間是冷的，出生的嬰兒哭鬧，但一接觸到綿綿土，生命就像又回到了母體裡。

我出生在山西定襄縣下西關。定襄縣地處高寒的晉東北半山區，離雁門關和五台山都不遠，土地灰茫茫的，十分貧瘠。定襄縣城不大，只有三里十八步的一個圈圈。那時城裡加上四關的居民總共不過兩三千人。

由於地形的原因，西關分成高低兩部分。高處叫上西關，低處叫下西關。童年時就聽見城裡的人罵我們。順口溜說下西關「只見牲口不見人」，是把人都當牲口看的。外村人一到下西

關，聞到的是濃重的牲口味。由於村裡人代代都跟牛打交道，家家都有幾把祖傳的宰牛尖刀，連我們這樣的三代讀書人家，都有全套的宰牛刀。因此，外村人誰也不敢招惹下西關人，下西關的宰牛刀比人多。村裡有一半人走過口外。他們大都是摔跤好手，在每年的縣裡大廟會上能獲得幾個冠軍。

下西關人自古喝的是一口井裡的水。井在村西邊，井水帶苦鹹味。村北邊還有一口老井，但水已經變得很苦，連牲畜都不願喝了。苦命的女人常常坐在苦水井邊嚎哭。大人們說，這裡夜晚遊魂出沒，寒食節那天人們都來這裡呼叫自己的亡人。孩子病得「丟了魂」，女人們也來這裡叫魂。我曾陪母親叫過弟弟的魂。母親用哭腔呼喚，聲音拖得很長，生怕靈魂迷失遠方的孩子聽不見。井口附近好像是一處陰陽交界。

離村子不遠一里路光景，有一條河，叫滹沱河。滹沱河平時不像河，除去沙土之外，儘是大大小小的石頭。但人們都不敢走近它，因為不知什麼時候它就發大水了。發大水時，全村人都像不敢出氣，連狗都不敢叫了。從我三四歲時，祖母就對著我歎氣說：「你的脾氣像滹沱河。」

我小時候家裡有兩個院子，還有大車，但沒有騾子。十幾畝地，勉強溫飽。後來閻錫山開渠佔去十幾畝地，一年缺半年口糧。每年從外祖父家拉一車糧食。家裡有十幾隻羊，我小時六七歲就放羊，要一早趕出去讓羊吃上露水草。過冬割草，撿樹葉。

四五歲起，我迷上了捏泥。我自小就覺得泥土不髒，相信泥土是很神

▲1938年冬，在天水國立五中初中二年級讀書時所照。這是從一張山西定襄縣五中的小同鄉集體照片中剪下的，是牛漢最早的一張照片

聖的。我們家鄉是黃土地帶。黃土有黏性大的，也有黏性小的，有的金黃透亮，顯得有生氣，有的灰暗，無精打采。東古城有一塊土脈很特別，顏色金黃中透出微紅，像小孩的臉，用手摸時感覺微微有顫動。我偶然發現了這塊土脈，像發現了一個夢境。那一年，我不過五六歲，父親帶我去東古城逮紅脯鳥。我發現了這一塊上好的土脈。有一個很深的洞，不像有人住過，多半是掏獾子的人挖的。我鑽進去，發現土脈閃閃發光，顏色深紅。我發瘋似的用手去挖，哪裡挖得動。我用舌頭舔舔，有溫熱的感覺，斷定不是石頭。第二天，我一個人帶上鎬頭和籃子去挖。我裝了滿滿一籃子，彷彿採了一籃子鮮活的泥土的花朵。

我捏的東西中，一部分是拓的各種模子。有十二生肖，有樹木，有古代的文臣武將。模子是我在寺廟裡拓的。大革命那陣子，我們縣城隍廟的神鬼，讓念書人，其中有我的父親用套車的韁繩全部扳倒了。但毀廟裡的神仙有三種神不扳：孔夫子、財神爺、關帝爺。

有一年，陰曆七月十五到神山去趕廟會。神山又叫遺山，詩人元好問晚年就住在這裡。元好問讀書樓的門窗上全是雕刻，還有雕刻到青石上的。這一帶的石匠遠近出名，五台山上最有名的石牌樓就是神山附近青石村的石匠雕的。我不去看戲，只顧拓模子。拓好模子，裝在籃子裡，用濕手巾蓋上。遊客以為我是賣吃食的。「賣啥？」我掀開濕布讓他們看。為了拓模子，最遠的一次，我到過河邊村（離我家四十里）。閻錫山父親死的前幾年，他把附近最好的石工找來為父親修墓地。我偷偷拓了一些。

我拓的模子有成百個之多，擺在成年不見陽光的東屋的牆角。這牆角是一塊禁地，妹妹和兩個年齡更小的弟弟，都不敢闖入。我買了顏料，模子有的塗成彩色的，有的覺得不上色倒更美些。我自己也學著捏，捏一些簡單的東西，如雞兔之類。我的這些泥塑，在村裡孩子們中引起很大的興趣，比廟會上賣的那些泥

玩藝兒不差。他們問我要，有時候我給他們，有時候我要「報酬」，他們用香瓜、桃子和甜杏核來換。

我自小也癡迷畫畫，但第一次「創作」始於何年何月，真說不清楚。在我的骯髒的衣袋裡，總裝著幾塊木炭或粉筆頭。我畫公雞、馬、綿羊、豹子，還有我從來沒有見過面的帆船。有一次，我模仿灶君奶奶的神情，把我祖母畫到窗戶紙上，當鄰居金祥大娘邁進我家院門，還沖著那張畫叫我祖母。

當年在我家屋裡屋外的牆上，村裡街巷，甚至在神聖的高不可攀的城牆上面，都留下過我的手跡：木炭塗的，小刀刻的，幾乎成為村裡的「公害」。父親逼著我把我的那些「創作」全部擦掉了。但不可能擦得一乾二淨，總還留下一些隱隱的圖像。

父親沒有逼我擦掉的兩張畫是創作在「泥爐」上的。每年夏天，為了避免在屋裡起火，常常在院子裡生一個很大很壯實的泥爐做飯。泥爐是棕紅的膠泥捏製成的，用柴草、高粱稈或脫粒後的玉米棒子當燃料，火焰很旺。我常常看得發呆。有一回突然生出一個幻覺，覺得爐膛是一張面孔，有耳朵有鼻子，只差一雙眼睛，他就能活了。於是我用木炭在爐膛上面畫了兩隻大眼睛。頓時，泥爐就變成一副人的面孔了。每當做飯時更像，是副笑的面孔，而且笑出了聲，舌頭紅紅的，一伸一縮，彷彿在說話。我還把外婆家的也畫上了。父親說，看上去很像我們村的王村長的神氣。父親讓我長大了學畫，還給我從太原城買了一盒馬頭牌水彩顏料。1937 年，在戰火中逃難時，我還把它寶貝似的帶在身上。

小時候，我愛學聲音。學什麼，像什麼。最喜歡學狗叫，學雞打鳴。每天早上，炕上並排著我們四個孩子，由我領頭叫。我領頭叫什麼，他們就跟著叫什麼，逗得我的祖母笑得眼淚花花。我學得最像的是小栽根兒賣黃酒的吆喝聲。有時候我在小巷裡學，人家以為是真的小栽根兒挑著黃酒擔子來了。小栽根兒可能已有五十，聲音很清脆洪亮，用童音學他，一學就像。有一天，

我在家裡得意地學城裡那個賣熱包子壓麵的吆喝聲。我一邊學，一邊問祖母：「學得像不像？」祖母一聲不響，不耐煩地說了一句：「我不願聽。」

母親聽到我學的聲音，對我說：「千萬不要學這個賣熱包子壓麵的吆喝聲。」我莫名其妙。後來我只在上學的路上學著吆喝。過城門洞時，總要多喊幾聲，嗡嗡的回聲很好聽。奇怪的是這位賣熱包子壓麵的人從來不到我們下西關來叫賣。不久，母親告訴我，「那賣包子的大個子就是你奶奶的弟弟。」還說，奶奶跟娘家人絕交了。

我小時候很淘。七歲那一年入秋以後，在滹沱河游了最後一回水，一上岸就往官道跑。每年這個季節，寒食節與中秋之間，孩子們都知道有個地方暖和，那是個十分隱秘的地方，要冒著風險。它就是村邊官道上被大車碾壓成的一段深深的車道溝，有一尺多深。我們讓一個小孩子瞭哨，看見有大車過來，喊一聲，我們好鑽出來讓車過去。太陽下山好久，天暗下來，這時我已經睡著了，突然渾身火辣辣地被什麼抽打得痛醒過來。一個趕大車的老漢，啪啪揮著牛筋鞭子，朝我們幾個狠狠抽下。痛得鑽心，我們飛快跑到旁邊的一個土坡上，這才看明白，為我們放哨的小孩子不知跑到哪裡去了。趕車的老漢把我們痛罵了一頓。原來是騾子發現了我們，仰起頭朝後穩住了車，耳朵被抽出血了，它也沒往前邁半步。老頭朝我們大聲喊：「還不給騾子跪下，是它救了你們！」我們幾個一齊跪下。只要騾子再邁一步，我們幾個必定死在車輪下，世界上就不再有我了。爬起來後，我們都哇哇地哭了起來，彷彿生命又一次得到誕生。

從五歲起，我幾乎天天練摔跤。冬天光膀子摔跤。那時我瘦小，常被摔得渾身青腫。有一天，村裡的頭號摔跤手佩珍伯伯說，吃螞蟻能長力氣。他說：「你沒見過嗎？小小的螞蟻能拖動比它大幾十倍的東西。」於是我開始逮螞蟻吃。螞蟻跑得快，我

半天才逮住一隻。我閉起眼睛連頭腿一塊吞進肚裡，酸得直流淚。我吃螞蟻一直吃到十二歲上初中那一年為止。

我還活吞過小魚仔。我們那裡祖祖輩輩沒有吃魚的習慣，我也不是為了吃小魚仔。那些生在水窪裡的小魚仔，身子是銀色的，長短不足一寸，它們在水裡游來游去，陽光下發出五彩的光芒，我常常看得入迷。聽大人說過魚味腥臭，不能入口，我抓著它們只是好玩。小魚仔抓到手，攔在掌心，活蹦亂跳，一不小心，就跑了。於是一旦抓到，趕緊放到嘴裡。「看你還跑不跑？」只覺得小魚仔在嘴裡、喉嚨裡不停地掙扎，一直到深深的肚子裡。吞食它們時，非但不覺得難咽，還有一些奇怪的快感。我對祖母說，活吞小魚仔比吞咽麵條還順溜。祖母說我造孽，下輩子讓我轉生成小魚。我吃螞蟻，祖母也說我造孽，說下輩子讓我轉生成螞蟻。

十歲前，我得了個「灰小子」的外號。我們家鄉口語中的「灰」，有作害的含義，也有倒楣的意思。村裡的大人把頑皮成性、難以馴服的孩子叫「灰小子」。全村五六十個孩子也不過三五個能得到這「灰」的頭銜。我雖不屬於最灰的那兩個，也被劃歸到了灰類裡。但大人們叫我「灰小子」時，我能聽出他們的聲音裡，總帶著點關懷或期望的好意。我上小學後，同學們又送給我另外一個外號「灰瓦」。「灰瓦」是品位最低的一種普通鴿子，我不高興聽。有人叫我，我從不答應。誰都知道我的脾氣強，以後人們就不叫了。

母親說我的膚色很小的時候偏黑，被叫過一陣子「黑小子」。後來黑漸漸轉成灰。灰膚色缺乏血氣、生氣和靈氣。上高小時，我患有嚴重的貧血，站久了，眼前發黑，渾身冒冷汗，還暈倒過一回。

老人們常說，三歲看大，七歲看老。應在我身上，格外準確。生成的個性幾乎改不了，生命的外貌與色澤仍是以暗色為

主，從小到大，沒有光彩過一天。太陽怎麼曬，也面不改色，仍然是沙漠和戈壁的那種灰調子。我有點相信，這多半跟我的祖先的血液有點神秘和神聖的關係。

2 我是個蒙古人

從小知道自己是蒙古人。

聽家裡人說，我們的老祖宗是蒙古人。元朝，我的祖先官大，是駐守洛陽管轄豫、陝、晉交界地區的軍事首領，叫芒兀特兒。據我父親說，他還被封過王。芒兀特兒手下有一位親信，漢族人，姓史，山西晉南人。元朝滅亡後，芒兀特兒就冒充是這位手下的家屬，逃到山西，改姓史。至於什麼時候定居定襄的，就不太清楚了。

曾祖父史復榮，多半輩子在口外草地經商，我小時候還見過帳本。曾祖父先在後套一個叫東勝的地方，後來在經棚（離赤峰不遠）喇嘛廟呆了多半輩子。經棚，蒙古人聚居的地方。我們家的院子就是這位能賺點錢的曾祖父置辦的。我沒有見過他。

我不知道我的曾祖母的名字。她十分疼愛我，管我叫「漢子」，引得全村人發笑。我們那裡，只有女人叫自己的丈夫才叫「漢子」。曾祖母至少活到八十歲以上。我四歲那年，她無疾而終。我跟她在一個大炕上挨著睡。她死的那天晚上，把被褥鋪好，像往常那樣，久久不動盤腿坐在上面，把被窩焐熱。我光身子鑽進被窩，她拍我半天，直到入睡為止。我第二天醒來，發現一雙新繡花鞋露在曾祖母的被頭外，也看不見她的臉。我坐起來，剛喊了一聲「老娘娘」（家鄉對曾祖母都這麼叫），就被抱到父母住的屋子裡。

聽說曾祖母年輕時性子很剛烈，說一不二。我的記憶中，她很慈祥。她的個子好像不高，穿的襖肥而長，寬大的袖口捲起半

尺來高,裡面總放些小東西。有時,她會叫我到跟前,從裡邊掏出幾個醉棗或麥芽糖。她總愛用粗糙的手撫摸我。晚上,我鑽被窩裡,她會慢慢從胸口摸到我的腳心。口裡還念念有詞:長啊!長啊!

我的祖父叫史煥文,清末知識份子,也就是個秀才(廩生)。祖父清末民初在呼和浩特(當年叫歸化城),辦報宣傳「民族自決」。報紙是蒙、漢兩種文字。在民國初年,他思想開明,主張「民族自決」,說民族不能被「歸化」。他從呼和浩特一回家,就得肺癆病死了,才三十多歲,埋在老家的祖墳裡。我從未見過他。只見他遺留下來的簽章,字寫得遒勁有力。

老家的祖墳有三處。一處叫老墳,有十個八個墳頭。還有兩處墳地。一處是本家伯伯家的,埋有上兩代祖先。另一處是我家的,埋著我的曾祖父母,我的祖父,一位未成年的叔父也埋在一起。由此看來,我們家族在當地是真正的外來戶,在定襄生根並沒有多少代。

我七八歲起經常放牧的羊,有十來隻,是從蒙古趕過來的。有一隻個頭特大的黑臉羊,能馱動草袋和我。

我的祖父的堂兄弟們有些還在內蒙。父親跟我說過,內蒙的豐鎮,有我們家的一支人。我姐姐結婚時,我十一歲,他們從內蒙那邊帶來好多乳製品,還趕著幾頭羊來祝賀。記得口外來的那個本家在砧板上剁肉,一手一把刀,姿態悠然靈動,做的羊肉特別有味。

外祖父家也是蒙古族。外祖父與祖父是同學,年齡相仿。我的名字史成漢是外祖父起的。聽父親說本來取名史承汗,希望繼承祖先的業績,但上小學時,被小學老師改了,把蒙古的成吉思汗的「汗」,改成了漢朝的「漢」。外祖父一手顏真卿體好字(厚重)。城裡不少商鋪的店名都是他寫的字。

家人相信我們祖先會保佑我們。我十歲時得過一次副傷寒,

高燒不退，很長時間處在昏昏迷迷之中。大約病了八個月，多半在炕上躺著，不讓活動。父親當時在太原教育學院讀書。祖母日夜守在我身邊。祖母常常給我講民間的故事，也講有關我們史家祖先的傳說。記得我病得很危險的那一陣子，有一天，我醒過來，發現我的枕頭邊放了一把劍，不帶鞘，劍刃很鋒利，劍把的雕刻非常精緻，還帶有長長的暗黃色穗纓。昏沉中聽見祖母跟母親在說話。祖母說：「還是祖先的神靈能保佑他。」

後來我的病好些，能坐起來，劍還日夜陪護著我。劍是母親從另一本家那裡請來的，說這把劍是我們幾百年前老祖先留下來的。這位祖先是元朝的一員驍將。傳說他在一片茫茫無邊的黑戈壁上受了重傷，自知命在旦夕，就把他的佩劍交給部下帶給他的遠在洛陽一帶的父母，當作永遠的紀念。他沒有把劍鞘帶回家，他和劍鞘一起埋在了黑戈壁。為什麼沒把劍鞘帶給家人？傳說他讓家人以後帶著劍去尋找他的遺骨。如果他的身邊沒有劍鞘，就很難認了。

我的病大好之後，能下炕走動了，這把劍還和我形影不離。我一邁出家門，祖母就說：「把劍帶上。」好像有了劍，妖魔鬼怪就不敢靠近我了。小時候，我也相信這把劍對我有保護作用。因為當我握著這把劍的劍把，劍彷彿自己就會抖動起來，我的手稍稍使勁揮動一下，劍就會嗡嗡作響。因此，帶著它，我喜歡不時地抖動著它。

這把劍身上嵌有七顆星，是銀白色的。在黑夜裡它能閃出微光。據說有一代祖先曾經為它配了一個珍貴而精緻的劍鞘，但剛套上去，就破了，變得粉碎。最初還以為是劍鞘不合適，但配了幾次，都是一樣的結果。所以這把劍一直是赤裸裸的。

我們家從不過八月十五中秋節，家鄉有「八月十五殺韃子」的說法。我們家的生活習慣中，帶有很多先民遊牧生活的遺跡。像誰家生孩子，就要到五道廟附近一堵山牆上取石獅子回家，放

在嬰兒的旁邊守護著，滿月後再送回去。

　　1947 年夏天，我在上海拜訪翦伯贊先生。他一見我，就說：「你不是漢人。」（1948 年見到艾青，他也這麼說。）我對他說：「我老祖先是蒙古人。」他說：「是有蒙古人的那副神氣。」他說他是維吾爾族，是「你們的祖先把我們脅迫到湖南的。」我說：「那為什麼不回到西北去？」想不到他的回答的話幾乎和我父親說的完全一樣：「多少代在湖南已經習慣了，不想回到西域。」

　　我迷戀草原和沙漠。上世紀八十年代，我曾到新疆訪問，回來後將近十年，我的心彷彿還留在那裡，還想再去。相比之下，桂林山水我見過一次就不想再去了。幾次路過蘇州，卻無心遊覽。我相信，家庭的生活習俗和有關傳說，以及血液裡很難消失的民族氣質，對人的一生起著非常重要的作用。我早期的詩跟沙漠草原有關，像《西中國的長劍》，《鄂爾多斯草原》等等。

▲1986 年，牛漢攝於新疆

3 成漢,快回家來,狼下山了⋯⋯

祖母劉明燈,小名「臭妮子」。她很少說話,幾乎聽不到她的笑聲,也聽不到她的一聲歎息,她總是從清早忙到深夜。她跟左鄰右舍的奶奶輩的人都不一樣,好像只有深深的憂傷。

童年時,每當黃昏,特別是冬天,天黑得很突然。村裡許多家的門口,響起了呼喚兒孫回家吃飯的聲音。喊我回家的是我的祖母。祖母身體病弱,聲音也最細最弱。但不論在河邊,在樹林裡,還是在村裡哪個角落,我一下子就能在幾十個不同的呼喊聲中分辨出來。她的聲音發顫、發抖,但並不沙啞,聽起來很清晰。「成漢,快回家來,狼下山了⋯⋯」

我們那一帶,狼叼走孩子的事發生過不止一次。祖母最後的呼喚,帶著擔憂和焦急。她的腳纏得很小,個子又高又瘦,總在一米七以上,走路時顫顫巍巍的。她只有托著我家大門框才能站穩。久而久之,我家大門一邊門框,由於她天天呼喚我回家,手托著的那個部位變得光滑而發暗。天寒地凍,祖母的小腳不時在原地蹬踏,腳下那地方漸漸形成了兩塊凹處。

我風風火火地到大門口,祖母的手便離開門框扶著我的肩頭。她從不罵人,至多說一句:「你也不知道肚子餓。」

大約在曾祖父和祖父相繼去世的前幾年,我家還有大車和騾子。祖母的娘家兄弟正做著什麼大生意,通過我祖母,我們家給劉家投資不少。誰料幾年以後,生意虧了大本,連投入的老本都沒有了,祖母為這事承受極大的羞辱。聽說祖父的喪葬費都是借的高利貸,到期錢沒法還上,把十來畝水澆地抵押給城裡的大財主戴玉堂。從此以後,我們家的生活越來越困難,祖母心裡的負擔就可想而知了。她跟娘家人斷了往來,當然不喜歡我學她弟弟叫賣熱包子壓麵的聲音。

祖母三十幾歲守寡,中年又失去幼子,也就是我的叔父。我

見過她到村北的苦水井邊哭過幾回。母親讓我陪她去，她總對我說：「不用擔心，我不會尋死。」她的腳奇小，從我家到井邊，走走歇歇，少說得走一頓飯工夫。她哭過後很平靜，回家照常做飯，不像有些女人，哭一回，幾天不吃飯，不下炕。我猜，如果沒有我們這幾個第三代需要她養育，她說不定早就棄絕人世了。

我自小認為，祖母是個內心靈秀的女人。她給我講故事，有時說出一些極有詩意的話。有一年打棗，她詩興大發，說：「樹上的棗子不能打得一乾二淨，要留十顆八顆。到下雪時，這幾顆留下的棗子會出奇地紅，出奇地亮。一來看著喜氣，二來冰天雪地時，為守村的鳥雀度饑荒。」

我母親生孩子多，我自小由祖母帶著。我的童年記憶，有許多祖母的身影。有一次，我們家的羊要生小羊了，祖母比平時說的話更少，不斷去羊圈觀看母羊的情況。那幾天，她夜裡沒有鑽過被窩，像生四弟時那樣穿著齊齊整整，坐在炕頭聽動靜。嚴寒的冬夜，圈裡的羊咩咩叫，很像人的哭聲。夜裡須餵一頓夜草，都是祖母起來餵的。夜那麼寒凍，祖母有嚴重的胃病，我夜裡醒來時，聽見祖母忍受疼痛，發出斷斷續續的哼哼聲。聲音很微弱，她生怕驚醒了安睡的孩子們。

我離開家鄉後，祖母很想念我。我的那些泥塑，她不讓弟妹們動。說：「那是你哥哥的命。他回家看少了幾個，饒不過你們。」

祖母常去看我的泥塑。掀開她找的擋灰的蓆子看看，說：「泥胎上有成漢的手印。」是哪個手指頭的指紋，她都認得出來。家裡人說，祖母 1943 年去世前，一直唸著我和父親的名字。

4　永恆的沉重

1929 年春節前幾天，在北京的父親寫回一封信，說他不久將返回家鄉，還說為我買了一個很結實的書包。父親在信中說，我

已經到了上學的年齡，不能總在家裡頑皮作害。上學那天，我雙手空空，穿戴整齊，跟在母親後面。一路上遇到的人，都高興而誠懇地對母親說：「這娃娃是該上學了。」口氣裡有一些別的含義。有人還誇獎我一句：「今兒可是乾乾淨淨像個人了。」

真的，我從來沒有這樣整潔過。祖母逼著我用當肥皂用的麻雀糞把「糞叉般的手」和「車軸般的脖子」搓了又搓，把專為我燒的一鍋熱水都用光了。

母親拎著一包從城裡點心鋪文盛齋買的棗子糕，油都滲出了包裝紙，十分饞人。學校在「子方廟」裡。母親與老師馮百成是熟人，馮老師與我父親同過學。母親叫我「給馮老師叩個頭。」我規規矩矩行了禮。馮老師把我領到教室，就是廟裡從北朝南的大殿，為我找了一個座位。

老師剛走，一個高出我一頭的學生，自稱武舉的王村長的兒子王仁義，朝我走來。「你既然是這個學堂的學生，就得刺個梅花點。」「什麼時候刺？刺什麼地方？」「左手臂上。」王仁義伸出自己的臂膊。村裡大人們有不少刺過的，似乎人長大了，成人了，就得刺上這個標誌。王仁義先在我的左手臂上塗上黑墨，立即用針紮起來。一個點至少紮十幾次，五個點就得紮八九十次。王仁義問：「疼不疼？」我笑笑說：「不疼。」這點疼比起黑肚母蠍子蜇人的那種鑽心的疼真算不了什麼，我被蜇過好多次，疼得一夜睡不著。

我是開春上的小學。放暑假的第二天，父親回來了。父親問我：「你考了第幾名？」我說：「第二名。」父親摸摸我的頭，誇了我一句：「不錯。」祖母大聲說：「他們班一共才三個學生。」父親板起了面孔，對我說：「把書本拿出來，我考考你。」我不怕考，我是怕父親看見我課本——哪裡還像本書，簡直是一團紙。書是攔腰斷的，只有下半部分，沒有封面，沒有頭尾。我以為父親要揍我了，但沒有。他愁苦地望著我淚水盈眶的

眼睛，問：「那一半呢？」我說：「送給喬元貞了。老師規定，每人要一本，而且得擺在課桌上，我只好用刀砍成兩半。」父親知道喬元貞家窮，問：「你們兩人怎麼讀書？」我說：「我早已把書從頭到尾背熟了，喬元貞所以考第一名，是因為我把名字寫錯，『承』字中間少一橫。」父親歎著氣。

我們那裡管上學叫「上書房」。每天上書房，我家的兩隻狗，一大一小跟著我。課本的第一個字是「狗」，我有意把狗帶上。兩隻狗待在教室的窗戶外等我。我說：「大狗叫。」大狗叫幾聲。我叫「小狗叫。」小狗就叫。我們是四個年級十幾個學生在同一個教室上課，有時引得哄堂大笑，課沒法上了。下課後，馮老師狠狠地訓我一頓，說：「看在你那知書識禮的父親的面子上，我今天不打你的手板了。」他罰我背書。我從頭背到尾，兩隻狗蹲在我的身邊，陪我背書。後來馮老師還誇我的狗聰明。

我在馮老師那兒念了一學期，父親走時，讓我隨他到崔家莊小學念書，我也就到那兒去了。小學老張老師對我說你要學顏字，不能浮躁。後來又考入縣城高級小學。我正榜無名，被列為不光彩的備取生。高級小學必須住校，管教很嚴格，穿上操衣（制服），戴上圓形的帶沿的鱉殼帽。這個樣子，連祖母都笑著說：「這才像個人樣兒」。

高小的校址是文廟，大成殿修得像北京的太和殿，很有氣派。殿裡塑著孔夫子的像，一年四季門窗關得死死的。殿裡面黑洞洞的，只有孔夫子的琉璃眼珠子是亮的，一閃一閃，異常可怕。「五四」運動那一陣，人們對三個神沒有敢動手：財神、關老爺，還有孔夫子。看著孔夫子坐在大成殿裡，總想進去摸摸，就是進不去。

有一年的舊曆七月的一天，趙校長說文廟將要有個隆重的集會，大成殿的裡裡外外必須打掃乾淨。我們全班花了一個上午，才把殿裡厚厚的塵土和麻雀糞清掃完。不安分的我，想摸摸孔夫

子的臉，對趙校長說：「稟報趙校長，孔夫子一臉的塵土，我爬上去給他老人家擦一擦吧！」

我脫下鞋和布襪子讓好朋友王恒德幫我擱起來，生怕臭味熏了聖人孔夫子。我用手掌把聖人的眼珠子抹了又抹，又用雞毛撢子把孔子渾身上下的塵土和麻雀糞掃了一遍。我突然發現背後有個圓圓的洞，想伸手進去摸。王恒德對我呼叫：「成漢，裡邊說不定有蛇，小心。」他遞給我一個小棍子，我攪動了一陣，聽到「噹」的一聲，碰到個硬東西。手伸進去，沒有摸著，只摸到一把腥臭的羽毛，還抓出一條完整的透明的蛇皮。我深信裡面還有什麼，大聖人的肚子裡就如此空空，連心肝五臟都沒有？但趙校長在殿裡走來走去，我只好下來。我悄悄把大殿的一個窗閂拔了，想找機會再來把聖人肚子裡摸個清楚，王恒德把這一切都看得很清楚。

周日下午半後晌，我和王恒德提前返校。我在洞裡摸了好幾遍，終於掏出了那個噹噹響的硬東西。那是一面古老的鏽跡斑斑的銅鏡，正面平滑，我看見發白的變得陌生了的面孔，心裡一陣恐慌。鏡子的背面有葡萄花飾，很好看。我家也有這樣一面銅鏡，擱在母親的針線筐裡，母親做活時，不時在銅鏡上面磨一下針尖，夜裡還能爆出一閃一閃的火星。我把銅鏡揣在懷裡，心跳得咚咚直響，彷彿多了一顆心，彷彿鏡子會跳動。我突然想，這是孔夫子的心。恒德也說銅鏡是孔夫子的心，主張當天送回去。否則大家來祭祀，聖人的心都被掏了，實在是樁不可饒恕的罪。當年我和王恒德都篤信鬼神，以為這面銅鏡既然是孔夫子的心，一定有神靈附在上面。但是送回去已經來不及了，返校的同學越來越多，我只好把它帶回寢室藏起來。

晚上，寢室的油燈吹滅之後，我和恒德把銅鏡擱在熱熱的胸口上，摸來摸去，冥冥中以為這顆聖人的心能感到我們對它的愛，因而會幫助我們。上課時，我把鏡子揣在懷裡，由於不能安

下心來聽課，心慌得咚咚直響，總覺得孔夫子的心也在一塊兒跳動。由於上課思想不能集中，非但沒有變得聰明起來，成績反而下降了許多。這時我才覺得孔夫子在懲罰我。王恒德上課沒有揣鏡子，心惦著，眼神都有些恍惚，像生了病一樣。他本來是全班的優秀生，如今成績下降了。銅鏡成了我和恒德的一塊心病。

我們約好第二個星期天去還銅鏡。我早早地返校，左等右等，不見他返校。我又不敢獨自跳窗還回銅鏡。恒德曾一再叮嚀：「一定要等我返校後一起幹。」他深知我是一個冒失鬼，難免會出什麼差錯。

我一整夜折騰沒有睡。第二天上午上完第一節課，休息一刻鐘，我小跑回寢室，不見恒德回來，卻見到一個大人。他用低微的聲音對我說：「我是王恒德的爹，你是成漢？」我說是。我已經感到什麼災難來了，焦急地問：「恒德生病了？」王恒德他爹兩眼的淚大河決堤似的流下來，一句話不說，走了過來，緊緊抓著我的手：「恒德昨天耍水淹死了……」耍水就是游泳，恒德剛學會。我哇哇地哭了起來。我真想把偷銅鏡的事坦白出來，但趙校長來了。當時我心裡只翻騰著一句話：「我把恒德害了！」我偷了孔夫子的心，卻讓恒德頂了我的罪了。

當天晚上，熄燈鈴搖過不久，我摸黑到大成殿背後，但那扇窗戶早被閂起來，推了幾次都推不開。我不知怎麼辦才好。銅鏡無論如何不能帶在身邊了，送不回去，又不敢扔，那樣更造孽，我慌張得哭了起來。在朦朧的月光下，看見明倫堂前面有一棵杜仲樹，何不把銅鏡就埋在樹下，總比揣在身上要安心一些。於是，我就把銅鏡埋在樹下面。沒有遇見一個人，我哭著回到寢室，一夜沒有合眼，手不停地去摸已經空了的恒德的床。我和他同歲，他在人世只活了不足十一個年頭。

那面銅鏡我最終未能送還給孔夫子。恒德的死也成為一種永恆的沉重。

　　我在家鄉的讀書生涯又繼續了兩年，兩年後，抗戰爆發，我不得不跟著父親離開了家鄉，開始了流離的生活。

5　母親是個很不簡單的人

　　我母親牛英鳳，1901 年出生，是個很不簡單的人，非常勇敢、倔強，從一出生就是這樣。

　　出生前，外祖父就放出話：「再生一個閨女就摔死她！」母親是老三，上面有兩個姐姐。外祖父看見是一個女孩，提著母親的腳，把她扔到了磨坊。外祖父本想把她摔死，但她手腳亂動，非常有勁，外祖父抓不牢，只好扔到牆角就算了，外祖父想摔不死也會凍死吧。

　　母親一直哭，老長工聽見了。老長工說活了幾十年，從沒有聽見過那樣的哭聲，不像剛生下來的娃娃的哭聲，她好像懂得死。幸好那牆角正好有一堆乾糞，母親身上沾了一身乾糞，就像穿了一身衣裳，才沒有凍死。老長工不敢救，村裡一個女人看見了外祖父提著母親，母親一路哭著，她看著心酸，就悄悄跑到磨坊，把母親抱回家，母親已經凍得鐵青。女人不敢告訴誰，連我外祖母都瞞著，把母親在熱炕頭上焐了兩天，又到村子裡求了一點人奶，才好歹沒有餓死。第三天，女人把母親抱給外祖母。母親命硬。母親自己也說，女人命苦，就是要硬一點。

　　長大後，母親死活不纏腳，纏了幾次，都讓她給扯了。母親是全縣第一個不纏足的。她個子不大，走路完全是蒙古人的姿態。

　　母親也是縣裡第一批女學生中的一個，讀完了高小。小時候，教我背唐詩的是母親，並不是父親。儘管父親常常獨自吟詩。母親教我幾十首唐詩，從不向我講解內容。她用家鄉口語，只有我這個兒子能聽懂，我覺得很動聽。

　　外祖父與祖父是同學，年齡相仿。也許是這個原因，兩家人

才聯了姻。家裡家外母親主事當家，祖母做飯。

我上小學的時候，閻錫山開了個己巳渠，佔我們家十幾畝地卻不給錢。我們家和閻錫山家河邊村相距四十里。三十歲的母親懷裡揣著刀，坐拉炭的車悄悄去河邊村閻公館，想殺閻錫山。結果被抓起來，吊打了兩三天才放了。外祖父在定襄縣是個有錢有勢的人，閻錫山不敢殺母親。

母親回到家裡後，還是不服。閻錫山的秘書吳紹之是父親的朋友，吳紹之說己巳渠放水那天閻錫山要坐汽車巡視管道。放水那一天，母親帶著我們一家連正在上小學的我都在內，都跪在水渠。閻錫山的汽車來了，母親大喊：「佔地不給錢，把我和孩子壓死算了。」最後閻錫山寫了欠錢的字條。錢後來倒是給了，很少，水地一畝四五十元只給十幾元。我家不接受，向南京民政部寫信控告，自然無結果。因此，這筆錢，我家一直沒有領。

外祖父同村同姓的朋友牛誠修曾做過南京民政部司長一類官，讓母親告到南京民政部解決，但終究告不下來。

1935年，當時我在城裡高小讀書，三舅在定襄縣汽車站被何應欽的特務抓住，關在定襄縣的看守所。那幾天，我請假，回到家住，給三舅天天送兩頓飯。母親讓我在城裡肉鋪割了幾斤羊肉，祖母擀了白麵麵條。羊肉臊子湯麵，盛在一個黑色的有提手的瓷罐裡。我的性子急，一路小跑，盪出不少油湯。第三天，母親跟我一起送飯，飯罐由她提著，可她比我還性急，一路走，一路灑。我在後邊提醒她，她似乎沒有聽見。

母親在看守所門口見到北平來的探子（看穿戴就知道不是家鄉人），沖著探子破口大罵：「我這個三弟弟，是世上心最好的人，你們來抓他造大孽，你們這輩子都不得好死！」母親要進看守所看住的條件，幾個探子攔住不讓進，母親跟他們吵了一頓。

三舅被押解到太原，關進牢裡，母親跟著去了。母親為三舅送牢飯，還縫了囚犯穿的褲子。因為睡覺不能下鐐，褲腳分成兩

片，睡覺時可以脫下來，白天用帶子把兩片褲腳緊緊拴住。

1946 年我在漢中被捕。父親個性比較柔弱，沒去漢中，聽說我的腦袋被砸爛了，一個人在家歎氣，喝酒，寫悼亡詩。我母親坐玉門油礦的車從天水來探望我。漢中法院有個推事，姓邢，是定襄老鄉，母親認識。母親在這個老鄉的幫助下先安頓下來，然後到獄中來。母親一個人穿著一身黑布衣裳，是來漢中等著收屍的。一看我還活得好好的，母親隔著兩道鐵柵欄，望著我笑了好一陣。母親不哭，我哭了。這是 1946 年 5 月間的事，我二十三歲。

1955 年我成為「胡風份子」被捕後，母親無法理解，憤怒中用火燒毛的相片的眼睛，邊燒邊說：「我兒子死心塌地跟你鬧革命，你這麼對待他，真是瞎了眼！」

父親去世（1961 年）後，母親常來北京。帶著二弟弟的大女兒到北京。她愛孩子，哄孩子。二弟大女兒老哭，母親讓她吃奶，孫女在母親六十多歲時居然呕出奶來了，還很多，真是奇蹟。

「文革」前母親回老家了，在妹妹家住，妹妹史翠梅。妹妹丈夫姓傅，傅山的後代，是名門之後，但到妹夫一代沒什麼文化。大姐，史仙梅。我是老三，史成漢。姐姐、妹妹都在老家，農民。

我在幹校每月寄母親 30 元，年節多寄一點。母親 1970 年去世。

6 父親影響我的一生

我的性格像母親，但晚年倒有點像父親，長相像父親。一生中，父親是影響我的兩個人中的一個。

父親叫史步蟾，生於 1903 年。

　　父親先在山西一個縣農業中專讀書，畢業後到北京大學旁聽了兩年，是外祖父出的錢。在大學旁聽時，父親訂一些新文學雜誌。他本來想革命，對革命懷有熱情，但 1927 年大革命失敗後，對政治，對革命，對中國共產黨有消極看法。他回到了家鄉，虔誠地種了幾年地。父親後來去教小學。

　　被閻錫山佔了水地後，我家只剩點坡地。坡地上主要種高粱，父親種高粱跟普通的人不一樣。有幾次，我為他送水，看到他坐在野外最高的地方：一截古代的土城，總有兩丈高。村裡人總說他坐在上面是「心裡編著曲子」。我問他：「爸爸，你坐在大牆上面幹什麼？」父親笑著說：「我在看遠遠近近的高粱。」

　　父親回來幾年後，打扮已經跟村裡人沒有兩樣。但他常常在油燈下朗讀從北京帶回來的郭沫若和徐志摩的詩。他有時候也在炕桌上寫什麼。父親有滿滿兩書架書，朱自清、周作人、徐志摩、魯迅的都有。他有成套的《新青年》、《語絲》、《譯文》。我上中學那年，在《中流》上看見過魯迅逝世時許多令人哀傷的照片。父親很喜歡文學，特別喜歡周作人和徐志摩。他曾在北京、太原的報紙上發過文章，但沒有出版過集子。

　　父親有兩船笙。一船是黃銅的，從我能記事起，它就擺在父親的桌上。我十歲以後，父親置辦了一船白銅的。我母親請人給這兩船笙做了布套。除去父親，誰也不能動它們。父親屋裡的牆上，掛著一管竹簫。村裡老人說他吹得好。他年輕時常吹，後來不吹了。我聽過他吹過一次。我已近十歲光景，父親獨自到房頂上，背靠著煙囪，手拄著簫。我以為他會吹，等了又等。我隱隱感覺父親是孤獨哀傷的。第一次感到不理解他。天黑後，我聽到簫聲。吹的什麼曲調，不知道，是從未聽見過的聲音。簫聲好像是從父親身體裡流出來的。

　　我總覺得，我的那些對美的尋找，是在父親的啟發下開始走上路的。父親回到家鄉後，常帶領村裡的「自樂班」在五道廟前

的廣場上又拉又唱，直到半夜才收場。父親用白銅的笙吹，得到他的允許，我抱著黃銅的笙在一邊學。父親說「吹笙可磨煉人的脾氣」。我吹笙時，父親一再說：「把手洗淨。」父親跟我一塊吹，總要檢查我的手和臉是否乾淨。彷彿不是吹笙，是帶我去一處遠遠的精神境界。我從父親吹笙前的嚴肅的準備活動和神情，開始學習。我們坐在炕上，面對面地吹，中間隔著一張炕桌。「先得摸透每個笙管的個性。」父親對我說。黃昏時，我坐在屋頂上學著吹。如果父親正好在家，他總會認真地聽，很少指點，最多說一句：「用心好好琢磨。」笙對我是一個很大的誘惑，吹奏時感到很振奮，整個生命都感觸到了美妙的節奏。

我對節奏好像從小就有深刻的體會。童年時半夜醒來，聽到沉鬱的駝鈴聲在夜空裡一聲聲響著，覺得那是一種生命的音樂。

父親記得很多古老的樂譜，他有一本書寫奇怪的豎寫的曲譜，我看不懂。父親說，他的曲譜，大都是記錄了幾代人流傳下來的曲子，有一些是很古的北曲。解放以後，三弟曾告訴過我，父親曾整理出一部分，甘肅人民廣播電台請他演奏過不少次。

為了尋求曲譜，父親還帶著笙、管、笛等和他在朔縣農業學校時候的老同學馬致遠去五台山一趟，住了十天半個月，跟僧侶們一塊兒吹奏。父親抄回一厚本曲譜，還帶回廟裡的管事送的一個宣德銅香爐，很名貴，還有一塊檀香木。從此後，父親不論讀曲譜，還是獨自吹奏樂器，事前總要把檀香切成一條條，在宣德香爐裡熏起來。那煙在昏暗的屋子裡呈乳白色。

我從沒有聽父親唱過民歌，他性格內向。跟父親同齡的莊稼人或者走口外回來的牧人，都經常在田野上小巷裡吼唱。我比父親外露，常常跟村裡的大人們一塊吼唱。

每年春二月，父親帶著我在五道廟前放風箏。父親從不在白天放風箏。「白白亮亮的天，要風箏幹什麼？」父親紮的風箏是附近幾個村裡最大的，是人形的天官風箏。父親一生喜歡酒，放

風箏前，要喝點我祖母釀的黃酒。父親先把風箏放上去，等風箏站穩了，再把點亮的燈籠送上去。怎麼把點亮的燈籠送到天上去呢，這就得靠海琴。

海琴，形狀像展開翅膀的蝴蝶，是用紙和竹製成的。上面繪著彩色的圖案。海琴的上端，在兩翼之前，有一個鐵絲做的環套，可以連在風箏的繩子上。海琴的下端掛著燈籠，一旦燈籠裡的蠟燭點著了，熱氣上升，從燈籠頂部的空洞衝出，直衝著海琴的兩翼，產生浮力，海琴便帶著紅燈籠，沿著繩索上到天空。

父親曾讓我把耳朵貼向繃得像弓弦的繩子，聽海琴上升的聲音。不同於板胡，不同於笙，彷彿是一群炸窩的蜜蜂。可能是因為上邊風緊的緣故，聲音越聽越響，等到海琴升到風箏那裡停下來，琴聲還在不停地演奏。燈籠裡的蠟燭一旦燒盡，紅亮的星星就滅了，只聽到海琴寂寞的歎息。

童年時，我沒有見過海。後來見過，大海的濤聲比海琴的聲音更雄渾得多。但它不能代替童年時父親讓我聽的海琴的聲音。

父親一生喜歡樹林和唱歌的鳥。一個春天的黎明，父親帶著我從滹沱河岸的一片樹林旁走過。父親突然站住說，「林子裡有不少鳥。」我沒有看見一隻鳥兒，也聽不見一隻鳥叫。「鳥要準備唱歌了。」父親說。父親和我坐在樹林邊，鳥兒真的唱了起來。

父親那派生活情趣，自然和人生的美的敏感，以及他的書刊，都潛移默化影響了我，包括他自由散漫的生活習慣也傳給了我。父親對政治的態度，也多多少少影響了我一生。

父親大革命時期很積極，大革命失敗後他就有新的感觸與想法，對上層政治鬥爭有些反感，遠離政治。1938 年春天我在西安賣報為生，想回老家打日本，父親說還是好好念書吧。

建國前，父親當天水師範校長。建國之後，父親對政治有自己的看法，有自己的思考；厭惡。他對我說過，因工作需要恢復了他的黨籍。

　　他的好朋友武競天解放後當鐵道部副部長，還有不少朋友當了高級幹部，薄一波也是他的朋友。早年，薄一波還在北京被關著的時候，他在家鄉的老婆生的孩子，我父親按月供給他這個上定襄縣中學的兒子生活費。

　　五十年代聶紺弩曾想調父親到人文社古典室。父親研究元曲，會唱又會拉。父親還在甘肅人民廣播電台演奏過元曲，他覺得許多元曲校勘得不對，寫有十幾萬字的研究文稿。父親比聶紺弩嚴謹，他不敢胡來，舊體詩和字都寫得好。

　　1958 年，年近六旬的父親被錯劃成右傾機會主義份子，在荒寒的隴山上背了兩年石頭，累得吐血不止。平反之後，人已經瘦成一把骨頭，不到半年就去世了，只活了五十八歲。他死後天水地區很多學生，還有老百姓都去為他送行。父親埋在隴山的一個山坡上，離開家鄉時帶的狗皮褥子仍鋪在他的身子下面。父親長眠的地方，隔著耤河正對著南山坡上的李廣墓和杜甫遊歷過的南郭寺，這個地方是父親生前選定的。

　　小時候我對父親

▲20 世紀 40 年代中期，牛漢的父親史步蟾、母親牛英鳳、二弟史光漢、三弟史昭漢攝於甘肅天水

說過，我絕不抽煙，不喝酒。1950 年父親來北京，問我從小立志不喝酒、不抽煙，現在還能做到嗎？我說當然。一直沒有抽煙，喝酒。父親點頭說：那就好，能堅持就好！

　　1961 年他去世前，回老家給祖母掃墓，隨後來北京住在舅舅家。我去看他，發現他脊背一處沒有洗乾淨。我沒有幫他搓洗，回想起來心裡很難過。這件事許多年後對兒子史果說過，這是我的一個遺憾。

7　想不到，這就是生離死別

　　1936 年秋天我十三歲，考入縣立中學。雖然還是爬牆上樹，仍然癡迷於泥塑和繪畫，但卻能翻看父親的書了。《語絲》、《新月》、《文學》、《中流》等文藝雜誌是我最愛看的。

　　這年的冬天，我在老家山西定襄縣初中一年級加入了尚未公開的犧牲救國同盟會（中組部承認的革命組織）。這個組織是薄一波組辦的，當時還不公開，每週聽縣特派員報告。山西定襄縣中學（只有初中）有三個人參加。一個叫祁之琳，比我大四五歲，工人出身，從太原回來上學。另一個叫郭子奇，上世紀八十年代初他有信給我，證明這段經歷。他在總參工作。

　　後來，還參加演出話劇《黃浦江上》（田漢的劇本），扮演賣報小孩。那時我個子還不高，站在台上還像個報童。

　　第二年，常常聽到戰爭的消息，也常常聽到抗日決死隊的故事。1937 年 10 月，日本侵略軍逼近家鄉，村裡都能聽到隆隆的炮聲，家裡決定讓我跟著父親暫時躲一躲。我們是在 10 月平型關戰役後的一個早上離開的，隆隆的炮聲越來越近了。

　　那天晚上，全家人只有我和兩個弟弟跟平時一樣睡覺。其他人都整夜沒有合眼。祖母為父親和我出遠門準備乾糧，用文火烙了七八個有油鹽的厚厚的白麵餅，有點像西北高原的「鍋盔」，

只是略小點薄點。走口外草地的人，上路都是帶著這種經吃經餓的餅。我還從來沒有吃過這種乾糧，它的特點就是「乾」，揉進油鹽才有點發酥，否則難以咬動。窮人家烙的餅，只有鹽，沒有油，怕咬不動，烙之前，把生餅切得像棋盤似的，吃時掰一塊下來，正好塞滿嘴巴，含一會兒，等口水泡軟了才能嚼碎，因此十分耐吃。

那晚，祖母一邊烙餅，一邊流淚，可能是想起她死去多年的丈夫。她已經多年沒有烙這樣的餅了，十歲的妹妹幫著忙。因為祖母還要忙著為父親和我縫補一條狗皮褥子。那晚祖母烙餅時，油用得很多，連隔壁金祥大娘都聞到了，第二天還問我家有什麼喜事。

後半夜，祖母敲我的門。她用戴頂針的指頭叩擊門框的聲音特別響。上初中以後，我就住在與牛圈為鄰的半間小屋，一向睡得很死，祖母喊半天才醒來。「成漢，快起來，你聽，炮響得越來越近了。」我有生以來，還沒有聽到過大炮聲，坐起來，感到一種很悶的聲音，像遠方的雷朝這裡滾動，炕都有些顫動。

我走到院裡，遠方有密集的槍聲，響得很脆，令人恐怖。父親立在院子裡聽動靜，他說：「遠著哩，多半在忻口一帶，詩人元好問的老家離那兒不遠。」父親給我講過元好問的詩。

母親讓我換上遠行衣服。母親讓我穿了一層又一層，恨不得四季衣服全讓我一層層穿上。穿褲子時，母親才對我說：「褲襠裡絮了十四塊銀元。萬一你和你父親被沖散了，你就一塊一塊拆下來花，但不到萬不得已，不要動它。」母親這番話也是說給父親聽的，父親愛喝酒，花錢多。

父親說：「天一亮就動身，晚了，村裡人見到要問長問短。」

當時，全家人或許只有父親一個人心裡明白，這一走很難說什麼時候能回去。他在縣立初中教史地和語文，天天看報，當然

知道這一次抵抗日本侵略的戰爭，不同於過去國內軍閥混戰，那最多不過幾個月。這一回，誰也難以預測。

我的頭腦簡單，小小年紀不理解人世間還有生離死別這種事。我心想，跟父親出去走走，去大地方開開眼界，起碼能進省城太原轉轉，再到一個地方躲一陣子就可以回家。我連想都沒有想過，一個人怎麼可能與自己的故鄉和親人永遠地分離。

那幾天天氣晴朗，凌晨有點寒意。父親沒有穿平時穿的長袍，換成了對襟棉襖，看上去有點陌生，像城裡公義生油鹽店掌櫃的老頭。父親右肩頭背著包袱，挺大，我一隻手拎著乾糧。中秋節才過了一個多月，家裡存的月餅全讓我們帶上。隔著包袱都能聞到「五油四糖」的月餅香。一斤麵粉揉進五兩油四兩糖（當時一斤為十六兩）。月餅是我母親親手製作的，她捨得多放油和糖。祖母可從不做這麼貴重的吃食。她平時只想盡辦法把活命的高粱麵做得有滋有味，用油一滴一滴用。

全家人默默地把我們送到大門口。祖母走到我身邊，摸摸我的棉褲，說：「薄了點。」母親說，「等到穿厚棉褲時，人還不回來？」她的眼睛瞪得大大的，像在問父親和我。

父親常出遠門，一家人過去也就是在大門口分手的。什麼祝福的美好話都沒有說，全家人面對面地比平時多站了一會兒。父親在前面走，我習慣地跟在後面。我憋不住回過頭眨了眨眼睛，對妹妹說：「後天我就在省城了！」要是平時，我這麼說，妹妹總要回嘴：「臭閨女不值錢，你和爹是全家的命根子，誰能比？」當時，妹妹彷彿突然長大了，什麼也沒說，兩眼淚汪汪的，她也許在心裡還為我能出去走走高興哩！

街巷裡沒有一個行人。遠方的炮聲還在悶悶地響著，彷彿不是從空中傳來的，是從很深很深的地下冒出來的。當父親和我快拐到另一條街時，聽見妹妹飛快跑到我的跟前，對我說：「祖母讓你回去一下。」我隨妹妹回到大門口，父親立在街口等我，默

默地望著大門口的親人。我看見祖母眼裡含著滿盈盈的淚,但沒有哭出聲來。她的眼窩很深,淚水聚著不易流下來。她用粗糙的手習慣地在我面頰上撫摸了一下,說:「快到大屋去,把炕頭上的一個包袱帶上。」我心裡奇怪,為什麼剛才不帶?回到大屋,靠視窗的炕頭上,放著一個包得方方正正的包袱。我一摸,知道是包的狗皮褥子,其實不用摸也聞得出來。祖母怕我們在路上睡在露天的地裡受風寒。我回到大門口。祖母說:「出村之前,不要對你爸說。」她怕父親不肯帶。這張狗皮是我家前幾年老死的那條狗的,毛長絨厚。祖母腰腿有嚴重的風濕痛,她每年的冬春秋三季都離不開這張狗皮褥子,只有夏天才不用它。

回到街口,父親可能沉溺在悲傷之中,並沒有問我手裡拿的是什麼。拐彎時,父親還是沒有回頭。他一回頭,一定會哭出聲來。他怕傷了祖母與母親的心。我可知道父親這個脾氣,他的心不硬。如果是母親帶我遠行,將是另外一番情形。我回過頭,朝祖母和母親大聲喊:「我走了,我走了!」聲音裡沒有一點兒真正的悲傷。半個世紀後,我才深深悔恨自己那種今生不能原諒的愚稚行為。祖母和母親站在家門口,像平常一樣,沒有招手,沒有祝福,母親的嗓門大,用哭腔沖著父親和我的背影喊了一聲:「過大年一定要回來!」我回頭喊了一聲:「一定回來!」父親不敢回頭,只把頭低低地垂下,腳步放慢了一些。

父親和我誰也沒有想到,這就是生離死別。如果沒有祖母的狗皮褥子,我們父子將別離,我們和家裡的人不會再見面。父親心裡一定有後悔,因為等父親回家鄉時,我的祖母,他的母親已經不在人世了。

第二章　流亡大西北（上）

（1937 年 11 月-1939 年 12 月）

8　童年，永遠隱沒在黃河的彼岸了

　　流浪，流浪，我跟著父親一直向西逃亡。一路上逃難的人不少，我的心情也慢慢灰起來了。父親帶著我這個大兒子，在平型關的槍炮聲中離別故鄉。由於對戰爭的長期性沒有準備，說幾個月就回去，沒想到了省城太原還得往西走。戰火好像就追著我們，我們過了黃河，逃到黃河的那一邊。

　　從介休縣到風陵渡，是坐的太原兵工廠拆遷機器的沒篷的敞口火車。那可是快大冬天了。父親和我夾在機器縫隙中間。父親說：「天冷，千萬不要把臉和手貼著機器，會把皮粘下來的。」我摸摸機器，趕忙縮了回來，感到恐懼。哪裡只是粘手，簡直就是咬人！天漸漸暗了下來，黃昏時，火車正路過韓侯嶺，行駛得慢，被一架日本飛機發現了，追著火車朝下不停地掃射，槍彈打在機器上響聲格外淒厲，四處濺著火星星。父親死死摟著我。飛機掃射了好一陣子才飛走。後來聽說是架偵察機，如果是能扔炸彈的轟炸機，我們坐的火車必定被炸，我們也可能就死在路上了。

　　受了一陣驚嚇後，覺得天特別冷。吃了一點東西後，還是覺得冷。加上後半夜下起了大雪，全身都麻了一樣。冷，睡不著，也不敢睡，怕日本飛機還來轟炸。父親打開行李，把祖母的狗皮

褥子拿出來，裹在兩個人的肩頭，才感到一點暖意。天亮了，車停了，我伸著脖子看，有人抬下幾具屍體。有人問是中彈了吧，回答是凍死的。凍死的人的是蜷曲的，臉和手都被機器「舔」得血糊糊的，讓人終生都不能忘記。狗皮褥子也許是被槍彈，也許是被四濺的火星穿了一個洞，卻奇蹟般地沒有傷著父親和我。父親說他當時聞到了一股燎毛的氣味。

從風陵渡過黃河，父親和我沒有能擠到同一條船上，說好在對岸匯合。我坐的船小一點，那天有風，黃河浪很高。小船禁不住風打，我坐的船快到岸時翻了。幸虧我自小會游泳，還能在濁浪中掙扎。我被惡浪劈頭蓋臉打入浪的底層，穿著厚厚的棉衣棉褲，褲襠裡還有兩排硬邦邦的銀元，渾身動作不靈，幾次掙扎著游到水面，又幾次沉了下去，生命幾乎要永遠沉沒了。沉沉浮浮，我總在掙扎。一次我浮到水面時，看見波浪翻滾的河流上，有一道道彎彎曲曲的血的斑紋，是溺死的人吐出來的鮮血。

後來，我被一個老水手救上了岸。全船幾十個人，只活下我一個。我一口氣跑上了一個很陡的山坡，看見一個夯土的拱門，門楣上寫著三個大字：第一關。我恍惚到了另一個世界，覺得我真的走過人生的第一個關口。當時是冰天雪地的十二月。正如艾青在《北方》那首詩裡寫的寒冷。（艾青的這首詩，正是寫在我渡黃河的那個月的潼關。）上岸後，穿著濕透的棉衣裳，走了幾個鐘頭才找到失魂落魄的父親。我被黃河向下游沖了十幾公里遠，他以為我多

▲1983 年在開封黃河岸邊牛漢（左）與曾卓（中）、嚴辰（右）合影

半被淹死了。父親和我都哭了，結了冰的衣裳外面硬得嚓嚓響，走起來十分困難。貼著身子的那一面，卻又融化成水，順著前胸後背和腿部不停地朝下流著。就這樣不停地又走了幾十里路。父親說不能停，一停下人要凍壞。到了潼關，住在一間民房裡，我還是挺不過去，連著幾天發高燒，父親日夜守護著我。最後出了一身汗才好起來，身下面的狗皮褥子被我的汗濕透了。我難過地說：「把祖母的狗皮褥子醃壞了……」

沒過黃河之前，總覺得腳下的路與家鄉連著，每條路都能通到我家的大門口。渡過黃河，有一天與父親坐在潼關積雪的城牆上，隱隱望見河北岸赭黃色的隆起的大地，才第一次感到真正地告別了自己的故鄉。黃河把一切與故鄉的真實的聯繫都隔斷了。父親哭了很久，熱淚滴在積雪上，把雪澆出了密密的深深的黑洞。淚居然有那樣的重量和穿透的力量！黃河雖然沒有把我的生命吞沒，但是我的童年從此結束了。黃河橫隔在我的面前，再也回不到童年的家鄉。童年，永遠隱沒在遙遙的彼岸了。

在潼關近一個月的時間裡，我天天坐在坍塌的城牆頭，遙望著黃河對岸蒼茫而冰凍的土地。夜裡黃河悲壯的浪濤衝擊著潼關古老的城牆，發出震天動地的聲響，我幾次想瞞著父親獨自回山西去。

1938 年 2 月，逃到西安後，住在東木頭市平安公寓裡。父親去醴泉縣謀職做事，我一個人留在西安。生活沒有著落，十四塊銀元還縫在棉褲褲裡，我捨不得拆下一塊來花。我上街賣過報，我賣《西北文化報》、《西京平報》，賣報的收入夠吃飯了。一天，看到一則戰訊說，我們家鄉山西定襄縣收復了，我熱淚盈眶地舉著報紙在大街上喊：「我的家鄉收復了！」報紙一會兒就賣光了。

一天賣報，看到街上貼著一個廣告，說民眾教育館內有一個漫畫學習班，正在招收學員。我從褲褲裡拆下兩塊銀元去報了

名。後來聽說教畫的先生中有詩人艾青，我哪裡曉得，當時我只迷畫，還沒有迷上詩。只記得老師中有一位叫段干青，因為他是山西老鄉，所以記住了。

在西安一邊賣報，一邊學畫，上初中耽誤了近一年。

9　初中，畫「吹號者」：
因為我相信號聲是祖國的心聲

國立甘肅中學在天水，專收戰區流亡學生，後改為國立五中。1938 年 4 月初，我在西安考入國立甘肅中學後，先坐火車到鳳翔，又從鳳翔步行到虢鎮，再翻過隴山去天水，步行了十天，四月中旬到了天水。

從虢鎮到天水途中，一路上參加《放下你的鞭子》的演出。我演哥哥，比我高一班的東北女孩杜簫演妹妹。我從小學過武功，可以連著向後空翻筋斗三五個。

到了天水。我從褲襠裡拆下兩塊銀元配了一副近視眼鏡，我的近視眼鏡從那時就沒有取下過。剩下的十塊銀元我全拆下來交給父親收著。讀國立五中不要自己掏錢，吃住都是學校管。

國立甘肅中學校長查良釗，是留美的，強調「天才教育」。他是詩人穆旦的堂兄。他跟我們一路走，待我們很好，我一路走一路給他畫像。

1938 年 4 月下旬到 1938 年深秋，去甘谷縣之前，在天水玉泉觀讀初中二年級。沒有教室，也沒有課本，就坐在院子裡上課，同學大都是來自師大附中、北京四中、北師大女附中，還有太原、保定的名校。教師中不少是從平津學校流亡出來的。

到 1938 年夏天，為高中學生辦的壁報（編者是山西五台縣的趙增益）畫「吹號者」，有點現代派的味道：黑色單線構圖，紅筆從深深的大地、腳趾到心臟到吹出虛點（血絲），最後從號口

噴射到很遠的空間。我把吹號者的血脈的源頭畫出深深的大地層，因為我相信號聲是祖國的心聲。當時已經看到艾青發在雜誌上的詩《吹號者》。我是從艾青題詞中的一句話——「常常有細到看不見的血絲，隨著號聲飛出……」——獲得靈感的。

1938 年夏天，已經有一批同學打著旗子到延安去。我們太小，只能在心裡羨慕。加上父親要我安心讀書，我也就沒有走。

到這一年的 10 月，國立五中的初中部遷往甘肅的甘谷縣。我與五中初中部的同學一起，由天水步行到甘谷縣去。由天水步行去甘谷縣國立五中初中部，途經古戰場天水關。古戰場蒼茫、曠遠、荒涼、險要，那蒼涼的景象，曠古的境界……讓我一生難忘。

真沒想到，這年的冬天，杜簫得急性闌尾炎沒法治，活活給痛死了。杜簫是東北人，演戲時我比她還矮一點。第二天我們給她送葬，把她埋在城外一片樹林裡，立了個牌子：「杜簫之墓」。以後我幾乎每天都去看望她的墳墓，覺得很傷感。一路和

▲大概是 1941 年，高中時代的照片。左為牛漢，依次為陳思、段新民

她演戲，我土，她洋。她穿有背帶的裙子，唱得很好，演得也很好。她原先在北京上中學，說的一口京腔。她死了，我們還記得她，也是一種幸福。

在甘谷學習時，吹小號。學校上課不是打鈴，而是吹號。

吹號能賺點零用錢，可以買點書。學校還給個馬蹄錶。吹號須使全身的力氣，體驗很深。上課、下課、起床、熄燈都得吹，一天下來比較累。所以在雜誌上讀到艾青的《吹號者》，很能切實地體會到吹號者吹號時的神態與號聲震撼人的原因。後來跟艾青談到過，在文章中也寫過。

到 1939 年上半年，我得了喉頭炎，發燒，痛得難以呼吸，不能吃飯，差點死了。這和吹號有關，傷了肺……李校長特批錢買「六〇六」，在天主教堂醫院打了兩針才好了。郗潭封日夜照料我。

甘谷縣天主堂醫院有兩個醫務人員待我非常親切，是比利時的修女，白膚色、一身白衣服，很漂亮。病好了，我還去拿藥，給我點補藥。有一陣沒去，這倆修女還找到學校給我送補藥來，記得有兩瓶魚肝油丸。純粹是高尚的人道主義精神，讓我感動得一輩子都忘不了。

▲1947 年冬，上海交通大學，背景為學生會所在的樓房。左為牛漢，右為郗潭封

　　1938 年下半年十五歲時，在甘肅甘谷縣國立五中初中二年級開始寫詩。我開始關心詩歌雜誌，《七月》、《抗戰文藝》等我每期都看。1939 年 7 月 7 日，在甘谷縣五中，我試寫了近百行的詩歌習作，抒發抗日的情懷，歌頌抗日戰爭。我覺得應該寫一首歌頌全民抗戰的詩。詩作發表在同班同學張允聲辦的壁報上，第一次用「谷風」做筆名，引起了當地生活書店經理薛天鵬和學校師生們的注意。

　　一天，生活書店的薛天鵬經理對我說：「熱情倒是有的，但沒有什麼詩味。」我問他什麼是詩味，他說：「你應該多看艾青和田間的詩，跟著他們寫下去，慢慢地就會知道什麼是詩味了。」他這幾句話我幾十年來從未忘記。此後我在報刊上專找艾青和田間的詩看。薛天鵬經理是南方人，圓圓的白晳的面孔上總浮著沉靜的微笑。

　　我過去一直是很迷畫畫的，為什麼到十五歲時開始寫詩了？這和我當時生活的甘谷縣（民國前叫伏羌縣）有關係。西北大自然對我影響很深，跟我老家不一樣，老家太荒寒。甘谷是李白故里。四川江油縣李白故里有個隴西院，說明李白祖先是隴西人。我懷疑他不是漢族，是羌族。甘谷地區風很大，是三國時姜維的故鄉。姜維誕生地叫姜家寺，祠堂裡有一隻姜維的鞋，大得出奇。姜維也應該是羌族人。

　　1938 年，在天水國立五中讀初中二年級時，有一個叫趙增益的同學，讀高二，山西五台人。他年輕時喜歡詩歌。我和郗潭封要好，而郗潭封跟他關係更近。他送我和郗潭封兩本詩集：《呈在大風砂裡奔走的崗位們》（田間）《野花與箭》（胡風），都是可以裝在口袋裡的版本很小的書。他說是他看到的最喜歡的兩本書。對我來說，是我在家鄉見到的，除徐志摩詩集以外最早讀到的兩本詩集。《呈在大風砂裡奔走的崗位們》，很特別的名字，我很喜歡。（還有艾青的《北方》）我常常把這兩本詩集帶

▲攝於 1942 年以前，在天水國立五中。前排左一為牛漢，後排左一為
郗潭封

在身邊。

胡風的詩很有湖畔詩的味道，沒有口號，寫得寧靜、淒切，
寫出了大革命前後青年的憤懣悲傷，但當時對此我還不能十分理
解；田間如火的激情，震動了我，啟發了我，節奏粗獷，跳躍昂
奮，不受束縛，我理解、喜歡。當時我並不知道田間和胡風有什
麼關係，只感受到田間的詩強烈地震撼了我渴望投入戰鬥生活的
心靈。我有兩三年光景沉醉在他的戰鼓聲中。

10　三舅是共產黨，我就跟定了共產黨

在甘谷國立五中，正是國難當頭，我不但沉醉在田間詩歌的
戰鼓聲中，心裡也渴望有實際的行動。去不了延安，就在 1938 年
冬參加了黨的地下組織「三人小組」。同班同學晉南人李淼是我

的介紹人，他從延安來。天水有生活書店，我們有書看。我們小組三個人：李淼、我，還有郗潭封。他們平時做功課比我認真，我臨場發揮好。

每天早晨，李淼帶著我與郗潭封跑步，從校舍到大象山（山下有李白故里碑石，高達一丈多）來回十幾里。李淼說，「要鍛煉好身體去打日本鬼子」，又說，「先跑這麼多，慢慢加一點」。我們一個房子住六、七人，打地鋪，後來才有通鋪木板房。

三人小組學《論持久戰》、《政治經濟學教程》；看延安出版的《新中華報》以及《大眾哲學》等等。為了監視國民黨員，李淼想法把我調換到另一個寢室。那時共產黨和國民黨在爭奪青年。年輕人排著隊奔延安，打著旗子去。我在壁報上畫毛澤東，也畫蔣介石。李淼長得粗壯，比我大三、四歲，像憨厚的農民，說話偏激，思想狂傲，同學送他個外號叫「21世紀的青年」。李淼後來又回延安去了。

那時候，我把看到的，聽到的國民黨的活動情況都告訴了李淼。

生活書店的薛天鵬是一個詩迷。他可能是當時隴南地下黨的負責人之一。李淼、郗潭封和我作為一個小組受他領導。我們經常從書店後院的書庫裡選些書刊帶回學校閱讀。《七月》、《文藝陣地》等文學刊物和延安的《新中華報》都能看到。我還看了幾本哲學、政治經濟學的入門書。薛經理曾被捕過，解放前在上海為愛情而苦惱，跳黃浦江死了。我很感念他。他和趙增益都是平凡而有理想的。我慶幸在少年時期就遇到了他們，得到正確的指引，使我一開始寫詩，就踏上一級堅實的台階。

我從小有愛國主義思想，參加進步活動，初中又參加中共地下組織，這不能不說跟三舅的影響有直接的關係，三舅是我所崇拜的長輩。

三舅是如何愛上革命，參加產共黨的，具體的我也不太清

楚。但三舅對我的影響，讓我跟定共產黨，記憶裡的點點滴滴卻很清晰。

外祖父家是地主，外祖父是縣裡稅務稽征局局長。因為是「承包制」，所以有錢。他在忻州城開著一個叫萬全堂的藥鋪，還有其他店子。解放前大舅抽大煙把家產抽光了，成分是破落地主。我的三個舅父都在北京上大學，大舅二舅讀北大，三舅在清華經濟研究院讀書，包括我父親讀書的錢，也是外祖父給的。

小時候，每回到外祖母家，吃得比我家好，我賴著不走。「外甥是條狗，吃飽了就走」，我卻不走。記得母親生三弟前，讓我到外祖父家要五升綠豆。我們家鄉坐月子得吃雜麵條。當時我八九歲光景，父親在太原上學，只有讓我去背回來。外祖母問我能背多少，我說一斗。外祖母說一鬥綠豆比一斗小米重多了，要我分兩次背。外祖母家離我家有三四里路，我想一次不背走，下次說不定就沒有了。結果我背回家後，累得病了好幾天。背回家的一斗綠豆，我吃了不少。

外祖父家頭三個是女兒，接著四個是男孩。四舅十來歲死了，我上中學那時穿著四舅的皮鞋。

三舅牛佩琮 1909 生，比我大十四歲，是清華大學經濟研究院畢業生，足球踢得好。三舅 1934 年入黨，曾任《清華週刊》主編。季羨林知道，對他印象好。季羨林比三舅小兩歲。

三舅對我好。我小時候，他從北京帶回不少供兒童看的書刊，其中有齊白石的畫。他還教我唱歌，是當年流行的情歌如《教我如何不想她》、《可憐的秋香》之類。我六七歲就唱得很像。

由於受到進步教授的掩護，1935 年國民黨華北軍分會代理委員長何應欽幾次要抓他，都沒有抓到。三舅在朱自清教授家的樓上躲過兩天，後來逃到日本。幾個月之後，他潛回家鄉，在東力村大姨家平安地住了一陣，卻終於被捕。

被捕前，他曾託人送給我父親一包書，讓我父親收藏起來。其中有英文版的《資本論》。三舅被捕後關在縣牢房裡。我到牢裡送飯，三舅說：「成漢，再為三舅學一次公雞打鳴。」我毫不遲疑，仰起脖子，使出全身的力氣，像真正的公雞一樣鳴唱起來。接連唱了好幾遍。最後一遍，三舅跟我一起唱，我們像兩隻公雞那樣唱得十分盡興，三舅唱得流出了眼淚。後來，三舅被關在太原的監牢裡。聽說他有時還為同屋的犯人們學公雞打鳴，三舅一定是帶著企盼黎明的心情學公雞打鳴的。

後來三舅被組織營救出來。這件事，薄一波起了作用。後來，三舅留在太原給閻錫山當了幾年秘書，這自然成了他的「歷史污點」。但三舅說，他那兩年為黨做了許多機密工作。三舅後來是山西決死隊的領導。他比 1908 年生的薄一波小一歲。

1941 年或者 1942 年上半年，我曾寫過一首長詩：《牛三的槍爆笑了》，就是寫我三舅牛佩琮的抗戰故事。這首詩刊發於昆明的一個文藝雜誌。

我跟共產黨很堅定，我心想，三舅那麼好，他是共產黨，我就跟定了共產黨。

第三章　流亡大西北（下）
——詩創作的第一個高峰
（1940 年 1 月-1942 年）

11　高中：寫詩與戰鬥融為一體

　　1938-1939 年，我在甘谷讀了一年半。1939 年底從甘谷國立五中初中畢業。1938 年我身高才 1.6 米，到高中就長到 1.91 米，是全校第一高個子。

　　1939 年 12 月甘肅省中學會考，考的是語文、數學、英語、公民、史地。我得了初中畢業會考的全省第一名，登了報，父親異常高興。那時他在天水縣縣中教書。

　　1940 年 1 月，由甘谷步行到天水，直接升入國立五中高中部。上高中以後才看到公佈初中全省會考榜，我得了第一。

　　高中時對俄羅斯的詩歌發生了興趣，讀了很多普希金、萊蒙托夫、涅克拉索夫的詩。後者有許多寫農村、農民命運的悲愴的詩，我印象深刻。特別喜

▲1940 年攝於天水

愛萊蒙托夫，一生崇敬。他的《童僧》（又譯：《一個不做法事的小和尚》），我讀了不下十遍。

這首詩講小和尚在寺廟裡感到孤獨，不自由，跑了出去，最後在森林裡迷了路，結局很悲慘。我也很想離開學校，心境相同。特別是這首詩的題詞——如果讓我嚐到一點蜜，我可以死去。這一點嚐不到的蜜，讓我追求了一生。直至如今也沒有真正的嚐到。沒有嚐到那點夢一般的蜜，所以不甘心死去。

我一生對俄羅斯的詩，特別是白銀時代情有獨鍾。當然，此外也讀了一些法國、英國，還有美國詩人的詩。

1940-1942 年在天水國立五中文科班（文理科從二年級分班），生活艱苦，活得不容易。不少同學早兩年已到前方打日本，我也厭學，不專心上課，經常處於精神昂揚狀態，熱血沸騰地寫詩，不像有的同學打麻將。學校就在天水玉泉觀，國民黨曾把玉泉觀作為軍營改造過，有個禮堂，成為大家住的集體宿舍。太吵，我就搬到玉泉觀西邊萬壽庵去住。這裡有一個道士，國立五中夏天單衣冬天棉衣，都是學校發的，吃飯不要錢，我有時給道士帶兩個饅頭或窩頭。

白天在玉泉觀上課，晚上在萬壽庵住宿。我和續耀光兩人住一屋。深夜，我常在大殿長明燈下寫詩到黎明。白天有時就登上北山，在漢飛將軍李廣故里一片森林裡潛心寫詩，寫了不下數十首。

這期間，在皖南事變前夕，國共鬥爭很激烈。國民黨監視下把我定為共產黨疑犯。姑念初中畢業會考成績好、為學校增了光，沒有把我關起來，但不讓通信，不讓進城，只能隨班上課，每週還要向董訓導主任彙報。

1942 年初，皖南事變後，我和幾個好朋友不願在學校讀書，悄悄商議要奔陝北去。我們幾個已經湊了點錢，暗中計畫著啟程的日子。事情終於被我父親發覺（他在中學教課），死活不准

去。父親還是說好好念書吧，高中念完再說。父親一些山西籍朋友，有一個姓趙的力勸我別去陝北，說我年輕，還不懂什麼政治，又說早一年或許還都行，如今國民黨特務把關，抓住了就槍斃！

我們奔赴陝北的計畫落空了。

《鄂爾多斯草原》這首詩就是在我們準備投奔延安之前寫的。我不敢明明白白地寫陝北，我寫了離陝北不遠（其實並不近）的鄂爾多斯。這片親切的草原，我自小就神往。歷史和現實的情感在我心胸裡交融，奔騰。如果沒有投奔陝北的理想鼓舞著我，潛藏在生命內部的童年少年的詩的情愫，也就不會引爆起來。

高中時的詩友中有個蒲希平（原名蒲之津），是天水大家族出身。國民黨抓他，他跑到重慶去了。還有個姓張的，不是五中學生。我們常到山坡上切磋詩藝，也談國家大事。

還有詩人安芮，窮小學老師，住在天水伏羲城。他比我大四五歲，當時名氣也比我大。我去看過他，他住在伏羲廟附近的一條小胡同裡。1950年春（二月）我到蘭州出差住省委招待所。特意打聽安芮，說解放前被捕，關在集中營，裝在麻袋裡沉黃河犧牲了。我估計他是中共地下黨員，我當時寫過一首詩悼念他。前幾年又寫過一篇憶舊文章，寫到我與他的交往，發在《天水文史資料》。

高中畢業時，兩個班有七八十人。校長許蓮溪宣佈高中畢業典禮上要畢業生集體參加國民黨，否則，不發畢業證書。許蓮溪，河北安國縣人，國民黨，離五中後當過新疆教育廳長，天津市國民黨書記長。後來去了台灣。

我和郗潭封決定逃跑。寧可不上大學，也不能背叛共產主義理想，不能背叛黨。

讀高中時，我有了第一個女友。「晨光」壁報的編輯王沇，

比我低一班，河北安平縣人。她父親可能當過國民黨縣長。她長得濃眉大眼，功課學得異常好，字也寫得秀麗。星期日我們一起到遠郊去散步，卻沒有接過吻，很純真的感情。我發表的《鄂爾多斯草原》都給她看過。那詩也很單純，不講究技巧。逃離天水之前，我約她到學校操場東南角，坐在一起談心，很難受，卻沒有擁抱。

王沛給我寫信時署名王斐，從天水五中寄信到城固。信裡附有一張照片，一寸，穿五中制服，天水附近的秦安縣初中部照的，我一生珍藏（照片背面題：「永勿相忘」）。1943 年初，第二封信和第三封信，抒發了她的內心苦悶。由於學校懷疑我，也就懷疑她。校長許蓮溪找她談話，警告她必須和我斷了聯繫，否則要開除她。我回了信，寫得很長寄出信就算結束了。她後來考上蘭州西北師範學院。

1950 年二月初，華北大學蘇聯專家要來，要招聘一些俄語翻譯，我給各地西北大學原俄語系老同學發信。

華北大學副校長成仿吾專管教學，讓我做他的學術秘書。華北大學即將轉為人民大學（仿莫斯科大學）。我準備到天津、河南、西安、蘭州等地去調俄語人才。開列了名單，經成仿吾報劉少奇批，我攜帶著劉少奇的批件，去各地方調俄語人才。

到了蘭州，知道王沛在西北師範學院畢業後留校。我請人帶我去見她（她已有孩子）。我這樣做完全出於真誠，沒別的想法。可她不見，後由師大朋友陪我到她家去。她丈夫在，是搞體育的。王沛還是不回來，我只見到搖籃和他們的女兒，我就走了。回到省委招待所，我寫了封信給她，她也沒回。前幾年有人去蘭州，談到我對王沛的感情，說她當時很難接受。我說幸虧她沒見我，否則 1955 年後就交代不清了，就要吃大虧了。後來看到她的一張集體照。現在她還在蘭州，我相信她不會忘記我——她早年的同學和朋友。

　　當年，還有個朋友馬作楫（後為山西大學教授），他也知道我們要潛逃。

　　1942 年 12 月一天夜裡，我和郗潭封一起坐玉門油礦的運石油的敞篷車，從天水到漢中。郗潭封的堂兄在漢中城固西北聯合大學讀書。1938 年我在甘谷縣國立五中初中部讀書時，知道甘谷縣有個清真寺，但光有個空空的寺，沒人，回民被殺光了。路過徽縣時，停了兩天，住在老鄉家，聽說徽縣回民也給殺光了。我們特意到徽縣清真寺看過，只見到一個老頭。天水北關也是回民聚居之地。這裡的回民聚起來反抗，才沒有被殺光。這都是左宗棠幹的，當地人叫他「左屠夫」。這讓我想起我們蒙族有八月十五殺韃子的話。西北民族矛盾很深，隴南天水等地都有悲慘的歷史遺跡。

　　1943 年初到城固，從城固汽車站到校部，撿到幾塊錢，等了一段時間，問誰的錢？沒人來領，只好收起來。這幾塊錢夠我和郗潭封吃一個月，相當於現在幾百元。這件事讓我至今心裡沉重不堪，做了一件虧心事。

　　西北聯大有師院，就是內遷的北京師範大學。先修班相當於預科，免費食宿。我在這裡住了四、五、六、七共四個月。進入西北師範學院先修班讀書之前，我在城固西北一個鄉村小學教過一個月書。

　　西北師院學生知道我到了城固，歡迎我參加學生社團新詩社。我在新詩社寫了不少詩，其中《我開墾中國的牧歌》，先在壁報，後在《西京日報》發表了。還參加了西北師範學院的運動會，跳高得了第一名（1.84m），貼了紅榜。

　　「谷風到了城固啦！」我那時已是個小有影響的詩人。

12 不能拋頭顱灑熱血去抗戰， 我就拋頭顱灑熱血般地去寫詩

1940-1942 年高中這三年是我詩創作的一個高峰，天天寫。白天在李廣故里的一片樹林中寫，這裡有小樹林，有墳，有石桌子，我就在這裡安靜地寫詩；晚上在萬壽庵的大殿長明燈光下寫，寫到黎明。

在 1941、42 年，那樣的生存狀況，我怎能平靜？我被軟禁，隨時可能被捕。現在回想起來確實沒有動搖，堅貞不二。解放後給一些五中同學寫證明，證明大部分人是被迫不得不集體參加國民黨。

畢業前最後一個學期不讓在外頭住，學校對我們實行軍事管制，把大家集中在學校附近的關帝廟住。一間房住三四個人，那時候年輕，天水也不冷，有時冬天只穿夾褲，不穿棉褲。不能拋頭顱灑熱血去抗戰，我就拋頭顱灑熱血般地去寫詩。這時還沒有耽誤功課，功課在班裡數一數二。狂熱時有兩三次通宵難眠，但白天還是強打精神去上課。

天水萬壽庵左邊有條小道，登上北山就是漢將軍李廣故里。從山巔可望見一條清淺的耤河。傳說李廣見對面耤河南岸有一隻「虎」，便對「虎」射了一箭。李廣從山上下來，過了耤河，才看清是一塊石頭，石頭中間有一窟窿，原來是像老虎的石頭。後來李廣墓就在這裡。墓很小，很樸素、普通，墓碑上刻有「後漢將軍李廣墓」字樣。幾十步遠就是南郭寺，杜甫去過（他曾在天水住過好幾個月）。1941 年，我就在這裡潛心寫了幾十首詩。

1941 年上半年，我寫了《山城和鷹》、兩百行長詩《西中國的長劍》。已故老詩人力揚當年看過《西中國的長劍》，他說比《鄂爾多斯草原》寫得情境深遠，有濃厚的神秘感和傳奇色彩。這首詩沒有發表過，原稿早已不知失落何處。

1941 年下半年，寫了長詩《草原牧歌》（刊發於西安出版的《匆匆》詩刊）。那麼多關於蒙古草原的詩文，都是夢境中想像的產物。1941 年冬，我寫了五百行詩劇《智慧的悲哀》。這首長詩寫的是我受到親友的阻撓沒有去成陝北的失望與悲憤。因為不能直抒胸臆，採用了象徵手法，語言不夠樸素，情境像是在長長的噩夢中。

總之創作欲很強，很自信，那時才十八歲。寫一兩百首肯定有，到處投稿，只是刊出的極少。

1942 年二月下旬，我獨自夢遊一般跑到李廣故里。在山頂上只有我一個人，我花了半天時間，跑馬似的寫了近四百行的詩《鄂爾多斯草原》。第二天，就投寄給了桂林的《詩創作》，幾個月之後發表了出來。當時，我身邊幾個朝夕相處的朋友也不知道我寫了這麼一首詩。我懷著灼熱的希望與憂慮，盼望著編者的回信。我一反常態，變得沉默寡言。這首詩彷彿從我生命內部爆發出一束火光，帶走了我的靈魂。

這首詩的情調沉緩，有點像黃昏或深夜裡聽到的駝鈴聲。我沒有去過那片草原，無法寫實。我是一邊寫，一邊想像。寫完之後，我的靈魂許久都飄盪在那片亮著的像哭紅了眼睛似的羊脂燈的草地上。寫到那些在風砂中奔波的旅人，我面前就出現了故鄉的親人。詩裡出現的情景，都萌發於我的童年與少年生活。

> 滾滾的黃河
> 在北中國
> 寂寞地湍流著
> 　琥珀色的淚浪，
> 像古騎士扔下的一張長弓
> 靜靜地
> 躺在草原上。

從某種意義上說，這是我的第一首詩，也被認為是我的成名之作。

我的性格是頑強而不馴服的。你越打擊我，我越要抗爭，形勢越嚴峻越能寫詩，寫出有血性有個性的詩。1940 這一年到 1942 年，整個大後方都籠罩在白色恐怖中，生活境遇的危難和心靈的抑鬱，更激發了我對命運抗爭的力量，這樣的力量也就萌生出了詩。不能拋頭顱灑熱血去抗戰，我就拋頭顱灑熱血般地去寫詩。而我的身體，這三年也發生了巨大的變化，從甘谷到天水，身子從 1.6 米猛長到 1.9 米以上，彷彿不是糧食而是詩激發了我，塑造了我。

13　我念念不忘的詩，我終生難忘的人

從甘谷到天水，升入國立五中高中部後，開始向天水的《隴南日報》文藝副刊等文藝報刊投稿，多為散文，筆名為牧童、谷風等。《現代評壇》（蘭州）發了我的一首短詩《北中國歌》。我還多次向蘭州的《民國日報》文藝副刊《草原》（沙蕾、陳敬容主編）投稿，刊發了幾首短詩。又向謝冰瑩主編的《黃河》（西安）投稿。先後刊出短詩《沙漠散歌》和散文詩《沙漠》，前者署名谷風，後者署名牧潯。

那時成都有海星詩社，主持人是牧丁，一個中學教員。1940年下半年或者 1941 年上半年，我經蘭州詩人馮振乾（紅林，他在《詩墾地》發表過不少詠唱中國西部風情的詩）介紹參加了海星詩社。國立六中學生賀敬之和我都是社員。詩社編印的刊物是《詩星》。我 1942 年在《詩星》發表《山城和鷹》（筆名谷風）與五百多行的詩劇《智慧的悲哀》，《智慧的悲哀》（1941 年 12 月寫）在重慶藝專演出過。

1941 年下半年創作的長詩《草原牧歌》刊發於西安的《匆匆》（河南籍詩人辦的）詩刊。我曾有過這本《匆匆》詩刊，1948 年前就遺失了。有可能是我不太愛這首詩，沒有認真收藏。

令我念念不忘的還有至少十多首刊於 1944 年的《西京日報》文藝副刊，其中有一首《我開墾中國的牧歌》，大約有二百行。

還有《陣中日報》（洛陽）也發過。發的報刊不少，現在只找到極少的一部分。

《鄂爾多斯草原》發在當時全國最著名的詩刊──桂林的《詩創作》第 14 期。主編是胡危舟和畫家陽太陽。後又在該刊發過《九月的歌弦》和《生活的花朵》（詩輯）。

《鄂爾多斯草原》寫於 1942 年 2 月。胡危舟通知我要發。後來胡風說他當時就看到了這首詩，並開始注意到我。他有一段時間住在《詩創作》編輯部。

二十世紀 40、41 年，很多作家在政治壓力下到了香港，到了桂系控制下的桂林。不少文化人都集中到這裡。昆明雖然也聚集了一些詩人，但沒有桂林熱鬧。總之，皖南事變之後，大後方的詩歌界有一個短時期呈現出一片荒涼蕭條的景象。抗日初期那種響徹詩壇的高昂的聲調消失了，二三十年代已經成名的詩人大多數沉默無聲，少數詩壇宿將的詩作顯得空泛無力，失去了感人的力量。艾青、嚴辰等都先後去了陝北。我們幾個在荒寒的西北深山裡的寫詩的小兵，日夜渴望從遠方傳來振聾發聵的強音。

後來，我在重慶出版的報上看到一個叫《詩墾地》的詩叢目錄，發現作者中有 S.M.、鄒荻帆、冀汸、曾卓、綠原等久違了的名字。我欣喜若狂，還沒有見到刊物，就立即寄去新寫的一組詩《高原的音息》（三首短詩）。不久收到編者鄒荻帆熱情的信，說《高原的音息》留用。當時處於孤島般的困境中的我，無異於突然登上了一艘希望之船。幾十年過去了，綠原說當時看到《高原的音息》，「眼睛一亮」。

　　我在快畢業時（1942年下半年）收到《詩墾地》，很激動。自己的詩能和他們的詩放在一起，很興奮。他們的詩有活力，不像重慶詩壇上有些人的詩作，空洞，沒有個性。而綠原那時寫的詩極有個性，深刻；冀汸的詩爆發力強；阿壟的詩熱誠。都有個性，都令我激賞。看得出他們每個人都是有血性的人。

　　我對《七月詩叢》很崇拜。我是胡風的追隨者。41年初鄒荻帆在復旦上學。胡風把很多稿交給他和姚奔主編的《詩墾地》。胡風離開重慶前把《七月》的一些詩稿交給鄒荻帆，其中有延安抗日根據地詩人的詩，陳輝的詩不久之後刊發在《詩墾地》上。我當時沒有見到《詩墾地》，但在重慶《國民公報》副頁上看到《詩墾地》，阿壟、綠原等都在上面發表詩作。

　　馮振乾是山東壽光縣人，比我大三四歲。我上高中時他在蘭州國民黨部隊當個排長。他在重慶、桂林等地報刊發詩，意境比

▲20世紀80年代中期，牛漢與綠原（右）攝於承德避暑山莊

較深沉，比我寫得好。他介紹我參加成都的海星詩社。馮振乾人很好，思想進步，我們是通信認識的。他說谷風啊，你以後寫詩千萬不要寫過頭，以免引起國民黨某些人注意。（1940年下半年來信）以後他離開國民黨部隊，寫一些關於西北（酒泉一帶）的詩。後來，他到國立五中禮縣初中部教書。1944年冬我在西安編《流火》時約過他的詩，他也給過我詩稿。1946年我被捕後與馮失去聯繫。解放後，沙陵告訴我，「文革」期間在漢中鄉下他見過馮振乾，在被改造。

　　我很感念他。他是個真正的人，真正的詩人。但現在很少選本選他的詩。最後的消息很悲慘，以後不知所終。這些年，早上醒來，好像奶奶、母親這些親人，也包括馮振乾都和我一塊兒醒來。他是冒著風險給我寫信、幫助過我的人，雖然從來沒見過他（國立五中校刊有他照片），但終生難忘。

　　還有謝冰瑩，她本是地下黨。我看過她的《女兵自傳》。湖南人，參加過黃埔武漢分校。她丈夫是個軍醫。1940年，她在西安編《黃河》，我投稿，被採用了（《沙漠散歌》）；後寄詩稿，又寄散文。《沙漠散歌》用筆名谷風，散文詩《沙漠》用筆名牧濔（牧馬河，濔沱河）。詩發表了，但謝冰瑩寫信來勸我改筆名，說牧濔和北方鄉下叫貓頭鷹的音相近，不吉利。

　　共產黨把謝冰瑩當成「叛徒」，她不敢留在大陸，臨解放時，先到台灣，很快去了美國。我編《新文學史料》時，陽翰笙告訴我謝想回來，讓我關心一下。但她不幸在美國摔跤了，不久就死了。她有個女兒在中央戲劇學院學習，在「文革」中自殺了。

第四章　大學年代

（1943 年-1946 年）

14 高大、光頭、冬天光腳穿草鞋，昂頭闊步地走路的大學生

　　1943 年夏，我考取西北大學外文系，寫信向教育廳要高中畢業證。教育廳回信，可以發給我。隨後寄畢業證書給我，編號第2，也就是說 1942 年冬高中畢業，全省會考我得了第二名。第一名也是五中同學，是河南人王宗周，他被保送到西南聯大，學地質。會考前 10 名可以保送上大學，我填了西南聯大和復旦大學。因為沒錢，沒有路費去不成。非常想去西南聯大中文系讀書。

　　不能上保送的，只有再考。1943 年夏天考大學還在寫詩。西北大學、社會教育學院（重慶）、西北農學院（陝西武功）都考取了。還是因為沒有路費，最後，就近上了西北大學外文系，俄語組。

　　西北大學外文系分作兩個組：英文與俄文。我進入西北大學時，俄文組一個年級不過六七個人。

　　到了大學我下決心學好俄文。在班上，我的俄文不是最好，但學習認真。1945 年，俄羅斯「白銀時代」的許多詩人受批判，斯維塔耶娃被清算。而外文系訂有幾種俄文刊物，我看了對批判不以為然，覺得她寫得與普希金同樣好。特別喜歡萊蒙托夫的

▲1944 年攝於西北大學。前排左一為牛漢,後排左一為壽孝鶴,其他為大學同學

《童僧》(余振譯,另有人譯作:《不做法事的小和尚》),我都能背。馬雅可夫斯基也很有時代激情,節奏感強。涅克拉索夫、葉賽寧我都喜歡。我鍾愛俄羅斯的文學,才選這個系。每天到漢江邊大聲用俄語朗誦。

　　我入學之前,同學詩人李滿紅(原名陳墨痕),遼寧莊河縣人,不幸病逝。1943 年,我寫了《長劍,留給我們》悼念他——

　　　　李滿紅死了
　　　　讓我說:他是一顆誠實的種子
　　　　埋在我們未來的發亮的世界裡
　　　　有一天
　　　　會從帶著枷鎖的世紀的土壤裡
　　　　開放出嘩笑的花朵

李滿紅性格狂傲。在紀念周會場上自殺過，為了給全校爭貸金，脖子上留有一道深深的傷痕。1942 年炎熱的夏天，李滿紅步行去漢中辦事。從城固到漢中，七十里路，在半路上病倒，經西北醫學院的醫院搶救無效死了。我讀過他的好多詩，還有很多未發表的情詩，真誠。他是多情的漢子，可惜二十多歲死了。他當時是全國性的詩人，可惜現在的詩選本都沒有選他的詩。城固小東門外小樹林裡有「詩人李滿紅之墓」。我常常到他墓地高聲朗讀俄語。有時爬到城牆上，眺望著空曠的遠方唸；有時跑到漢江岸邊，面對著滔滔江水大聲朗讀。在詩人的墓前我多半唸的是俄文詩，我覺得這也是一種懷念。

西北大學 9 月才開學。利用開學前兩個月空閒時間，我去了漢中十八里鋪原張自忠部隊 98 軍文工團做客，由中共地下黨員張煥彩安排食宿，在這裡寫出《老哥薩克劉果夫》等詩作。

《老哥薩克劉果夫》，後發表在《流火》創刊號（《牛漢詩文補編》收入此詩）。老哥薩克劉果夫有個原型，我在 98 軍認識他，是個白俄，上世紀三十年代後參加東北抗日聯軍。他很能打仗，那時四十多點歲數，很壯實。1944 年 98 軍奉命調走，他沒有跟著走，後來他在城固天主教堂打掃衛生，養老。他對我說：「我不願打仗，我想回家。」

1955 年審查我時，張組長說我雖然寫了白俄劉果夫，但不算政治問題，可以不寫，最好不寫，未算罪狀。

1943 年 9 月入西北大學外文系。張煥彩讓勤務兵給我送來幾套軍服。他知道我窮，沒有多少衣服。1944 年夏天，張煥彩帶幾個人要去宣化店中原解放區，路過城固不好進城，我幫他買了幾頂草帽。

我還參加過兩回西北師範學院附中的「漢江詩社」的活動。一塊兒活動的有「新月派」詩人于賡虞（河南人）。還有張鳳珍（筆名馬蘭），是西北大學「星社」主編。張鳳珍去過陝北，可

▲20 世紀 80 年代初，與大學同學合影。左起：張鳳珍（馬蘭）、
段豐野妻、段豐野、牛漢、鮑埆

能是中共地下黨。她介紹我到原張自忠部隊 98 軍軍部機關。我和
郗潭封一塊兒去的，白吃白住，待了兩個月。

　　到 98 軍之前當小學老師時，寫長詩《走向太行山》，1200
行。寄給《詩創作》，不知道其時該刊已停刊，稿子丟了。這首
長詩，寫了十天、八天。寫八路軍走向抗日前線的幾個故事，在
定裏聽到的，其中有薄一波抗日決死隊的幾個傳說。我三舅父是
決死隊某縱隊政治部主任。

　　高中三年寫的詩沒有什麼政治色彩。但寫得狂熱，很真，很

有感情。別人評論說我 41、42、43 這三年寫詩是創作的第一個高潮。我也覺得在城固寫的詩沒有在天水寫的好。

上大學時有些細節很難忘。那時我的名字叫史成漢，可許多人都叫我「谷風」，好朋友乾脆叫我「大漢」！

唐祈是「九葉派」有成就的一員。原名唐克蕃，又名唐那。他會演戲，長得帥，我有一篇文章提到他。那時西北大學演戲，我喜歡畫畫，畫《雷雨》演出的海報啦，畫壁報的報頭啦。幹完活請我到「老鄉親」飯館去吃一頓牛肉或羊肉泡饃。……那時年輕，身體好，吃什麼都香。

西北大學老師寫詩的不多，只有老詩人于賡虞例外。他過去寫十四行詩，很嚴謹規範的。我旁聽過他的「英詩選」。他的英文發音不好，有口音，但講得好，有自己的見解。他在城固辦《西北文化報》，有自己的印刷廠。他覺得我這個人感情充沛，但詩的形式鬆散。他對我挺好，在辦公室給我講了幾回十四行詩。但我寫不好十四行詩，他看我寫的幾首所謂十四行詩，說「看來很難規範你」。他說不想寫就算了，但寫自由詩也要注意形式不要太鬆散。我跟他到師大附中（抗戰的時候遷到城固，成為西北聯合大學的一部分），走著去，聽中學生朗誦自己的詩。

于賡虞很有個性，頭髮長，長袍，不洗。住在校外，跟誰都不打招呼。解放後，被當成還鄉團團長，沒有槍斃，但被抓起來了。他家是地主，親戚把他推出來，這個人可能死在監獄。

城固基督教青年會救濟窮困學生，我領過一件灰布棉大衣。後來轉送給一個更窮的山東人。我是全校第一高的人，光頭，穿大衣，冬天光腳穿草鞋，昂首闊步地走路；窮困卻不消沉，自得而愉快地寫詩，畫畫。還酷愛游泳。在城固漢江邊游，在甘谷渭水河裡也游，在天水耤河也遊。自由泳、側泳、仰泳……從夏天一直遊到十月深秋。

15 我已不是個做夢的少年

　　心裡還是想去延安。那時沒有現在那麼多雜念，延安是我心中的理想。1944 年上半年，大家對學生食堂的財務有意見。我和後來成為著名廣播員的齊越、何自勤等三人把三青團區分部幹事（學生選的自辦食堂的管理員）打了一頓。先吵，然後打得他鼻青臉腫。三人都記了大過，還扣我的公費。我到城固後，馬蘭（張鳳珍）告訴我，說國民黨審查我的材料轉過來了。俄文組徐褐夫（徐行）、余振、魏荒弩等幾位老師每個月給我湊飯錢。外文系系主任李冠英（張家口人）同情我，決定讓幾個老師幫我。他們扣我的公費一直扣到我離開西北大學，藉口是我沒有參加俄文散文課考試。那時我病得發燒，請了病假，可老師（助教）是國民黨的，故意說我沒請假。校方竟貼佈告宣佈：史成漢由於曠考，取消公費待遇。後來在人文社工作的孫繩武、劉遼逸、王家驤、盧永福都是西北大學俄文組的先後學生。

　　1944 年 10 月份，我被迫離開西北大學到西安去。一方面有經濟上的原因，但更重要的是我還想去延安，渴望恢復黨籍。當時知道艾青、賀敬之、嚴辰等都去了延安。那時父親在天水，也管不住我。我通過同學關係寫材料到中共八路軍西安辦事處，要求去延安學習。後來張禹良找我談話，說 44 年冬很多文化人已轉到東北，讓我留在西安從事文化活動更能起些作用；他介紹我到《秦風工商聯合報》當副刊編輯。在這裡從 44 年冬幹到 45 年 4月底。我是辦了休學手續離開西北大學的，這時組織讓我回西北大學復學，從三年級降到二年級。我和一些同學組織「真理衛隊」（共七人，其中有兩個黨員）。實際負責人是黨員劉存生（解放後叫劉健，先後任西安市團委書記、西北大學副校長）。

　　為了在西北大學開展學運，經上級西安八路軍辦事處黨組織批准成立了「真理衛隊」。剛成立時，記得是四人：劉存生、楊

丹、壽孝鶴、史成漢。45 年我回西大後又發展了幾個，記得有何
自勤，牛金鏞，盧永福等三四人。真理衛隊的人都先後入了黨，
但後來命運並不好。

　　以真理衛隊為核心，1945 年秋天，西大又秘密成立了讀書
會，叫北方學社。讀書會有近十人，在東郊農村宣過誓。我們有
組織地學習革命理論。皖南事變後，西北大學的黨組織一時解
體。黨留下幾百本書（抗戰初從北平大學帶來，經過一茬茬人傳
到我們手裡），這些書當時由俄語系的李夢岩保管。他是中共地
下黨員。

　　我沒有接上黨的關係，但上面很信任我。說當時延安整風，
地下黨組織關係一時凍結，不能解決。只能給我分配做一些黨員
應當做的工作。《流火》發刊詞《人的道路》由我撰寫，經西安
黨組織審查過的。我沒有去成延安，就留下來，在西安編刊物。

　　郗藩封（郗潭封的堂兄，現在是外貿學院的教授），當時是
西北大學外文系俄文組三年級學生。他全心全意地接待我們。我
和郗潭封回到城固，沒有郗藩封的幫助是無法生活的。

　　還有張鳳珍（馬蘭）也十分熱情。她是河南人，請我們泡茶
館，吃羊肉泡饃。她一輩子關心我，關心我的創作，和我談詩。
她也是星社早期的主要負責人，交友很多。她原是地下黨，黨被
破壞後脫黨；她當時已有男友叫鮑塏，在俄文組與郗藩封是同年
級，大個子，思想進步，也熱愛詩，現在是西安外語大學教授。
詩把我們聯繫在一起。他們是我一生的朋友，一直還有電話聯
繫。我每到西安必去看望他們。

　　劉存生為領導，楊丹在法商學院（在城外）。以劉存生為
主，西北大學地下黨組織有不少活動。我們常到城外漢王城一帶
開會。

　　劉存生學英語，我學俄語，彼此關係非常好，我們天天見
面。楊丹家庭複雜，其父曾是陝西省督軍，其兄楊大乾是陝西省

國民黨黨部負責人。

西北大學黨組織沒有正式恢復。主要靠真理衛隊,後又成立公開的群眾組織北方學社(含星社的一部分),其中也有民主同盟的成員,都是黨領導的。平時的活動就是配合全國民主運動,反饑餓,反內戰,反迫害。

在西北大學學俄語的學生絕大多數思想都比較進步。

我的思想不如中學時那麼單純。1946 年 7 月 15 日,聞一多在昆明被害,對我刺激很大,氣憤不已。我已不是個做夢的少年。在漢中城固,見到美國軍官,見到青年軍,知道國內政治形勢很嚴峻。

1946 年 7 月 15 日聞一多遇害後,我寫了詩,還開了詩歌朗誦會。到 1947 年冬,我們舉行普希金紀念晚會,還朗誦普希金的詩,我畫了普希金的頭像(一張白報紙那麼大)。鬥爭很緊張,約二三百人在學校圖書館開會,會場外面國民黨特務在放槍。星社的壁報白天貼,晚上被國民黨特務撕掉。我們隨時準備被捕。這些活動很重要,我在紀念齊越的文章《齊越和他的聲音》中寫到過。

齊越在學校朗誦我的詩《悼念,也疾呼》。解放後他做播音員,20 世紀 60 年代在中央人民廣播電台播我的文章。

1962 年,由人文社管編譯所的副社長樓適夷推薦,我為中央人民廣播電台用史新的化名寫了評介殷夫的詩和袁水拍的《馬凡陀山歌》的文章。用的是人文社的稿紙,齊越認出我的筆跡,親自播這兩篇文章(他是開國大典時的播音員)。不久,他告訴吳平說,「我播大漢的文章了。」我聽廣播的時候默默地流淚。

齊越後來寫了回憶,他避開我,我提了意見,但他逝世前,我到工人療養院去看他。

西大法商學院學生王繹的詩也很好。齊越也朗誦過他的詩,是一首長詩,呼應西南聯大「12‧1」反美鬥爭。

現在廣播學院校園內塑有一座齊越的銅像。他誓言終生做黨
的喉舌。

在西北大學不像在天水那麼單純，一個人在山坡上寫詩。平
時用破紙，投稿時才用自製的稿紙（土紙，16開）。高中三年我
的頭等大事就是寫詩。

16　在蕭何墓前第一次接吻

1944年冬，我休學到西安之後，開始和吳平（海華）通信。

吳平的叔父吳叔侯，法國巴黎第一大學留學生，在居里夫人
實驗室當化驗員，因輻射受傷回國。1943年夏天，吳平從日佔區
經河南跟叔父和她弟弟吳長春，還有叔叔的兒子吳長樂到西北大
學所在地陝南城固。

吳平在安慶女中上高、初中。她不活躍，但很要強，專心念
書，功課很好。吳平1937年考取安徽大學，因為戰爭去教小學，
1943年到西北大學插班上外文系學英語。我們是一個系的，認
識，但沒有交往。迎新會上，我唱《在那遙遠的地方》。她不會
唱，一言不發，老大姐似的坐著。我在星社壁報上常常寫詩，她
喜歡我的詩。

我們俄文組同班只有六七人，其中有一位我懷疑是國民黨
的。吳平班上人稍多，近二十人吧。

吳平內向，不活躍，在公開場合極少說話。吳平長得很典
雅，眼睛大，鼻樑高。她打排球顯得很笨，體育活動從不參加。

吳家在安徽桐城算是書香人家。桐城有四大家族：張、姚、
馬、左（宗棠）。張家有父子宰相，姚家有姚鼐，吳家輪不上。
但吳家也出了些大人物，吳平的祖父吳汝綸，擔任過京師大學堂
總學監，北京大學第一任校長。吳汝綸還創辦了桐城中學。

吳家是大地主家庭，經商，有門房，有私塾教員，門衛，老

太太有貼身丫頭，弟兄三個，每家有一個丫頭。全家僕人十來人是有的。

吳平父親吳仲侯在武漢大學和朱光潛是同班同學，好朋友。他曾在安慶中學教書，是家裡老二。吳平父親建國前後長期任桐城中學校長。

吳平的伯父是學法律的，主持家政，抽大煙，浪漫，聰明人，人緣好，是一個地方士紳。

1944年，我二十一歲，別人大多有女朋友了，我穿的破舊衣服，冬天仍光腳穿草鞋。我也很要強，默默地寫詩，立在城牆頭高聲朗讀俄語。我們班有兩個女同學，其一已經有對象，另一位父親是國民黨高級軍官，風度翩翩，很多人追求她。我一入西大就參加「星社」，因寫詩而小有名氣。我入學前，許多西北大學寫詩的人知道「谷風」來讀大學了。後來吳平也在「星社」。一輩子沒聽她唱歌。但我唱錯了，她會指出那個音調，說我唱得不對，走調。她古典文學底子也扎實，我寫錯別字，她會替我改過來。她學問全面，真可以當我老師。大約1944年，我聽她同班的崔彤蘭（陝西人）說她喜歡我的詩和散文（壁報上發表的）。

但她心中有數。所以44年冬天（10月底），我從西安給她寫了封信，表示希望與她交朋友。她很快回了信，並附散文一篇，後發表在《西京日報》，我替她用了個筆名：吳華。

1945年4月底，我按西安中共黨組織的決定回到西大從事民主學運。在大學巷一號齊越家（齊越愛人快生孩子了）見到吳平。這是一個禮拜天，還吃了齊越做的麵條。這以後我們就經常到城外，開始熱戀。在蕭何墓前第一次接吻，被看墓老頭看見了。那兒有圍牆，有樹，不遠是漢王城城牆遺址。這裡離城有二里地。

1945年夏天我們照了一張相，算是定情。吳平很堅定。我回到西大復學，仍享受不到公費，仍由三個老師按月給我生活費。

她不大花錢，只是買點稿紙和寄信花點錢，就把叔父給她的錢（5元）基本上都給了我。當時月飯費約需法幣 10 元。

抗戰勝利，叔父要帶她回安慶。她不回，跟叔父不見面，堅定地陪著我。在漢中時她還找了個中學教英語。

我被抓入獄，她決心等我。我們只親過吻，沒有發生更親密的關係。她表示一直等著我，判多少年等多少年。

我出來（因病保釋）不敢馬上走。在石喬（石敬人）家裡住了三五天，生怕國民黨明放暗害，暗暗抓捕我。出獄一星期後，我與吳平決定去開封找黨組織，然後奔赴華北解放區。

在城固江灣村小學住了一夜，是我們的第一夜。兩個月後到鄭州才登報結婚。

▲1945 年夏天，牛漢與吳平熱戀中照的。二人當時在陝西城固西北大學外文系讀書

▲牛漢夫婦 20 世紀 50 年代的合影。攝於牛漢從部隊回北京之後

17 獄外的歌聲和進軍，
卻是屬於我們年輕人的

1945 年底，西大學生組織社團聯誼會。王繹的春秋社以及楊丹的陝西西北學社等五六個社團，在法商學院附近的郊區（仁義村的小樹林裡）開過一次籌備會。和全國一樣，西大很快掀起了反美、反內戰的運動，成立了學生自治會。地下黨的領導劉存生讓我們不要公開出面。盧永福平時作風較為深沉，黨內提名他為學生自治會會長，經過各系代表選出，後又被反掉。

1946 年春天，學生會把學校校政接管了。先組織反美、反內戰遊行，西安《秦風工商聯合報》（杜斌丞主辦）發了消息，發了告全國人民書。該報後被國民黨勒令停刊。遊行回來我們就接收了校政（校長前幾天跑漢中了），先把財權奪來，否則沒飯吃；然後到校長辦公室奪圖章，奪來後藏在吳平的箱子裡——學運失敗那天扔大禮堂主席台後面。吳平由愛我而參加革命活動。接收校政那天，校警帶刺刀的步槍是我奪的，後來誣告我在小東門附近用殺牛刀要殺范曉天（校長的外甥，三青團的區幹事），城固縣地方法院起訴我。

1946 年三月初，法商學院舉辦「暴徒」史成漢（牛漢）、齊斌濡（齊越）、何自勤（何風）「殺人罪證展覽」，有刀、有血衣，「受傷」的范也在場。

4 月 24 日以「殺人未遂，妨礙公務」的罪名把我抓了。

被捕之前，進步學生搞了調查。罪證之一的那把「血」刀，是范曉天們從小東門內小肉鋪借來的屠刀。屠夫同情學生，寫了證明。幾十個學生證明范曉天誣陷，學生向城固法院反訴。

國民黨青年軍在漢中有一個師。

被捕前兩天，劉存生通知我撤退。楊丹在國民黨縣黨部當秘書，有內部訊息。按原議，4 月 22 日劉存生裝作送我和吳平到洋

縣去，就此離開。但我不幹。我覺得大難臨頭，不能臨陣脫逃。
商議後，決定不撤退了。4 月 23 日晚，自治會召開鬥爭到底決不
撤退的大會，楊丹、盧永福也在場。4 月 24 日快近中午的時候，
國民黨青年軍把城固縣城包圍起來，齊越躲到教授家裡沒有被
捕，我們幾個被拿著名單的特務盯上了，我從校外一個院牆正爬
牆要逃跑，一夥青年軍先砸我腳，後砸頭，當時右額和胸膛受
傷，血流滿面，昏了過去，腦內淤血，從此留下顱內淤血壓迫神
經的後遺症，之後的二三十年間常在睡夢中驚叫醒來。

　　後來，把我們集中到大禮堂，區別對待。觀者給我們鼓掌，
女同學喊我名字，痛哭流涕。剩下王繹、牛漢、劉存生（健）等
10 幾人，由封閉的囚車押送到漢中國民黨陝西第二監獄。幾百名
學生送我們。

　　後期學生會主席是魏佐臣。楊丹知道內情，通知及時，他和
較近的幾個人跑了。劉存生知道叫人去喊不讓跑，沒找到他們。
劉存生姐姐劉瑩是楊丹的妻子。

　　被捕前晚上（4 月 23 日）開會佈置對付國民黨壓制，決不動
搖。魏佐臣、盧永福、楊丹從小東門跑了。學校在老文廟，我和
劉存生在 29 教室（廟裡）派人喊他們，沒喊回。我倆在教室裡抱
頭痛哭，我們哭，覺得他們逃跑就是背叛。後來我們不敢留在學
校，便轉到民房去住。雖然不在學校裡，但整個縣城都被包圍
了，我們還是準備要犧牲就犧牲我們好了。

　　我們在漢中陝西省第二監獄和刑事犯人關在一起。我們佔一
條小胡同。小便有便桶，大便有犯人廁所。可以寫信，可以接
見。我在監獄裡寫了不少信。其中 5 月 8 日寫給詩人彭燕郊的信
是唯一保存至今的一封，十分珍貴。我在信中寫道：

　　　　不幸得很，4 月 24 日在城固，我因為鬧學潮被捕入
獄。你的來信是在獄中第一次讀的信，使我有一種神聖

的感覺。獄內是不自由的，獄外的歌聲和進軍，卻是屬
於我們年輕人的。生活尚安適，可能在短期中開釋，這
個訊息請轉告南方諸詩友，並代我致意。……現在先寄
一篇短詩，是獄中寫的，算作我的抗辯……

這封信是在 1955 年 5 月反胡風運動中，與其他文稿信件一起
被有關部門抄走，二十世紀八十年代彭燕郊平反後，退回給彭燕
郊。

在漢中陝西省第二監獄被囚期間，我高聲唱《囚徒歌》：
「太陽升起又落下，我們是囚徒，從春盼到夏，從夏盼到秋，盼
到海枯石爛……」，另一巷道的囚犯學會了，也跟著唱。歌聲粗
獷，很悲壯。

我還學公雞叫，在陰濕的牢裡，學過好幾回。

在獄中，我還創作了《在牢獄》、《控訴上帝》、《我憎惡
的聲音》等詩作。

被捕的第二天（4 月 25 日）吳海華（即吳平）來看我。她很
堅強，由同學張嵐英陪著。不讓她們進監房。她問我身體怎麼
樣，我說頭有點昏（腦部受傷），但沒事，放心好了。第三天魏
荒弩老師也來探望，送我當月生活費，讓我一生感激不已。

地方法院審訊時，殺人未遂不能成立。否則就可能判七八年
而不是兩年緩期執行。法院有一個推事是我同學，姓邢。檢察長
是北方社石敬人的父親。

結果判了兩年徒刑緩期執行，不久又同意保釋（通過內線搞
了個醫生證明）。劉存生也一樣，都以因病保釋的名義弄出來
了。石敬人做了工作。如果認定我們是共產黨，非槍斃不可！

1946 年 5 月上旬，母親孑然一身從天水到漢中來看我，由邢
推事老婆（老鄉）陪同來看我。第二天還送來好吃的飯菜。（解
放後我曾到太原去拜訪過這位老鄉並致謝。）二十來天後因病保

釋，一出來就到石敬人家，住他家廚房（他家挨著監獄，石敬人父親鄉迴避）。幾天後轉移住到漢中小店。三五天後路過城固到西鄉縣江灣小學。我母親曾到小店來看我。吳平陪著我，石敬人在江灣小學住了一晚上才走。而吳平就在江灣小學和我住在一起。我們成了家。她由一個純真的處女變成了我真正意義上的妻子。

第五章　出生入死

（1946 年 6 月-1949 年 10 月）

18　在國民黨《正義報》的房間裡
　　宣誓參加共產黨

　　六月初，我們從西鄉縣坐汽車到安康，又由安康坐船到白河。同學喬增銳接我，用化名證書在河南、湖北交界的白河住一夜。此時，國共在宣化店已開打（此處離白河三百里）。在白河我們被國民黨江邊碼頭派出所盤查後放行，然後到老河口，這裡滿城都是國民黨軍隊。

　　從老河口坐汽車到新野，在喬增銳家住了幾天，又到城外的河裡洗澡。我和吳平就像度蜜月似的過了幾天很痛快的日子。

　　然後我們到南陽，在南陽一中住了一個晚上。接待我們的是南京中央大學畢業的學生。之後坐車到許昌，再由許昌坐火車到鄭州。我後來

▲20 世紀 90 年代初，在牛漢家與台港詩人瘂弦（中，後移居加拿大）和劉福春（右）會晤時所攝

見到台灣詩人瘂弦，談及這段往事。他說他當時正在南陽一中讀書，說起來很激動。

過鄭州時，《鄭州日報》編輯、詩人趙青勃接待我們（詩人蘇金傘安排的）。在《鄭州日報》登了史成漢、吳海華（吳平）新婚啟事。

我們在 1946 年 6 月輾轉到達開封。聽說一起辦過刊物《流火》的壽孝鶴家在這裡，我們就到他家住下來。不久，郗潭封來看我。抗戰勝利後，復旦復校，他們回了上海。他收到我從獄中寫的信，以為我還在漢中監牢裡，從重慶到城固，特去探望。見不著，遂到開封來看我。我們同住在《正義報》一個大房間裡：他住在一角，我和吳平住相對的另一角。他很理性地談他對我詩創作的認識。他的詩寫得精細。在重慶他和阿壠、綠原、路翎也有來往。阿壠是胡風一群人中最值得我敬重的人。潭封經常跟阿壠談詩。他說我的詩從上中學到在城固上大學，都是比較空浮的理想主義，需要到更艱苦的地方，錘煉自己的一生，要經歷和國民黨的面對面的鬥爭，需要扎扎實實地，經過肉搏，流血，受到巨創，再堅毅地活過來。要好好反省，檢查自己，不要狂躁、夢幻、浪漫主義、理想主義的，要沉穩、寧靜、理智一些，通過這樣的人生體驗，寫真實的詩，而不是空泛的詩。阿壠的詩就是這樣。我們在開封像親兄弟似的過了一段日子。

通過西大同學李丹（李樹雲）見到地下黨朱晦生（1926 年入黨，當時在國民黨某副軍長那裡當機要秘書，文化程度低）。李丹是西北大學中文系學生，她知道我曾經是中共黨員，她本人不是，但認識朱晦生。解放前夕朱晦生的勤務兵和他老婆私下好，告發了朱晦生，朱晦生被槍殺。

開封有宋王朝遺址。在一個茶社我向朱晦生講述了自己的歷史，說 1938 年冬曾入過黨。他讓我先重新入黨，1938 年入黨的事以後再解決。1946 年 7 月中旬，我和吳在國民黨《正義報》的

房間裡宣誓入黨。蘇金傘早已安排，我和吳平都在副刊，我任副刊主編。我是重新入黨，沒有候補期。我和朱晦生單線聯繫。我在中共地下汴鄭工作委員會任學運組長。領導人是吳憲（解放後杭州第一任市委書記），沒見面。宣誓時還有孔浩然（汴鄭工委書記劉鴻文之妻），由她監誓。為了掩護便於工作，不久我介紹劉鴻文在開封當中學老師。後來我介紹壽孝鶴入黨（他在《中國時報》社資料室當主任）。姚雪垠當時也想通過我恢復黨的關係……我編《中國》時他是編委。1950 年我在北京見到過劉鴻文，時任省委統戰部部長，開封市市長。「文革」時任河南省委副書記。

我和蘇金傘的相識，是在 1943 年下半年，由青年詩人林汀介紹我和蘇金傘通信的。當時我剛上大學，他在遷到伏牛山區的河南大學教體育。1944 年冬，我們在西安首次相會，還一同去見了鄭伯奇。

我和蘇金傘（當時任黃河水利專科學校體育教員）三幾天見一面，我們在開封寧靜的小巷裡邊走邊談詩。他走路的姿態略有些傾斜晃動，一腳深，一腳淺，邊走還邊唱著河南小曲。他的濕潤而溫厚的眼神，爽朗而憨直的微笑，總帶有幾分童真。他長我十七歲，只比我父親小三歲，但他一直把我叫「親兄弟」。他住在學校旁邊，很安靜的小院子（平房）。我常到他家吃麵條，他妻子的麵條做得好，特別有勁兒，每次我都要吃兩大碗。

1946 年夏，為了避免傷亡，張煥彩和復旦大學的一些學生從宣化店突圍出來，要轉入華北解放區。我通過救濟總署的張振亞把他們轉移到解放區，給他們一些錢。救濟總署也常送救濟品到解放區。他們一路上化妝成生意人。

我到 1947 年夏天才離開開封。這期間夢遊症嚴重，晚上老是叫喊。被打時光知外傷，顱內出血沒檢查，更沒治療。

在《正義報》待的時間不長。

19 晚到二十分鐘我就沒命了

　　1946 年 9 月至 12 月，我由黨組織派到嵩縣伏牛山區從事機密工作，險遭殺害。當時解放軍正準備南下。我的工作任務是調查那個山區當地國民黨武裝力量的分布情況，還包括土匪的情況。

　　我們離開開封，先坐牛車到嵩縣，在宜陽縣拜謁了李賀故里。還路過二陳故里。洛陽附近一帶滿目淒涼。這些經歷對我有影響，心想將來一定要振興李賀故里。

　　到嵩縣住朋友家，雇騾子到潭頭鎮。原有地下黨員何燕淩在搞情報，我接他的班，他已回華北解放區。潭頭鎮「七七」中學的校長柴化周是北大學生出身，進步青年，其父是伏牛山有權有勢的土匪頭子柴老六。我送柴化周幾部書——托爾斯泰、羅曼羅蘭的書。我在「七七」中學教語文，吳海華教英語。我通過柴化周他們把國民黨部隊的番號、人數、裝備等情報都向組織上彙報了。

　　在寂靜的深山的一間茅屋裡，我寫了首諷刺蔣介石的長詩，語言非常尖刻，寄給在上海編《希望》的胡風，沒有得到回信，後來知道《希望》已經無法編輯印行。那時我以為，身在煉獄，詩就是反叛的匕首和旗幟。

　　當局終於知道我們是共產黨派來的人，我和吳海華（吳平）只好雇了頭驢子出逃。

　　我和吳平走出 20 多里，就被國民黨部隊攔截抓住，捆了。他們要在嵩縣下一個鎮槍斃我。（潭頭鎮離嵩縣 70 里）有人告訴了柴化周，他立即騎馬趕來救我。一彪人馬捲起一股煙塵直撲到我們跟前。只見柴化周翻身下馬，半跪在我跟前，大聲說：我總算在死神之前趕到了。國民黨軍隊見柴化周來解救，便放了我。後來柴化周對我說，晚到二十分鐘我就沒命了。死裡逃生。我們隨

即到他家大吃了一頓，然後由他派人送我們到嵩縣。（47年洛陽解放後，柴化周為首任副市長）

寒冷的1946年冬，我和懷孕的吳平住在開封一條小巷的臨街的沒有窗戶的小屋裡。在陰暗而有黴味的空氣裡，我寫了長詩《血的流域》，記錄下那時艱難而充滿危險的生活與悲憤的情緒。地下工作是極為艱險的，靈魂在地獄的火焰中得到冶煉和淨化。

46年冬至47年春天，吳平在開封女中教英語。這時我介紹張儀威（同班同學）入黨。為了救濟孔浩然一家人，他從鄉下家裡拉了好多糧食和南瓜。

我埋頭工作，不再拋頭露面。

1946年12月，國民黨又開始抓人。我很危險，便隻身逃到上海，在復旦（郗潭封在那裡）混飯吃，混住在學生宿舍裡。在這裡見到詩人冀訪，他當時是復旦大學學新聞的學生，1947年畢業。

吳平臨產，我從上海偷偷地趕回來。1947年3月1日晨，長女史佳誕生在河南大學醫學院附屬醫院。那時，我們住在開封高中對面的曾是小書店的黑屋子裡。壽孝鶴知道我們冷，特意送來木炭，又送我電爐做飯。

我沒有錢，也沒有為史佳準備好衣服。接產的醫生是山西人，拿了很多衛生紙給我們，收費也很少。壽孝鶴從他剛生孩子的妹妹那裡也拿了幾件嬰兒衣服送來。史佳那時還沒有名字，就叫毛毛。不到半個月，吳平又去上課了。她就在學校裡搭伙。我從豫北回來看她瘦得一塌糊塗，實在很可憐。但她異常堅強，我很心疼，卻也無可奈何。

3月1日上半夜，女兒出生那天，我得到國民黨特務要抓我的消息。3月2日凌晨，我先躲到喬增銳教書的學校，隨後出逃到豫北汲縣（現在叫衛輝市）。我在這裡的一個小學校代課一兩個月，寫了不少的詩。

在汲縣時，山西長治北方大學曾派人來接我到太行解放區。

我說組織沒發話，我不能去。在汲縣我改名史純夫，張儀威他們
幫我弄了個假證件。1947 年 4 月底我回到開封，吳平爸爸在安徽
阜陽女中當校長，她爸爸是朱光潛好朋友，二十年代武漢大學學
生。大革命時期進步過，後來教書，但並不糊塗，知道我的處
境。5 月，我們帶著出生才兩個多月的女兒到了安徽阜陽，吳平
在阜陽女中教了幾個月的英語。我只住了幾天，阜陽就解放了。

　　我看見解放軍進城，滿懷激情寫了幾首詩。但解放軍是進軍
大別山區，只是路過阜陽，我們沒經驗暴露了自己。為了安全，
組織上叫我到南京、上海去找適當的工作。1947 年 7 月，我隻身
到了南京。翦伯贊的兒子是共產黨，當時在國民黨的國防部工
作。我到南京後找到曾卓，他在南京中央大學快畢業了。但他和
翦伯贊兒子都幫不上忙。翦伯贊兒子便介紹我到上海去找他父
親。後來，全國學聯把我安排在上海交通大學吃住幾個月，然後
又安排在上海漢口路，住在漢口路山西的一個商庫，也是有吃有
住。在上海交大，我趴在學生會的地鋪上創作了《我的家》、

▲1947 年春，攝於河南汲縣。國民黨抓牛漢，前排中間為牛漢，旁邊的
　為掩護牛漢的人

《悼念魯迅先生》等詩。我趴在地鋪上寫了厚厚的一本詩,有二三十首。我還把在漢中牢裡寫的幾首詩整理了出來。我沒有自來水筆,使用的是由郗潭封保存的石懷池生前最後用過的鋼筆,橘紅色的粗粗的筆桿,筆尖是康克林的。石懷池是復旦大學的學生,也是寫詩的他,準備到中原宣化店解放區參加革命。從重慶回北碚,過嘉陵江時被國民黨弄翻船淹死了。從江水裡把他撈上岸,這支筆還別在他的衣袋上。他的金星鋼筆(單配了康克林筆尖),撈出來後被郗潭封收存。1946年冬,郗潭封把石懷池的筆給了我,我用這支筆寫了《悼念魯迅》《我的家》《愛》《春天》等等,很多好詩都是用這支筆寫的,可惜1955年之後,這支筆遺失了,令我一生難以忘懷。

1947年在北京《泥土》雜誌第五期發長詩《彩色的生活》,第一次用筆名牛漢。因為「谷風」有重名,改用「牛漢」。牛是媽媽的姓,再從史成漢中取一個字,也是大漢,牛一樣的漢子的意思(艾青說我是「長牛角的漢子」)。以前多用「谷風」。

後來,組織又指示我趕快回華北解放區(關係在組織部長張磐石那裡)。但我沒有路費,我們一家便先到浙江天台縣玉湖村育青中學,從1948年2月至6月在這裡教書。我教語文,吳

▲1947年冬,牛漢由開封流落到上海交通大學時所照。穿的大衣是當年救濟總署在開封救濟的,是通過中共地下黨員張振亞獲得的。

平教英語。我還為學生壁報畫報頭。時逢日蝕，我把一尺見方的報頭全部塗黑，題了「暗無天日」四個字。當然還寫詩，創作了三百行的長詩《彩色的生活》和短詩《我和小河》等。1948 年 2 月 29 日，將《彩色的生活》寄給了胡風。這是第一次給他寫信。

育青中學校長是某科學家的夫人，她不願讓我們走，但我不得不走。1948 年 7 月，我們一家三人還是先到上海，在這個大都市裡容易隱蔽。我先在江灣復旦大學學生宿舍寄居，混在學生食堂吃飯。兩個月後轉到徐家匯交通大學，在學生會的樓上睡地鋪，過著半饑半飽的生活。

1947 年 8 月我和郗潭封、逯登泰曾去看望仰慕多年的胡風。胡風沒在家，他到蘇聯駐上海總領事館看電影。梅志在家接待了我們，我曾留話說以後再去看望，但以後終於沒有再去。我個子大，怕引人注意。1948 年底逯登泰在蘭州入了黨，是西北軍閥馬步芳供他上大學的。解放後他被抓起來，死在監獄。郗潭封解放後才入黨。

1948 年 7 月，郗潭封他們送我們上船離開上海，到天津，然後進入解放區。沒錢，從上海到天津坐的是統艙。這是我第一次見大海和海鷗，海水深暗，不像是水，更像重重的油液，感到陰森森的，這跟我兒童時的想像相差太遠了。

到天津後找韓俊德（老鄉，小學中學同學，地下黨員），1948 年 7 月底他送我們到北平。韓與胡仁奎很好。1947 年胡仁奎住在南京郊外，我去拜見過一兩回，國民黨已把他嚴格控制，他叫我帶材料到解放區去代他向組織上彙報。我沒有帶他的材料，危險。但我仔細看了他的彙報材料，以便有機會時代為彙報。

48 年 7 月底到北平後，我和韓俊德考慮再三，沒有去找一個打入國民黨內部的中共黨員談胡仁奎的處境。

1948 年 8 月，我在北平宣武門外住了十天。潛赴華北解放區的前幾日，我把手頭積存的零零散散的原稿（多為 1946 年至 1948

年所寫，有部分為未定稿）從宣武門外郵局寄給上海的逯登泰和郗潭封，託他們轉交給胡風。詩稿轉到胡風那裡後，想不到胡風認真看了我的全部詩稿，有的詩還在文字上作了少許的修改。由他編成一集，這就是列入《七月詩叢》第二輯的《彩色的生活》。1948 年底，已打好紙型準備出版，因時局動盪而拖延至1951 年 1 月才由上海泥土社出版問世。

20　天安門城樓是我第一個打開的

　　1948 年 8 月中旬，摯友壽孝鶴護送我們一家三口由北平到天津。離開北平那天是朱自清去世的第二天。我們從天津坐火車到滄縣泊頭鎮（現在叫泊鎮，屬滄州，京浦線上一個站），從這裡進入華北解放區，是榮高棠介紹的（我沒有見到他本人）。那時國統區和解放區之間有一條界河，渡口也有地下黨。我們謊稱回老家，到了滄縣泊頭鎮中共華北局城工部，好吃好住，好幾個人找我談話。姓張的主談，他是山西、內蒙口音（解放後當過天津市委領導，後當總檢察院副檢察長，是胡風案的主審人）。工作需要我取個新的名字，我說就叫牛丁吧。他說很容易重複，加三點水吧。從此我有了牛汀這個名字，一直沿用到現在。

　　我接受審查，彙報了十年來地下活動的情況。他們要我找證明人，我說可找我三舅父（牛佩琮，當時是太岳行署主任），薄一波也知道我。城工部讓我給薄一波寫封信，薄一波很快回了信。有兩三頁紙，表示很高興，知道我在大學表現很好，說我被捕的消息《解放日報》登了，說你來解放區，你舅舅放心了。還說已和有關組織聯繫，很快就會安排工作。城工部長劉仁也找我談過話，大約有半小時。他光著腦袋，一邊鼓勵我好好學習，好好工作。我把胡仁奎所託的事向劉仁彙報了，了卻了一件事。（胡仁奎多年在國統區，怕黨誤會，把自己的處境和對黨的感情

講了，解放後當過海關總署副署長。）

1948年8月末，我們到了河北平山煙堡華北局所在地。劉亞雄，中央華北局負責人在招待所接待我。我到華北局轉關係，所謂轉關係就是把我的材料密封了帶到華北大學去。物質上還是緊張，擦屁股用土坷垃。劉亞雄給了史佳一包餅乾。組織上知道我1938年第一次入黨，被捕後很堅定，又熟悉學生運動，希望我留下來搞青年工作。但我渴望學習，以便充實自己。我自願申請到華北大學學習，艾青在那裡任文學院副院長。

這樣，我便從華北局所在地到了正定縣的華北大學。在這裡，我看望了在華大任文學院副院長的艾青。艾青比我大十三歲，他住在天主教堂旁一間平房裡。他老婆韋嫈端莊典雅，廣西人。我碰巧見到她在房外土地上鋪張蓆子絮棉被。隨後見到了徐放、魯煤、陳企霞、嚴辰等人，還見到賀敬之。

在華大，我只學了個把月就在10月間調到華北大學教務部工作，具體任務就是負責審查由國統區進入解放區參加革命的學生。一塊兒工作的有黃達、徐禾等。

很快任命我為華北大學保衛小組成員。共三人，有胡沙，解放後擔任過教育部辦公廳主任，還有石××，解放後自殺。這個小組不公開，負責審查學生，很忙碌，每天都有國統區學生來華北大學；還負責審查黨的幹部，我把華北大學幹部材料都看了。

1949年1月末，隨校部二十人先遣隊步行進北京（2月3日或4日到達）。我身上揣著四個手榴彈。華北大學校部在正定。我們經過保定走到長辛店才坐上火車進北京，沒趕上參加進城儀式。

1949年2月進城到開國大典最忙，最累。

有一件事，值得回憶：天安門城樓門是我和一個工兵幹部打開的。

那時天安門前面馬路南有圍牆，東西有牌樓。東邊是北京市

公安局，過去的一座王府。東西兩側也有邊牆，直到前門，牆裡面有草木地。

1949 年 9 月 22 日，組織上讓我帶二三十個青年學生打掃天安門城樓，同時參加的還有北京公安局和工兵部隊的人。我們從西邊馬道上來，拐角有絞死李大釗的絞架，我們對前輩革命領袖肅然起敬，情不自禁地帶領學生們默哀了三分鐘。

來到天安門城樓，我和北京市公安局的一個人見重門緊鎖。大鎖其實早銹蝕了，我上去用手就把鎖扭開了。裡邊黑黢黢的，感覺也沒有現在高。從各個旮旯裡劈里啪啦騰地飛起一些麻雀、鴿子。天安門上面的草很難清理，我們用刺刀撬，用手拔，手都流血了。直到第二天天亮（我們帶著汽燈），清理出十幾大籮筐的雜草、塵土和垃圾。

1949 年 10 月 1 日，開國大典那天，一早我就奉命到北京市公安局去，還帶了幾個學生。市公安局臨時組成幾個糾察隊，我任其中一個糾察隊的隊長。後來有遠處來的工人、農民陸續到達。我就站在天安門前中間的位置，負責維持秩序。大約中午過後，有受檢閱的海陸空部隊和幾十萬群眾參加的開國大典才開始。

開國大典進行了一個多小時，結束後我們負責清理會場。丟的鞋有好幾百雙，柳條簍裝了四五簍子，還有布帽子、煙袋等等。郊區來的群眾很熱情，又渴又餓，打著赤腳回家。

開國大典的會場上，北京大學的隊伍就在我前邊不遠處的指定位置。北大中文系教授楊晦認出我後大聲叫：「史成漢！谷風！」走過來興奮地對我說：「我入黨了！」他老婆是我同學，歷史系學生，很漂亮。楊晦在西北大學是中文系教授，講文藝理論，很會講話。

第六章　艱難的抉擇

（1949 年 10 月-1955 年 4 月）

21　又忙又累的招生工作

進城後的首要任務是為華北大學招生。成仿吾是招生委員會主任，我是他的秘書，兼招生組長，實際負責招生。我每週向成仿吾彙報招生工作。

成仿吾是創造社主要成員，參加過長征的老幹部。長征途中他曾從四方面軍返回上海治病。魯迅對他很好，具體地關心幫助過他。成仿吾回去以後，給魯迅寫過信，表示感謝，但《魯迅日記》失記。上世紀六十年代，人文社的楊霽雲對我說，他看過成仿吾寫給魯迅的信。

成仿吾在延安就不完全贊成毛澤東的《在延安文藝座談會上的講話》和《新民主主義論》，他是不受信任的。派我當成仿吾的秘書，我認為實際是作為華北大學保衛組成員派去的。他在延安是陝公校長，到了華北大學（1950 年 9 月改為人民大學）是副校長，不是一把手，專管教務，是華北大學教務負責人。校長是吳玉章，還有個黨委書記胡錫奎凌駕在行政之上。

1949 年 9 月，第一屆全國政協開會時，成仿吾是文教組的召集人。我對成校長說，你可能要當教育部長了。他笑著擺擺手說，不可能，絕不可能。成仿吾性子雖然倔，卻有見解，有自知

之明。

招生工作中碰到壽孝鶴，革命精神昂揚、亢奮，很累，也很積極。陳小曼、邵燕祥都是我招的新生，陳敬容也是。陳敬容的情人曹葆華和我一起招生，陳後嫁沙蕾，他是現代詩人。廣播事業局要 10 個人，只去了 7 人。學校招了上萬人。

一次校務會議由校長吳玉章主持，副校長成仿吾主講，主題是選拔可培養的教學人才。成仿吾眼睛不好，幹部登記表讓我替他填寫，開會報告常讓我代他宣讀。我的地方口音重，他還讓我唸慢一點，經討論後通過，這是 50 年上半年的事。

1949 年 2 月初進城不久，那時住沙灘附近的一座四合院，原是國民黨特務機關的宿舍（平房）。我到南池子北京市軍管會文教組找負責人尹達。尹達讓我和羅歌（原北大學生）去看望魯迅故居。我們從南池子一個小胡同步行到阜成門「周宅」，敲了一陣子門，一位五六十歲的瘦高老頭開門，操東北口音。他見我們穿的制服，曉得是北京市軍管會派來的人，說：「你們早該來了！」讓我倆進了院內，先到南房看看，還保留著原樣，記得是一架一架古代出土的文物與其他收藏品。看房子的老頭說房子需要修理。到正房看魯老太太住的東邊房子，有老太太大照片、藤躺椅等，很樸素。又看西邊魯迅妻子朱安的房子，有陪嫁的兩個紅漆衣箱，朱安大照片，還有陪嫁的舊式傢俱。仔細看了「老虎尾巴」。很窄，但乾乾淨淨。後院有兩棵棗樹。老頭已有幾個月沒有生活來源。回去向尹達彙報，肯定派人去幫助解決了實際困難。

這是在 2 月 10 日以前的事。我們是解放後首次進魯迅故居的人。

我的主要任務就是招生。北京城內有五六個招生點，紅樓老北大也有個招生點，我到李大釗、毛澤東工作過的地方看了看。

有一天我到和平門外路西的北師大華大設的招生點瞭解情

況，居然見到認識我的人，是城固時西北師院教務處的一位註冊科的先生。

招生工作組每組有五六人。工作量大，每天忙到半夜方能休息。審查登記表，確實找到幾個國民黨特務，送軍管會進一步審查。又派人到東北和天津、上海、西安、武漢等地去招生，一直忙到 1950 年上半年。還專門招外語人才，招生組有中央編譯局幾個老同志，記得有曹葆華、徐堅等。

華大校部，在東四六條，原是清末大臣崇禮的豪宅。我們五六個人住一間房，隔壁就是艾思奇一家。艾思奇四十多歲，沉靜安詳。他愛散步，早上起來就散步，遇到誰就隨便聊聊。

1950 年上半年，中央要仿照莫斯科大學籌備人民大學。成仿吾專管教學，讓我做他的學術秘書。華北大學即將轉為人民大學。同年 9 月，華北大學改名為中國人民大學。成仿吾為主管教務的副校長兼研究部主任，我是研究部秘書，另一秘書為林揚。

何洛是延安過來的老同志，久經考驗，在南京一帶坐過國民黨的牢。他性情活躍，開朗，但很散漫，擬任文學部主任。大家認為他學識涵養差些，不一定能勝任。後來還是讓他出任了中文系主任。成仿吾強調他受過大苦大難，對黨貢獻大，人很真誠，不能委屈了他。

人民大學照莫斯科大學的規模辦學，急需要俄文人才。校領導派我到天津去找過市委宣傳部長梁寒冰，他介紹了一些懂俄文的中、俄人士。我一人去了一個禮拜。

我還向成校長提出一個散佈在全國的俄語人才的名單，包括許多原西北大學外文系俄文組的同學。我準備到天津、河南、西安、蘭州等地去調俄語人才。開列了名單，經成仿吾報劉少奇批，劉少奇親筆作了批示。我攜帶著劉少奇的批件，去各地方調俄語人才。

當時，華北大學教務長聶真，與在華北大學歷史系當秘書的

劉少奇的前妻王前要結婚，打了申請報告。聶真竟把他們寫給劉少奇的結婚申請錯當成我向各地要人的報告（劉少奇批示）給了我。我到了車站才發現，只好從前門車站趕回東四六條校部換信。鬧了這麼一個大笑話，聶真非常難堪。

我到了河南開封，調了五六個人，還指名調了在南陽中學任教的喬增銳。在開封見到當時任河南省政府副主席的我三舅牛佩琮。「這不是步蟾嗎？」他竟把我看成我父親了，但也許是開玩笑——我長得的確很像父親。「我是成漢啊！」我趕緊說。

在河南調人，都到人大研究部編譯室。記得編譯室有一位叫瞿勻白，是瞿秋白的親弟弟。

到西安找到西北大區人民政府管文教的江隆基，成仿吾的老部下，把西北大學的人，俄文組的老師和四年級的學生全調到了人大。我住西北局招待所，習仲勳還接見了我，就在院內談了好幾分鐘——二月份外邊有陽光，暖和。

蘭州才解放四五個月，坐軍車去，路很不好走，有國民黨殘餘部隊，走走停停。偶然見一老頭，聽說我從北京來，跟我說他見過毛主席的事。據此我寫了《毛澤東，你還記得我嗎？》。一路走一路寫了不少詩。

我在蘭州住省委招待所，又見到梁寒冰。他調任甘肅省委宣傳部長。他是山西定襄老鄉，與我父親，與我舅父都很熟。我住了半個月，把蘭州大學俄文班全調到了人大來。在該

▲1983 年，牛漢攝於開封市龍亭

校任教的郤藩封等連老婆孩子一塊兒從蘭州調到了北京。

還想到新疆去調俄語人才，但新疆太亂，路上很不安全，就坐火車回北京了。

火車路過天水，郤藩封和我一起去天水拜見了母親。沒在家住。那時父親在教書，二弟是天水縣委宣傳部長，三弟在文工團拉提琴。

在西安見到西北大學俄語老師李毓珍，他調到北京後，沒有來人大，被曹靖華調到北京大學去了。

22　我真要參加「保衛毛主席」的秘密組織嗎

我在 1950 年 4 月回到北京。此次出差歷時兩個月。

這一年，發生了一件重要的事，影響了我一生。成仿吾是父親以外一個影響我一生的前輩。

王若飛的夫人李培芝找我談話，而後王耀庭找我談。王耀庭在人民大學黨委管保衛，年紀比我大幾歲，河南人。50 年六七月間，他和我談了好幾次，說我的歷史經上面考查後，想吸收我參加旨在「保衛毛主席」的絕密核心組織，說先送我到莫斯科學習受訓，一切為了黨，為了捍衛毛澤東，部級單位都有人去，要對領導幹部進行瞭解，但要絕對服從，絕對要嚴守機密，老婆都不能告訴。我覺得自己一心想搞創作，恐怕不合適。我又有點自由主義，怕不能勝任。我整天愁眉苦臉，不高興。我要不要參加這個必定會影響我一生政治前途的絕密組織？那時我天天到成仿吾家裡，吃一餐可口的小灶，卻吃得很少。成仿吾可能有所瞭解，幾次問我怎麼回事，黨是不是給你更重要任務？我沒有明說。他說他知道，但當時他沒明確表態。他幾次擺擺手，意在不言中。第二天，他才說，並不是為了你個人，而是為了黨的利益，為了革命的前途，最好還是別參加吧。他說這事太複雜，你搞這個工

作不合適。但王耀庭卻讓我三天之內答覆。我後來婉轉地告訴王
耀庭，強調個性強，浮躁，衝動，不合適，我還是想搞創作，可
以更好地為黨工作。以後王還來問過兩次，強調為了革命的利
益，保衛毛澤東，要找黨內最堅定的人參加，你應當感到光榮。
但我還是迴避了。

　　此事過後，我心裡非常沉重。這件事八十年代後才透露給老
伴吳平。「保衛主席」，大概在解放區就有。上層鬥爭很嚴峻，
肯定非常機密。現在想想，如果參加了，我這個人的命運就完全
改變了。

　　我不知道我們華北大學保衛小組的另外兩個人是不是參加了
這個組織。胡沙很快成為設在巴黎的聯合國教科文組織的中國代
表，還當過教育部辦公廳主任，上世紀末出任國家圖書館負責
人；另一個人，北大的石××，後來自殺了。如果我參加了「保
衛主席」的絕密的核心組織，會比他們更受重用，因為我比他們
文化高。但我很快就報名參加志願軍，參加抗美援朝，並很快得到批
准。在 50 年九十月間離開人民大學。

　　臨行時，成仿吾說，好啊，你去吧，我也快離開……。成仿吾提
醒我一定要注意個人安全，特別在朝鮮前線的時候。雖然他沒有挑明
了說，但我聽明白了，別讓人從背後打黑槍滅了口！過去知道太多黨
的機密的人可能會挨黑槍。

　　1955 年 5 月 24 日星期六中午第一個逮捕我，比胡風（週一）早
兩天。別人不可理解，可我心裡清

▲1950 年，瀋陽。牛漢當時任職
　於中國人民志願軍空軍部隊

楚。

我們參加抗美援朝之前，在中南海懷仁堂，聽了周總理的動員報告。1950 年 10 月我到瀋陽報到，住在賓館，人大有十幾個人都住在一起。人大來的，分到志願軍司令部門，不過鴨綠江。我分在東北空軍直屬政治部文化部的《空軍衛士報》，營級待遇。51 年我調出政治部，到東北空軍直屬部隊文化學校當教務主任，趙正洪是校長。學校辦得不錯。趙正洪的講話稿我為他起草過幾次。給胡風的信裡都寫到過。

▲1952 年，瀋陽。牛漢當時在中國人民志願軍空軍部隊工作

51、52 年全軍辦教育。空軍司令是劉震，派了一個有學識的文化教員隨時跟著他。

1951 年底整黨（小整風），讓我擔任東北空軍直屬政治部黨委文教委員兼文教辦公室主任，主管學校、文工團，提為團級，穿呢軍服。

23 雪峰歡迎我到人民文學出版社及詩歌界的爭論

1951 年我在部隊給艾青寫了封信，告訴他我不喜歡他建國後的一些詩，說他在蘇聯寫的詩不是真正的詩。我提出了真誠的批評，而他到延安之前的詩影響了我一輩子。1952 年探親回來去看望他（東總布胡同），說起這件事，他說：你的信寫得很率真，我一直在學習呢。一邊說，一邊打開抽屜，果然有這封信，擱置

在一堆信的最上面。我和艾青之間確實有界乎師友之間的交情，我的信觸動了他。

1953 年 3 月初我調回北京，在回家的火車上聽到史達林去世。雖然傷心，但對他並不瞭解，沒有掉眼淚。抗美援朝結束了，我離開部隊（部隊多次挽留），又不能、不願回人民大學，社長馮雪峰遂調我到人民文學出版社。

我在部隊給人民文學出版社嚴辰（時任人文社現編室主任）寫信，想到出版社工作。他們回信說雪峰社長表示歡迎。我先到人民大學報到，跟他們說另有工作了，不願回人大。人文社雪峰叫我休息個把月再說。我休息半月許即於 1953 年 4 月 1 日去報到。先在嚴辰主持的現代文學編輯室當詩歌散文組組長，還擔任出版社黨支部委員（當時未成立黨委）兼團支部書記。胡風不贊成我來人文社當編輯，說最理想的出路是搞創作。一年多之後，我通過北京市作協負責人王亞平給北京市委文委寫過申請報告，要求去市文聯搞創作。廖沫沙批了，但 1955 年發生了胡風事件，終未去成。

1953 年我作為北京市作家代表參加第二次文代會。第一次見到韋君宜，她當時是北京市文化委員會副主任。我在 1939 年《抗戰文藝》上看過她寫的《犧牲者的自白》，很喜歡，很感動。但聽她代表市委給作家講話卻不像一個當領導的，她講話像是自言自語，頭都不抬。

4 月 1 日報到就到人文社上班，穿著呢子軍大衣，向雪峰行了軍禮，很熱情地投入工作。那時，白崇義是北大學生，來人文社實習，我教他審理《馮至詩文選》，從發稿到看校樣，都很認真。我首先編了《艾青詩選》；又在舊雜誌上找文章，還找唐弢、孫用補充，編了《殷夫詩選》。杜鵬程把長篇小說《保衛延安》寄給馮雪峰。他看了，很欣賞，交給我發稿，讓我當責編，我寫了出版說明。

　　周揚派蔣天佐來當人文社的副社長。出版社領導內部不團結。馮、蔣、聶（紺弩）、樓適夷、我、許覺民……就這十來個黨員，經常吵。支委會擴大會吵得厲害。在1953年夏天，蔣天佐離開了。蔣天佐回文化部，後犯錯誤，判了刑。出版社到部裡開會，有幾次我陪馮雪峰去參加。周揚來了，雪峰就退席，連大衣都忘了帶，散會時周揚故意大聲說：牛漢，別忘了把雪峰大衣帶回去。

　　1953年的一次黨支部會上聽他們吵。聶紺弩發言尖銳，他對蔣天佐不客氣地說：你懂什麼古典文學?! 我不發言，聽著。原先蔣天佐任文化部出版處處長，上面又派謝素台當馮雪峰秘書，到1954年下半年，我看到這種情況想離開，馮雪峰卻要提我當副總編，並且上報已經批准，我不同意，便沒有及時宣佈。1955年2月到4月，我和端木蕻良、吳天等到北京石景山鋼鐵廠體驗生活去了，回來不久便遭拘捕。

　　嚴辰也覺得出版社太複雜，他本是搞創作的，後離開出版社到東北去了。

　　中國作協創委會有個詩歌組，我是詩歌組成員。1953 年 10 月，我的《祖國》、《真理》兩首詩譯成俄文，收入由蘇聯青年近衛軍出版社出版的《新中國詩人》一書。創委會後來開過四次中國詩歌形式問題的討論會。艾青、卞之琳、馮至、臧克家、田間、徐放、丁力、岡夫、王希堅、黃藥眠等都參加研討，提出要在古典詩歌和民歌的基礎上發展中國詩歌。田間提出應以五七言為基調，建立民歌體，說是毛主席提的。會上有個別人說寫自由詩是一個思想立場問題。1953 年 10 月 24 日，我在第二次討論會上發言。我說，我仍堅定地寫我的自由體詩，我說自由體詩也是民族形式之一種。馮至同意我的觀點。意境、意象、思想感情是詩的元素。自由詩並未喪失，還有所開拓。艾青也基本上同意我的意見。從53年到54年，一直到55年上半年，這個詩歌形式問

題，都在爭論中，討論會上的發言摘要刊登在 1954 年某期《作家通訊》上。

　　1953 年冬，馮雪峰跟我談起過我的詩。他先要了我的三本詩集去，後來才約我談談意見。他把詩集還我，說：寫得還是樸實的，可以精選一本，連同新寫的，儘量不要修改，再送給他看看。我便編了《愛與歌》，發稿之前由雪峰審定。1954 年 5 月用人文社的副牌作家出版社的名義出版。

第七章　我與胡風及「胡風集團」（上）

（1955 年 5 月-1958 年 2 月）

24　1955 年被捕前與胡風的交往

　　第一次知道胡風，是在天水國立五中讀初中二年級時，1938 年夏天，看到胡風主編的刊物《七月》，刊發不少艾青、田間的詩，比《抗戰陣地》等刊物的詩好，我很喜歡。《七月》發了賀敬之早年的詩《躍進》四首，筆名艾漠，我也喜歡，寫得清新。

　　因為參加了地下黨的三人小組，經常到甘谷生活書店書庫去看書，各種各樣的書刊都看。我讀書有個習慣，喜歡看陌生的新起的作家、詩人的作品，而不是課本上的（如徐志摩、郭沫若、胡適等）。我更喜歡看新人的新鮮的不規範的新詩，朗誦起來很親切。

　　魯黎的長詩《延河散歌》、嚴辰歌頌延安的詩，還有東北的李雷的詩，我都喜歡。李雷的詩與艾青相似，但寫得比艾青粗獷。李雷後來從文藝界消失，不知何故。我一生記得他的詩。

　　綠原成了主要的詩人。他寫人的現實苦悶與追求，對生存境遇的抗爭震動我，並不空洞，雖然長我也喜歡。還有冀汸的短詩，也特別喜歡。

　　胡風在文藝界是能吸引我的一位長輩。我不怎麼看他的理論文章，只看他的詩。後來編《七月詩叢》，有艾青、魯藜、綠原、冀汸……我仰望這些詩壇上的重鎮。有些名氣大的詩人也歌頌抗戰，但失於空泛，不吸引我。「七月詩叢」的人強調生命的血性與藝術的個性，對我影響很大。我喜歡，仰慕。

　　《七月》半月刊，1937 年 9 月在上海創刊（週刊），1941 年 9 月在重慶被迫停刊。1940 年 9 月胡風被迫離開重慶去桂林、香港，後把詩稿交鄒荻帆編的《詩墾地》。《詩墾地》上的詩，我都喜歡。特別是陳輝的詩，清新、美妙，讓我一生不能忘懷。1945 年胡風從南方回到重慶編《希望》。

　　1945 年初，我在西安編《流火》。我請郗潭封通過冀汸請胡風給詩作。胡風也通過郗潭封帶話：不相信在西安能編好刊物。果然，事實證明胡風對「反共前哨」西安地區不可能有好的刊物的判斷是對的。他看得很準。《流火》印了一千本，大半被沒收。

　　我在《詩墾地》發了《高原的音息》之後，在《詩創作》發了《鄂爾多斯草原》等多首詩。胡風肯定讀過我的詩，有印象。雖然沒有通過信，但不會不知道我這個新起的年輕人。1946 年在伏牛山區潭頭鎮，我寫過一首諷刺國民黨國大的長詩，寄上海胡風，但沒發，我不知道《希望》已經停刊了。

　　要寫深入現實鬥爭的詩，不寫夢幻式的天真的詩，詩寫得再美妙，如果遠離生活，也應該改變。要寫帶血含淚的，真實的生命體驗的詩。這是郗潭封向我轉述的「胡風詩論」（郗崇拜阿壟），對我很有啟發。

　　1947 年 8 月在上海，想拜見胡風。他去蘇聯駐上海總領事館看電影，沒見著。只在胡宅見到梅志，還有在搖籃裡的張曉山。解放前我沒見過胡風，沒有直接交往，不像重慶那些友人和他有直接交往。但我作為讀者對他的仰慕嚮往他知道，而他也肯定我

的詩。後來又到上海，沒去找他，怕有風險，我很謹慎。胡風也可能想到我是地下黨。

1948 年春，河南黨組織被破壞，必須儘快撤退到解放區。1947 年後，我的黨的組織關係由華中局城工部長吳憲轉到晉冀魯豫工委會組織部長張磐石。我沒有進入解放區，南下去了上海。1948 年 2 月，我寫長詩《彩色的生活》通過郗潭封寄胡風，得到肯定，但說結構鬆散，情緒前後有些不一貫，後轉北平《泥土》雜誌發表了。第一次用牛漢為筆名，從此與胡風通信。

胡風給我回信有 20 封，信寫得很坦率，真誠。現存 16 封，少了四五封。我給他的信也保留不齊全。

我給胡風的信，幾乎什麼都談。像 1948 年 5 月 18 日在浙江天台寫的信。「安靜對我不適合，感到一種壓迫與空悶。這半年是在慘敗中學習著生活。……寫不出東西來，痛苦。」1951 年 1 月 15 日在瀋陽寫的信：「最近，我正日夜思索與凝結著一首較長

▲20 世紀 80 年代一次春節聯歡會上牛漢與胡風夫人梅志交談

較大的詩，但他（《命運的檔案》注：一般人都把詩代名為
「她」或「它」。牛漢把自己的詩一般視作男性。這表明在創作
中，他認為作者與詩是分不開的，是共一個心臟的胴體。他很少
把詩當作女性，也很少視作第三者的「它」。）不比短詩，我可
在那一刻鐘的激情裡把生活裡感覺到的東西使勁抓起來，再用勁
一雕即成。」1951 年 10 月 23 日瀋陽的信：「……前幾個月，就
有人勸過我不要再與胡風接近。『胡風不是一條路上的人』。這
樣想的人，恐怕還有不少。實在可笑。人，是有思想感情的，不
是一塊木頭能任人取拿來又摔過去的。什麼人是我喜歡的，我十
分清楚。」1952 年 6 月 29 日瀋陽的信：「我曾經給艾青寫過一
封長信，對他有些欠恭敬。因為我看到他的一些詩後，把我激怒
了，一時火勁上來，就寫了封信給他（他認識我，在正定時見過
幾次面），對他也許是一種大大的刺激。沒有答覆我，也許他不
會怨恨我的。」1952 年 2 月 3 日的信在《關於胡風反革命集團的
第三批材料》裡被掐頭去尾地摘出一節，加上按語，被認為具有
「反革命」的意圖，成為「反革命」定性的依據。

　　1948 年 8 月初，我到了北京。在進入華北解放區的前幾天，
我把帶在身邊的所有詩稿寄上海復旦大學的郗潭封轉胡風，沒想
到胡風替我增補了《鄂爾多斯草原》等編成《彩色的生活》（列
入「七月詩叢」第二集）。1948 年下半年，打好紙型後胡風南下
到香港，詩集直到 1951 年 1 月才由上海泥土社出版。1949 年冬
胡風催我為詩集寫《後記》，我寫好後，1950 年春天魯煤通知我
到文化部招待所（東四頭條）直接交給他，這才第一次見到胡風。

　　胡風穿棉衣服，一個人一間房。談了很久，我談了自己情
況。他肯定我有發展前途，鼓勵我不管做什麼，無論如何不能放
棄詩。

　　同時見到大鬍子柯仲平。柯仲平住在胡風隔壁。當時我超負
荷地工作，實在太累太累。柯仲平來坐了一陣，高門大嗓地說

「好好寫啊！……」我很感動。胡風不像柯仲平大聲說話，他說話不多，很凝重、誠懇。我們彼此就像朋友，像詩友一樣坦誠地交流。

五十年代初我還在部隊。胡風住煤渣胡同人民日報招待所與我家住的西裱褙胡同相距 5 分鐘路程，有時就到我家留下吃飯。吳平不是烹調專家，但會做魚。我在東北部隊時，還寫信告訴胡風招待所伙食不好，可到我家去改善一下。

1950 年上半年，胡風住煤渣胡同一號人民日報宿舍，三居室中有他兩間，還有小空間吃飯、待客。《文藝報》籌備時有他，《人民文學》編委也有他，但都是掛名，並沒讓他去編。直到被捕，他還是《人民文學》不上班的編委。我當時很幼稚，不知道政治的安排可以通過這樣的手段來實現。1953 年後胡風在北海附近的太平巷買了一套四合院的房子。從上海把整個家都搬來北京，丈母娘、梅志等都到北京來了。丈母娘給他一家做飯，看孩子。

胡風是不苟言笑又謹慎的人。1984 年春節期間一次要去丁玲家，他對梅志說：你說話太多，不要去。

我從東北回來後常去太平巷看望胡風，一個月至少有兩三回吧，有時在太平巷胡宅還見到魯煤、魯黎、徐放、綠原、蘆甸、嚴望、謝韜等。但徐放告訴我，他們還有更親近的人在別的時間約會。綠原是 1953 年從武漢調中宣部對外宣傳處，他一家都來了。

當年我對黨是很信任的。到 53、54 年都這麼看。但對 42 年毛澤東的《在延安文藝座談會上的講話》，當年就有些看法，有疑問，不贊成「工具論」，不能接受。後來我的罪狀之第一條就是「一貫」反對毛的「講話」。

胡風 1953 年舉家遷京後沒有正式安排工作，沒有安身立命、發揮作用的生活條件。《人民文學》編委是個虛位。我想他曾有過巨大的苦惱，我不止一次看到過他不停地在屋子裡急速地走

動。有一回我問他：「胡先生，你的神經不會繃斷吧？」他異常自信地說：「哪裡會脆弱到那種地步，我的神經有纜繩那麼粗，多大風暴也不能奈他何。」（原話已記不得，但意思和比喻是不錯的。）在我的心裡，胡風不論處在何種情況，都不大可能喪失思考人生和文學的本能。

當時他很失意。他肯定經過思考，才寫三十萬言書向上反映。

胡風的三十萬言書我沒參與，參與者有阿壠、路翎、綠原、蘆甸等人。

我希望少談政治，多談詩創作的得失。對文藝界的問題，我從不迴避，我率直強硬，毫不含糊。胡風或許覺得我、魯煤、徐放和他們的觀點有所區別。所以他們醞釀、成文，我和魯煤、徐放沒有參加。而蘆甸、路翎、綠原等等參與之外，還有上海的幾個人。（不知道賈植芳是否參與？）南京的歐陽莊也來參加，是個黨員。我只希望談創作問題，談詩。我得知他們另有一幫人，對此很不諒解。

我是跟著一些詩人寫起詩來的，從來不是按什麼理論寫詩的。胡風和我談過，說牛漢呀，你是搞創作的，希望你全身心好好創作，不受干擾也好。有關理論上的問題，你不參與也好。理論界的爭論與分歧，可以不去管，那些僵化的理論看了會擾亂了你的創作情緒。

有一次，好像是 1954 年深秋聚會時，是一個星期六的下午，下班後大家習慣到胡風家裡聚會。在座的有綠原、徐放、路翎、蘆甸等。當時胡風的處境令人很傷感，

▲牛漢攝於「文革」前

他被擺在一邊受冷淡。蘆甸說：「文藝界對胡先生的意見和胡先生的願望完全相反。胡先生這麼有影響的人來北京後這麼受冷淡，真讓人氣憤。在我的心目中，胡先生的形象很偉大，我一生最敬佩的人就是馬、恩、列、斯、毛、胡……」

胡風在房裡走來走去，沒阻攔，沒表態。這麼高的評價，我不可理解，我不同意，幾分鐘後說有事，退席了。我很傷心，拂袖而去。我們是普普通通的詩作者，為什麼這樣提呢?! 為什麼要追求這些？有幾個人攔我，我執意要走，也有幾個人跟著出來。嚴望、徐放他們也走了，態度和我相近，不歡而散。我對胡風這態度很難過，起碼有三四個月再沒去看望他，也不通電話。他們也不找我了。

我知道肯定有人向有關部門反映那天我拂袖而去的事，我知道是誰，但我不說，所以 1955 年第一個逮捕我，希望我好好揭發。他們說綠原是國民黨特務，我瞭解一些內情。我卻為綠原辯誣，說他根本沒去中美合作所。阿壟也不是特務，他是為黨工作。

胡風心目中大概認為我是個搞創作的人，不懂政治，直率，有個性，且去過解放區，對黨有感情。我確實認為我們不該在政治上謀求什麼地位，也不該把胡風捧得這樣高！

但八十年代，胡風去世前說牛漢是個可信賴的人，沒有出賣過任何人！（可參見《胡風傳》。）我從來沒有胡說過。

25 在審判會上見到胡風，我忍不住為他辯護

1965 年冬，為了給我（還戴著反革命份子的帽子）提供一個改造的機會，讓我去河南林縣參加四清運動。臨行之前，突然接到通知，我須先去參加審判胡風的會，還指定包括我在內的在京津的幾位「份子」到會上作認罪的發言。當時心裡很明白，我們幾個實際上是充當陪鬥的角色。

　　會場設在天安門附近北京市中級人民法院的一個大廳，四周是高高的一層層座位，中間的空地很像一個室內籃球場，大小也相近。我們幾個是個別地被傳呼進去的，由一位法警領著，發完言立即退出法庭。那天，我穿了僅有的一身多年來一直壓在箱底的散發著樟腦味的深藍色嗶嘰衣裳，領導告訴我，應當穿得整潔點。後來我意識到這是很有必要的，我們的形象與胡風應當一目了然地有所區別。

　　我忐忑不安地走進了法庭，四周是大海怒濤般的瞪得很大的千百隻眼睛，似乎要掀起了滔滔的巨浪淹沒了我。我不敢東張西望。迎面映入眼簾的是一個孤零零站立著的人，這只能是胡風。他面朝著審判席。我向他認真地望了一下，比起十年之前，人明顯地消瘦了，但面孔並不蒼白，還是赭紅色的，只是略有點發暗，與湖北長江沿岸胡風家鄉的地脈的色澤十分相近。記得胡風穿的是一件棕色的中式棉襖，出奇地肥大，幾乎長及膝部，他的兩隻手一直不自然地攏在袖口內，過去可從來沒有見過他有這個閒散人的袖手習慣。許多年後我回憶起，判斷可能是戴著手銬，他只不過把它遮起來。

　　胡風的整個形象使我感到震驚而又很陌生，不，陌生這詞不太恰當，或許用「異樣」、「變形」、「冷峻」等字眼較為貼切，他彷彿被什麼渾濁的顏色浸染了好久。胡風側過臉向我這裡望了一眼，我們有一瞬間的對視。他神情的冷漠並不使我感到驚愕，我完全能理解，因為這種冷漠，我從馮雪峰那些年的神情裡早已熟悉了。冷漠的內涵是強烈的自尊，還有些難以察覺的輕蔑。我的心被猛地刺痛了一下，幾乎傾倒。這是我被釋放後，第一次見到胡風。

　　輪到我發言，我開始還照著稿子唸，後來，我忍不住為胡風辯護起來。大意是說胡風的問題是文藝思想問題，胡風認為黨偏聽偏信了一些文藝界領導人的話。主審人當即大吼一聲：「下

去！」主審人立即停止了我的發言，不准我再說，轟我出去。這位主審人張磐石就是當年建議我把「牛丁」改成「牛汀」的人。真是說不清，世界上竟有這樣的巧合。這次會上，胡風被判十四年徒刑，上邊坐著周揚。

1982 年，有一次——只有這麼一次，我謹慎地跟胡風談到這次法庭判決的情景，我對他說某某當時看到文藝界幾位領導端坐在看席上。胡風蹙蹙眉頭，不願意談這個話題，記得他只說了一句：「你們的發言我當時聽清楚了，現在全忘記了。」沒有再說第二句。我心裡知道他是絕不會忘記的。法庭最後宣佈判決詞，我們幾個魚貫進入大廳，被允許坐在一張長椅上，胡風仍是一個人孤零零地站立在原處，雙手袖著，微微閉著雙眼，認真地聆聽著判決詞，記得他並沒說話。法警隨即把胡風帶了出去。

散會後，我們幾個「份子」一起走出了法院的大門。難得有這次久別重逢，不知由誰倡議，我們到前門西側一家飯館每人吃了一碗肉絲麵，分手時並沒有說「再見」。我們每個人都非常瞭解再見這個詞的分量。那天蘆甸非常激動，兩眼總是淚汪汪的，不知道他當時心裡翻騰著什麼，我一生記著那一雙淚汪汪的想吐訴心思的眼睛，可是從此就與他訣別了。我當時肯定也想了許多事，而且我們幾個絕不會一句話不交談，但是現在全已迷迷茫茫等於忘卻了。

從年少時起，不論在感情上還是在理智上，我一直尊敬胡風為先生，叫他「胡先生」。這個先生的稱謂和它的內涵，不是幾十年來已被異化了的那個表示人與人之間嚴酷距離的符號，而是真正意義上的先生。

胡風，在中國（不僅限於文藝界），是一個大的形象，也可以說是一個大的現象。至少在我的心目中，半個多世紀以來，他的存在，有如天地人間的大山、大河、大雷雨、大夢、大詩、大悲劇。他給我最初的感應近似一個遠景，一個壯麗的引人歌唱的

夢境。那時我在荒寒的隴山深處讀中學。即使到了後來，我結識他並經常有來往，雖然後來又有二十多年天各一方的闊別，這最初在心靈中形成的莊嚴的遠景或夢境的感覺，仍沒有消失和淡化。我一直感受著他穿透我並輻射向遠方的魅力和召引，他正如羅丹的「思想者」是個發光體。儘管面對面交談，仍感到他的重濁的聲音，他的花崗岩似的神態，他的個性的火焰，是從很遠的一個境界中生發出來的，有一種濃重的飽含血性的氛圍包容著我。上面說的大山、大河、大雷雨……就來自這個近乎人類第二自然的感應。

　　當年作為一個渴求聖潔的人生理想的青年，為什麼執迷般嚮往於他，並不是從他當年在文藝界的地位和不同凡響的理論受到了啟迪，而是為他主編的文學期刊《七月》和叢書所體現的熱誠而清新的風格所浸潤和拂動，從中欣喜地感觸到了那個時代的搏動著的脈息。連刊物的封面木刻畫，編者簡短的後記，一首詩的題目，對一顆稚嫩的心靈，都是異常新鮮和具有魅力的，正如構成遠景的一個山勢，一片林莽，一陣清風。後來，經歷過人生的種種艱難之後，才逐漸地理解了他的存在的更為深厚的內容：他對於人生意義的求索，對於人類美的崇高的精神的歌頌，對於純真的詩的敏感和熱愛，對於我國新生一代作者的發現；從不成熟不成型的一首詩或一篇陌生的習作察覺到了真正藝術個性的萌動，從一小節閃光的詩或一段具有衝擊心靈的文字，都能把捉到一個一個即將抽芽破土的種子，他的審美的情懷是土地一般溫暖而博大的。

26　與胡風恢復通信

　　1978 年為《新文學史料》組稿，我走訪過蕭軍許多次。胡風在成都的通訊處是蕭軍告訴我的。蕭軍還說，應該寫信去，應該

把《新文學史料》寄給胡風看看。

　　我好多年沒有跟朋友們通過信。當時不論寫信給誰，對我來說都不可隨隨便便，何況給胡風寫信或寄刊物。但當時的形勢畢竟已好轉，人世間的生活與友情都漸漸解凍，又經蕭軍這麼一說，我次日就給胡風寄了一本《新文學史料》的第二期，但沒有另外寫信，我只在封皮上寫下我的詳細的通訊位址。刊物寄出去之後，我的心情一直不能平靜下來，似乎不是一本普通的刊物，而是一件可接通友情的信物。內心的激動比我幾十年前作為一個練習寫詩的青年，從蒼涼的伏牛山區寄詩給《希望》主編胡風時還要惶惶不安，期待的心情也是相同的。

　　很快就收到了胡風 8 月 16 日寄自成都的信，署名是 H・F。看到闊別多年一點沒有變化的字跡，熱淚止不住地流。胡風的信密密地寫了一面，說收到了我寄他的刊物，「馮文有幾處不符實際，在那種時候，他能這樣寫，已是難能可貴了。」他說的馮，是指馮雪峰。雪峰那篇文字是寫於「四人幫」時期的真正的交代，有些明知是虛假的套話還是不能不寫。如果雪峰能多活一年，他會重新回憶「左聯」和有關的人和事的。胡風在信中還說，在「井中觀天」時，曾寫過些贈友的「韻語雜文」，可惜被抄走，以後再抄寄給我們，「以博諸兄一笑」。

　　從信的流利而剛健的字跡以及用語特點來看，我斷定胡風寫信當時的體魄和情緒還是好的。可悲的是一年之後，胡風精神上遭到病痛的折磨，寫字彷彿失去了主宰，大大改變了他原有的字跡，連簽名都似出自陌生人之手。這封信，我讓全家人都看過。因為胡風這個「災星」，20 多年來跟我和我的全體親人有著深深的牽連。但現在那種深重的基本上已成為過去的災難，最終並未摧毀我們之間存於內心的友情，災難反而使純淨的友情更添加了一層莊嚴而凝重的親情般的內涵。梅志後來告訴我，胡風收到刊物，激動了很久，他從通訊處斷定是我寄給他的。

　　我的回信除了簡略談到我當時略有改變的境況外，特意寫了長長的一段有關路翎的近況，我還有意用形象的語言描繪了一番。我深深瞭解，多年來，胡風不管處境何等困厄，路翎肯定是他最為惦念和擔憂的一個朋友。形象的真實可使胡風獲得血肉的路翎，胡風對形象有著特別的敏感。我信中說，路翎幾乎像一塊岩石，沒有任何表情，他的生命經熊熊大火之後留下了一片灰燼，冷冷的，很難再爆出熠熠的火星。我說路翎一家人困窘的生活最近有了些改善，他掛名在劇協，每月可領到 80 多元的生活費，自此路翎一家人早晨有錢買油餅吃了。我還在信中說路翎為劇協一個刊物看稿子，寫不少意見。我沒告訴胡風路翎當時誠惶誠恐寫的審稿意見，看了委實令人難過，因為與世隔絕多年的路翎，誠實地努力地運用階級觀點分析評論他看過的文稿，就像他在獄中服勞役時寫思想彙報的文字。從他當時的身心來說，短時期絕對不適於從事編輯工作。首先需要把他的被幾乎摧毀了的精神恢復過來，把他失落多年的美好而智慧的靈魂呼喚回來。信寄走之後，我又後悔不該寫關於路翎那些慘痛的情況讓胡風知道。我當時為什麼竟那麼粗心，沒有想到他們兩人都是被精神的病痛折磨過多少年的人呢！收到我的信後，胡風在回信中，萬分感慨地說：「真有死人復活之慨，在這四分之一世紀裡，別的都能過眼雲煙，但一念及因我而受累以致受害致廢的心靈勞動的有生力量，總不勝萬憾。」他看到我寫的路翎近況後，震動極大，使他「大出意外」，「多年來我總以為會給他以應有的維護和勞動條件，使他出世時帶著難於估計的精神財富與人民相見」。他在信中還提到路翎在創作中「充滿了對貧苦農民的感情」，說路翎的《王興發夫婦》《王炳泉的道路》《蝸牛在荊棘上》等小說，「即使到 1955 年為止，路翎也是世界文學史上的作家」。胡風對他幾十年來為之獻身的中國革命事業矢志不渝，他的熱情還是非常飽滿而熱烈的，我受到了深深的感動。胡風又說：「原來，我

只想在餘年裡依然做一個普通勞動者，但也許要改變主意了，只要給我起碼的條件，我要為四個冤案用去生命：曹雪芹、魯迅、路翎、柳青。」「心有餘力，我也要論一論郭沫若、茅盾、田漢。」看到這裡，我彷彿又看到當年在屋內急步走動、目光炯炯的那個渾身冒火的胡風；幾十年的禁錮，並沒有把他的從青年時期就形成的氣質改變一絲一毫，看不出一點消沉情緒。當他回到人間，他不是在避開生活激流停船靠岸，而是準備迎著風浪張帆遠航。他要「用去生命」為中國幾百年來四個優秀的作家在歷史的廣場上樹立高大的豐碑。

四五天後，又收到胡風一封信，主要談的是路翎，是前一封信的補充。他日夜思念路翎，信中說：「這兩天，加深了一個想法：他是否對訪者能發生信任的感情。他和你們不同，是在井中坐了 20 多年的。以他的情況，對任何人都是不容易產生信任感的。所以，去看他，不是聽他說話（他太難說話了）。說真話，不能有一點失真的表面話。」這段沉痛的話，與其說是他對路翎的深摯的關懷和理解，還不如說是他本人的內心的獨白。他比路翎坐在井中的時間更長，再強悍剛正的生命，如磐的屈辱、孤獨、悲抑、渴望也會隱隱地侵蝕著他的心肌，眼神裡不可避免地會流露出冷峻而空漠的光。這種眼神，我可以從一千人之中一下子認出來。二十多年，難於望到幾隻信任的眼睛，聽到幾句真誠的實話。

胡風的身心經受過幾次毀滅性的衝擊之後，嚴重的幻聽使他一刻都不得安寧，日夜都得聽震耳欲聾的斥責聲。幾年之後，我問過他：「幻聽是不是有中斷的時刻？」他搖搖頭說：「沒有，連夢裡都能聽到。」令人感動的是，胡風 1979 年下半年寫給我的幾封信，沒有一句談到他的病痛和寂寞的心境，當時他沒有對人生和世界完全失去信任感。只有絕望之後的冷漠才使人的靈魂戰慄。胡風從來沒有絕望過。這封信裡，胡風關切地談到魯藜和綠

原。我告訴他綠原在寫詩，他感到振奮。他告誡我們：「應該不是寫『原理』，是寫出我們這時代一些詩人的心靈。」這警辟的話，是他一向的主張，詩絕不能從理念產生，詩只能是與時代脈搏相一致的詩人心靈的律動。胡風最憎惡無動於衷的形式主義的東西，而形式主義的製作又常常在外表上具有精緻而炫目的效果，因此更須對它警戒。

1979 年 10 月之後，再沒有收到胡風來信。不久之後，聽說他住院做前列腺手術治療，直到翌年春天他到京之前的五個月，我們沒有通過信。當時文藝界盛傳胡風要來參加第四次文代會，胡風的許多好友都確信無疑。從當時的形勢看，他應該參加這個重要的會。可是由於種種原因，胡風沒能參加。他在給我的信中談到文代會之前，他要誠懇而坦率地向黨中央呈送長達幾萬字的材料，心情是很開朗的。未能參加第四次文代會這件事，給他剛剛平復的體魄以極大的打擊，不久，精神又陷於深度的病痛之中。此後，他的這種精神上的病痛經過多方醫療，雖然有了些轉機，但再沒有恢復到 1979 年的健康水準。

27　與胡風重逢

胡風於 1980 年春來到北京，暫時住在國務院第二招待所。當時傳說他的精神又分裂了，這就是說，這許多年裡他的精神出現過多次瀕臨崩潰的危機。我總是不大相信，胡風的精神以及神經還會斷裂？

當知道了我可以去看望胡風時（有關部門跟在京的一些「份子」打招呼，可以看望胡風），便先用電話和梅志同志聯繫，約定好去探望的日子。我是上午去的，騎車轉來轉去，費了好大周折才找到第二招待所。到門口已是上午 10 時光景了。梅志同志出來迎我，她對我說：「胡先生兩次到門外去等候你來。」

　　梅志同志領我到他們的住處，胡風已立在門內。我們緊緊地握手，他的手還是有力的。我止不住湧出了熱淚。坐定之後，我看清了睽別多年的胡風，他的容顏和體態較之我在那次法庭上望到的樣子，又有了很大的變化，他真正衰老了。背部明顯地駝了，手臂枯瘦了，赭色的面部出現了許多灰斑，但是凝重的眼神裡卻多了些慈祥和溫厚的光澤。胡風穿的一條化纖的半舊褲子，皺皺巴巴的，它顯然伴著它的主人經歷了不少個艱難的歲月。

　　我的變化想來也是很大的。1955 年我剛剛過而立之年，現在是六十好幾的人了。胡風凝望著我，一定有很深的感觸。他的聲音低沉而沙啞，他說的第一句話是對我一家人因受他的牽連而經受的苦難感到深深的愧疚。這許多年來，他常常懷念朋友們，說懷念也會給他以力量。他問到我全家人的近況，問得很具體，我老伴的名字和孩子的乳名都還沒有忘記。

　　我對他說，國家的形勢逐漸好起來，文藝界也一定會有轉變的。我告訴他，王元化、曾卓和我已分別恢復了黨籍。他說：「你們這些為黨工作了多少年的人，情況本來清清楚楚，早該解決。」我說不但幾個人能平反，整個案子也將能得到全面的了結。從他的神情感到他對形勢和我談的問題都並不樂觀，他緩緩地搖了兩次頭。我說的全是真話，表面的安慰性的套話，我絕不說一句。胡風說他剛剛寫完一份向中央呈送的材料，是有關部門要他寫的。這個跡象當然是好的，中央已在認真解決這個案子了。

　　回憶起來，當時胡風的頭腦並沒有失去思維的能力。他話不多（我以為這不屬於病態），思路總是清楚的。別人向他講這講那，他只說幾個字，但這幾個字的詞意是準確而有分量的。我想這是他多年來回答詰難時被迫養成的一種習慣。他沒有提幻聽的事，大概發病時才出現這個症候吧。至於衰老瘦弱和許多事情你認為毫無問題，他卻表現得疑慮重重，對胡風來說，這都是正常的。所有這些，我是很容易就能理解的。

　　考慮到胡風的身體，我坐了約有一個鐘頭就告辭出來。過了一些時候，我又去看望他一次，不久胡風住進了醫院。

　　自此，他的精神就一直沒有能再完全恢復過來。幾個月後，全案得到了平反，他的神情和心境仍然顯得那麼沉鬱與冷漠，很少主動講話。但即使到了生命的最後兩年，他的思維還是清楚的。這時我才相信，他過去說的話，他的神經的確是粗壯如纜繩，並與真實的人生和他在半個多世紀追求並為之獻出生命的理想世界緊緊相維繫著。

　　胡風很深沉，不容易探尋他的內心。但他對我寫詩有影響。胡風從來不和我談毛、共產黨，不說反黨反毛的話。我的第一本詩集《彩色的生活》是胡風給編的，親自加了一些內容。那時尚未謀面，我終生感激他對我的激勵與理解。

28　為什麼要批胡風和他周圍的一些人

　　胡風在香港時，胡喬木、喬冠華、林默涵通過 47 年、48 年

▲1985 年春，冀汸和牛漢到友誼醫院看望病中的胡風所攝。左起：牛漢、胡風、冀汸

的《大眾文藝叢刊》好幾期的主要文章集中批胡風。1947 年以後，林默涵、喬冠華、何其芳等通過《大眾文藝叢刊》接二連三地批評胡風這些人。解放後胡喬木執行這條路線，分析得很清楚，確定胡風是主要批判對象。1955 年上半年，《文藝報》有一小本附冊，是胡風對文藝界的意見，不是全部，是有刪節的。

毛澤東 1942 年《在延安文藝座談會上的講話》中樹魯迅為旗手，實際上他是不喜歡魯迅，否定魯迅，反對魯迅精神，要消滅魯迅精神的。樹魯迅只是政治上的需要。這些情況，馮雪峰深深知道內情。1934 年他當中央蘇區黨校副校長時和遵義會議前的毛澤東有較多的接觸，經常在一起散步聊天。1942 年整風後，延安文藝界思想一致了，但國統區、大後方文藝界、文化界對共產黨、對毛澤東及其思想還不瞭解。要找一個眾望所歸的人來「統一」。想來想去還只能是魯迅。

有個例子也可以說明：49 年或 50 年夏天，有讀者向《人民日報》文藝部提問：如果魯迅活著，黨會如何看待他？收信人是編輯李離，幾個友人會面時曾給我們看過這封信。此信後轉請國務院文化工作委員會主任郭沫若答覆。郭沫若的回答是：魯迅和大家一樣，要接受思想改造，根據改造實際情況分配適當工作。

毛澤東有陰謀、有陽謀。利用魯迅就是陽謀，公開的，光明正大地利用他。毛澤東的「講話」和魯迅精神是相悖的。魯迅講人性、人道、人情、個性解放，而「講話」講階級性，沒有個性、人性。

在毛澤東看來，魯迅影響下的一批人和他的文藝思想是反著的。為了推行毛澤東的文藝思想路線政策，胡風必然成為主要的批判打擊對象。蕭軍 1948 年在哈爾濱已受到過批判。魯迅身邊的戰友、朋友也統統被打倒，消滅：雪峰、胡風、聶紺弩、黃源、劉雪葦……沒有一個有好下場。不剩一個，做得那麼絕，真可怕。

這些話，2003 年 6 月我在現代文學館紀念雪峰百年誕辰的會

上公開講過，我講的都是根據雪峰和我一起住「牛棚」時的談話講的。

此前「三聯」有個座談會，時間約在上世紀九十年代，參加的有邵燕祥，記得還有謝冕……我在會上也講過。我 1945 年在城固青年會閱覽室見到在重慶出的《新華日報》，才第一次看到「講話」。我看了很多遍。他的「講話」不講人性、個性，只講階級性，我當時就打問號，就懷疑，不能接受。

八十年代後期見到北大教授吳組緗，他說「講話」在重慶刊出後，文藝界開過座談會，在會上，有不同看法。他不同意文藝完全絕對地為政治服務，否定人性，文學創作的個性。老舍的發言大體上也這麼看（有吳組緗《日記》為據）。我說「史料」可以發，他說現在不是公開發表的時候。

再後來，見到北大的孫玉石，問有沒有吳組緗「日記」，說沒有。問有沒有書信可發，也沒見拿出來。我有所懷疑，我相信一定有，吳組緗不會隨便說的。

談這些都有必要。為什麼解放後魯迅的朋友都成了文藝界的對立面、反黨的反面人物？這對思考所謂「胡風集團」問題有幫助。

1948 年冬，在河北正定開魯迅逝世紀念會。在天主教堂的正廳開會。艾青發言諷刺胡風，說《七月》批評文章太粗暴。雖未點名，但「編的刊物，不分青紅皂白，像公牛闖進了藝術博物館……」所指已經很明白。解放後艾青和胡風關係淡薄，但胡風去世他去送別，很傷心，儘管有隔閡。

艾青、田間是「七月」派最早的奠基詩人，而不是胡風影響下成長起來的詩人。解放後艾青、田間與胡風少有來往。這和解放後的政治氛圍、生存境況有關。

2004 年，胡風女兒張曉風和我深談過一次，我說現在寫文章不應該還迴避批評毛的「講話」。我否定了毛的「講話」，我認

為涉及到毛的問題也不必迴避，應該毫不含糊。她態度不一樣，我們談不攏。他們認為胡風對黨、對毛一直是肯定的，這一點不能動搖。後來胡風大兒子張曉谷打電話要約我談一次，我拒絕了。

不久前，梅志死後，胡風三個子女來看我，大家在一起照了相。對胡風的平反，我做了許多工作。「胡風回憶錄」在「史料」發表。《胡風評論集》，他寫了很長的「後記」，人文社社領導不想發，我堅持發這篇重要的「史料」，後報中宣部才批准。以後見到當時的出版局局長王子野，他表示贊成我的看法。

我們對文藝創作有些一致的看法，形成堪稱流派的創作群，但解放後，經過嚴酷的「運動」，看法已不一致。胡風上世紀四十年代作為魯迅的戰友和繼承者，我是肯定的，尊重的。後來為他刊發與編印了「回憶錄」、《評論集》、《詩全編》（浙江文藝出版社）「胡風詩選」（百花文藝出版社）。胡風的《詩全編》是我負責編的。出版社信任我，跟我聯繫，胡風家人也同意。但我不含糊，歷史的肯定，現實的有不同看法。

我覺得有意見可以提，但動機不純我不認同。我想豐子愷、沈從文共產黨都沒有分配安排，甚至天津的孫犁，都不大參與政治，不是還可以過自己的生活，寫出大作品嗎？但在審判胡風的大會上，我毫不含糊地為他辯護。後來我問他，他說他聽到了──停止發言，下去！我下去了。文藝界的人都在。被放逐成都時的胡風，我給他寄「史料」，並第一個給他寫信。胡風回到北京，我和老伴去看望過他。

阿壟誠摯，但比較固執，跟胡風的關係也不是很愉快。他在天津，但常到北京。從 1949 年就開始先批判阿壟，然後批路翎的《窪地上的戰役》。

把這些人作為文壇的異己份子是很清楚的，沙鷗等人也批判過我，上面顯然有安排，這些人政治上有表現。

1953 年之前，舒蕪在廣西南寧中學當校長，綠原在武漢《長

江日報》。解放初舒蕪與胡風通信，跟我不認識。1944 年在重慶舒蕪由路翎引薦認識胡風，成了胡風身邊最信任的年輕人。他的《論主觀》發表前和胡風商討過，但後來他不敢承認。《論主觀》是針對 1942 年毛的「講話」的。

文藝為政治服務，為無產階級政治服務，這太功利了。只有階級性，根本否定人性，人文精神都排斥了。但到現在胡風家人與舒蕪也不敢說《論主觀》是針對 1942 年毛的「講話」的。

1952 年，舒蕪寫了學習毛澤東「講話」體會的文章，在綠原所在的《長江日報》發表了。《人民日報》很快加按語轉發了。舒蕪 1938 年在老家加入共產黨，後來自首，整個支部自首了。建國以來，自首的性質和叛徒差不多，這是他人生最大的隱患。舒蕪內心恐慌，要發展，要有好前途就必須擁護毛澤東，跟著幹。這是他「積極」表現的背景。1953 年又發表《致路翎的公開信》，更進一步表明了他的態度。九十年代初，我跟他在電話裡談過他內心的真實情況，他迴避。

舒蕪肯定是上邊對他做了工作，讓他揭發「胡風集團」的內幕。1953 年 4 月他奉調人文社古典室搞《紅樓夢》研究。共產黨是把他當「胡風集團」的「起義」份子看待的。

聶紺弩和舒蕪關係不錯，和胡風關係也好。紺弩因胡風問題被審查了一年，但最後沒有定為「份子」。

舒蕪交出信件是個大事件，證明「胡風集團」有人「起義」了。舒蕪說聶紺弩同情他，我知道紺弩內心不是這樣。我跟紺弩談過，你舒蕪交信考慮過後果沒有？你舒蕪交出的信，成為中央為「胡風反革命集團」定性的主要依據。後果他知道，不僅僅是交材料，都是自己的好朋友，怎麼能這樣?!

1983 年，在中國作協開過有關胡風問題的座談會。事後舒蕪找過胡風，胡風沒讓他進太平巷的門，胡風拒絕見他。

1977 年至 1978 年，紺弩在西城師大女附中附近的郵電醫院

住院，我每個禮拜去看望他，也談到舒蕪。你舒蕪交了信，「集團」定了性，「反革命」的命運就這樣定了，你坑害了多少人。1955 年他還到處在學校做揭露與批判「胡風集團」的報告，我後來看到了這些材料。

「胡風集團」平反後，原來的「份子」們各走各的路，分道揚鑣。我還是我，按我的個性寫作，毫不含糊。

胡風，生於 1902 年，原名張光人，湖北蘄春人。受五四新文化運動影響，在第一次大革命時期為追求進步的青年。1926 年肄業於清華大學英語系。1929 年後赴日本留學，加入了日共、左聯東京支部和日本反戰同盟。1933 年被驅逐回國，在上海參加左翼文化運動。1949 年 9 月，胡風應邀參加全國政協一屆一次全體會議。解放後擔任中國文聯全國委員會委員、中國作協理事、《人民文學》編委等職務，1954 年被選為全國人大代表。著有《胡風

▲1986 年秋，第五次中國作家代表大會期間，部分原「胡風份子」在北京聚會留影。前排左起：魯藜、曾卓；後排左起：徐放、杜谷、牛漢、冀汸、綠原、路翎

評論集》（三卷）、《詩全編》、《胡風詩選》，散文及雜文集《棘原草》、《胡風雜文集》、《胡風譯文集》等。

1955 年以前，對胡風的文藝思想有過多次批判。如 1952 年 6 月 8 日，《人民日報》轉載舒蕪在《長江日報》上的檢討文章《從頭學習〈在延安文藝座談會上的講話〉》，編者按指出：胡風文藝思想「是一種實質上屬於資產階級、小資產階級的個人主義的文藝思想」。對此，胡風不服，在 1954 年 7 月 22 日向中共中央政治局遞交了一份三十萬言書——《關於解放以來的文藝實踐情況的報告》，對批評進行了反駁。

1955 年 5 月初，毛澤東在審閱舒蕪交出並整理的胡風信件後，指示中宣部、公安部成立「胡風反黨集團案」專案小組。毛澤東並親自決定在 1955 年 5 月 13 日的《人民日報》上以「關於胡風反黨集團的一些材料」為題，公佈了這些信件以及胡風的《我的自我批評》。隨後，《人民日報》又將胡風同一些人在解放後的來往信件分類摘錄，在 5 月 24 日、6 月 10 日作為「胡風反革命集團」的第二批、第三批材料予以公佈；這三批材料並很快被彙編成書，由毛澤東作序，由人民出版社出版發行全國。由此，原先一直作為人民內部矛盾的文藝思想鬥爭，演變成為在全國展開的揭露、批判、清查「胡風反黨集團」、「胡風反革命集團」的鬥爭。據公安部、最高人民檢察院、最高人民法院黨組《關於胡風反革命集團的複查報告》（1980 年 7 月 21 日）披露：「在全國清查『胡風反革命集團』的鬥爭中，共觸及了 2100 多人，逮捕 92 人，隔離 62 人，停職反省 73 人。到 1956 年底正式定為『胡風反革命集團』份子的 78 人，其中劃為骨幹份子的 23 人。」

1955 年 5 月 16 日，胡風在北京住宅被捕入獄。兩天之後，5 月 18 日，全國人大常委會才作出拘捕胡風的決定。胡風被監禁 10 年後，由北京市高級人民法院於 1965 年 11 月 26 日判處 14 年

有期徒刑。10 年已經過去，所餘 4 年監外執行。當年 12 月底，胡風走出北京秦城監獄。1966 年「文革」開始後，胡風、梅志夫婦被送到成都以西的蘆山縣苗西勞改農場監護勞動。1967 年 11 月，胡風被四川省公安廳押至成都，再度入獄。1970 年 1 月，胡風以「在毛主席像上寫反動詩詞」（其實是在報紙空白處寫詩）的「罪名」，被四川省革委會加判無期徒刑，不准上訴。粉碎「四人幫」後，胡風於 1978 年被釋放出獄。1980 年 9 月 29 日，中共中央發布 76 號檔做出審查結論，在政治上為所謂「胡風反革命集團」案平反。1986 年 1 月，中共中央公開撤銷了強加於胡風的政治歷史方面的不實之詞。1988 年 6 月 18 日，中共中央辦公廳發出《關於為胡風同志進一步平反的補充通知》，撤銷加在胡風身上的個人主義、唯心主義、宗派主義等罪名，為人民共和國第一大冤案徹底平反。

胡風在平反後，擔任第五屆、第六屆全國政協常委，中國文聯全國委員會委員，中國作家協會顧問，中國藝術研究院顧問。

1985 年 6 月 8 日，胡風這位中國現代革命文藝的戰士、著名文藝理論家、詩人、翻譯家，病逝於北京，享年八十三歲。

第八章　我與胡風及 「胡風集團」（中）

29　從「拘捕」到「隔離審查」

關於「胡風集團」的第一批材料，是我被捕（1955 年 5 月 14 日）前，在 5 月 13 日的報紙上看到的。

我被捕前人文社黨支部開過兩次支部會，在東四頭條人文社的二樓會議室。王任叔（巴人）主持，馮雪峰沒參加。我交代歷史以及和胡風的交往後，張茜（人文社外文部編輯、陳毅夫人）約我在支部會後留下來談話。張主動要我留下來談。她說，牛漢同志，我想跟你談一談。說依她看，我和胡風的關係，主要還是文藝思想的問題，但要做誠懇而深刻的檢查。

被捕前兩天，她已知道我要被捕，又特意找我談，她要我坐下來談，說事件很緊迫，但我相信你是文藝思想問題，不是政治問題，不是反黨問題，但問題得澄清與解決，很不容易，過程會很長。你一定要相信歷史，會搞清楚的。你要有思想準備，接受考驗，決不要失去信心。她相信我不是反革命。這次談話讓我感念終生。

我不相信我會被捕。在 14 日星期六中午吃過飯後還在人文社

的院裡和龍世煇他們打排球，回到辦公室剛洗了手，衣服還沒穿，中午 1 點來鐘吧，被叫到二樓小會議室，見到公安部來人。人文社只有王任叔在場，他說你好好檢查吧。

公安部來人宣佈：從即日起，對你拘捕，隔離審查，你要好好交代問題。眼鏡、鋼筆都不讓帶。我下樓穿上白襯衣就被押上了吉普車。到了關押我的人文社新修的北新橋幼稚園才拿出拘捕證，有羅瑞卿的親筆簽字。我問拘捕時間多長，不回答我就不簽名。來人只好打電話問，然後傳話說一個禮拜。（國民黨時期拘捕時間 24-48 小時，沒有證據就得放人）我簽了字。我說沒眼鏡鋼筆，沒法檢查。這才又把眼鏡、鋼筆取來。

幼稚園就一個看門老頭。關我在最裡邊的西房裡，中間的房子由公安部的五六個看守住。他們白天盯著我，晚上睡覺前把鋼筆、眼鏡都收走，白天再還給我。

第二天由專案組組長張澤光開始審查。當天就宣佈紀律：不能隨便走出囚室的門；出去大小便須有人陪。出版社的保衛幹事洪峰陪了我三夜。

我寫的第一份材料是為綠原辯護。證明說他絕不是中美合作所的特務，他沒有去，逃到外縣教中學。還為阿壟說明是受黨之命令打入敵方搞情報的。

第二天白天王任叔來看過我，樓適夷也來過。上面安排的，為了穩定我的情緒，交代問題。雪峰沒來。

張澤光負責問話，旁邊記錄的叫王增鐸。

看我的五六個人輪流值班，其中一個姓楊的四川人對我好。另一個東北姓張的對我很凶，兇神惡煞的樣子，只差沒有動手打我。晚上睡覺頭頂懸著一百瓦大燈泡照著我，炎熱難受，我用衣服包起來，他們不讓，帶隊的是個連級幹部。

拘留一個星期了，下午，我匆匆收拾好行李，對看守我的人說：「一個星期了，我要依法離開這裡，再見！」他們上來奪下

我的行囊，不讓走出托兒所的門。我不服，一定得走。姓張的拿出手槍堵著門，要揍我。我說你敢！他們把門堵死，立刻去電話請示公安部有關領導，很快專案組組長張澤光幾個人趕到，說這是黨內的問題，審查完畢之後才能結束隔離。張十分為難，我不好再硬下去，便返回囚室。

放出來後，1958 年在中山公園音樂堂聽報告，見到小楊，熱情跟我打招呼：「聽說你早出來了。」看來他們是屬於中央警衛團的。

張澤光是「文革」中去幹校前在北海橋上偶然遇到一次，說遲早會解決的（他 55 年是中國科學院保衛處的處長）。

每次審查由王增鐸做記錄。一天寫近一萬字交代材料，寫完後才准休息。

幼稚園有淋浴，睡得還算好。

在人文社北新橋幼稚園待到 11 月，因為幼稚園開始收孩子，便遷到頂銀胡同人文社的宿舍繼續看管我。這是個窄長小院，我住北房，人文社的幹部王祖紀在西邊大房子住。公安部那幾個人還在，讓我集中精力寫自傳，寫了十四五萬字。還是沒讓見家屬，不讓和家裡聯繫。吃飯還是從飯館買來，一葷一素。在小院子裡能見到出版社的人，但不能對話，不准邁出院門。

在漢中陝西省第二監獄被囚期間，我高聲唱《囚徒歌》；多少年之後，我在頂銀胡同囚室裡也唱。我唱《囚徒歌》沒有受干涉。

國民黨監獄可以與外界通信，看書。在頂銀胡同仍沒有書，也不讓看書報。我每天不寫檢查時，就聽聲音。頂銀胡同還能聽見牆外（有一孔小視窗）胡同裡的說話聲。作家協會的人常打這兒經過，大聲爭論。有一次聽到丁力說話。他們不知道我被關在這裡。有時見廁所有擦過屁股的報紙，也翻一翻。有一次竟看到了揭露「丁陳反黨集團」的消息。

在這裡住到 1956 年夏被釋放。

1955 年冬 1956 年上半年讓我繼續交代問題，寫全面的自傳。這時比較隨便一點了，但家裡還是不知道我被關在什麼地方。這期間晚上睡覺老夢遊，夢中不停地叫喚。他們懷疑我，問我是不是交代問題不徹底。我說明情況後，派了一個女法醫來看，給我檢查。我說 1949 年 2 月進北京城不久在協和看過病，有病歷可查。後來這女法醫又來，開給我許多安定一類的鎮靜藥，我沒怎麼吃。

1946 年 4 月以來，我的夢遊症一直沒好，有時睡覺從床上掉下來。在幹校時夢遊跑到湖邊坐下來。1982 年出差到廣東，晚上也叫喊。

到 1956 年夏天，我的問題輕鬆一點了。公安部和出版社王任叔等來看我，讓我先回到出版社。王任叔和我談話，還握手問好。後來知道，同時期曾卓、王元化也作類似處理。

這以後我就住到梯子胡同原來人文社古典部編輯杜維沫住過的房子，與現編室的王笠耘等住一個院子。公安部把我交給出版社，自行車也弄來了。公安部還到我家裡拿了衣服等用品來，但還是不讓回家，只是可以在附近轉轉了。我老婆也知道了，人還活著哩！有一次在北新橋散步時遇到人民大學搞經濟學的李雲，沒說話，我不敢打招呼。後來提到這件事，他說他記得，回去給別人說，牛漢還活著！有時我有意騎車到王府井，老婆在那兒辦公，但一次也沒有碰到過。

1956 年下半年，已經是冬天，有一天通知我從梯子胡同住處回出版社。王增鐸審查我個把鐘頭，可交給我看的記錄卻有一大遝。我有點不相信，他讓簽字，我不簽，我說看了之後才可以簽。他們不讓我看，我懷疑有鬼。我把記錄搶過來，一翻，根本不是我的交代，是他們準備好的「材料」。我生氣地說：「你們太胡鬧，給黨丟人！」我拒絕簽字，並一式兩份向公安部報告：

過去的「記錄」我從來不看一簽了事，我相信黨。我鄭重聲明，不僅這份材料我不簽，過去簽的，我也不承認。你們太卑鄙，陰險！我強調我過去的材料（記錄）還得重看，重簽。這是違法亂紀，請徹查！

「文革」前在西單碰到王增鐸一次，打過招呼就走。「文革」後見到詩人張志民，說王增鐸是個壞頭頭，造反派……升成公安部的司局級幹部了。

前兩三年，他要見我，說提供阿壟最後的聲明。我拒絕見面，但阿壟的聲明我讓他交給「史料」，在 2001 年第 2 期《新文學史料》上發表了，主要說明胡風一案絕對是冤案，這聲明也是對迫害的控訴。

30　犧牲個人完成黨

1957 年 5 月的一天，公安部通知我可以回家了，以後由派出所管。「你可以回家了！」有這話，我馬上把小行李放自行車上就回家了。回到復興門外鐵道部宿舍（49 棟），原來住三間房給調整為兩間小房了，廁所兩家共用，從拘捕到讓我回家，整整兩年。

當時兒子史果小，六歲多點，快上小學，問：「爸爸，這麼長時間沒看見你，你到哪兒去啦？幹什麼去啦？」抱著我，很高興，天真。1950 年 12 月，吳

▲1958 年，攝於北京復興門外鐵道部第二住宅區宿舍前，拍攝者為久別重逢的摯友郜潭封，其時牛漢由拘留地釋放回家不久。

平騎車被撞，提前一個月早產生了史果。兒子自小體弱，常生病。

女兒史佳十歲，上小學了，比較謹慎，知道事多一點，看見我很傷悲。在我被隔離審查時沒有給我發工資，家裡全靠吳平。她一天只吃兩頓，早上在家裡吃，晚上再回家吃，沒錢，中午不吃。當時吳平在鐵道部高教處當副處長，工作異常出色，因為我的問題，一直沒給升。她弟弟吳長慶在國務院統計局工作。1957年夏天，吳平父母（吳仲侯、疏真卿，疏沒有什麼文化，但相貌典雅）來北京看我們。她家原是大地主，有文化傳統。吳仲侯武大文史系畢業，時任桐城中學校長。我買梅蘭芳的戲票請老丈人、丈母娘看（在中山堂演《穆桂英掛帥》）。我送他們去，看完後又接回來。他們到頤和園遊覽，我們都陪著。要回去了，我們給買了車票。我的工資降了三級，我降三級每月還有120多元。

回家後，吳平告訴我抄家的事。文稿、筆記本、書信都拿走了。來抄家時，吳平沒吭聲，鐵道部說配合不錯。三十多年之後，抄家的東西大部分還了，現在還在家裡堆著。我寫給胡風的信有四五封未還。

三年困難時期，為有一定級別的知識份子配發副食品，煙、酒、糖、肉、雞蛋等等我都有一份。每月兩條煙給了雪峰一條，酒全給了他。

已經知道回人民文學出版社工作，降級使用仍從事編輯工作。派出所每個星期都來人。我在家看書，不打擾別人。

1957年8月，社裡通知我回社開支部會，說上面要求開支部會。徐達、陸耿聖、王士菁、王任叔、馮雪峰等都來了。說經中央審查，歷史清楚，定為「胡風反革命份子」，開除黨籍，回人民文學出版社從事編輯工作。我在會上只大聲說了七個字：「犧牲個人完成黨。」辦公室一個女的（徐揚）批判我幾句就散會。會開得很短，雪峰、王任叔始終保持沉默，一言未發。後來收到

中組部的正式通知，時間是 1958 年 2 月。（艾青也是 1958 年 2
月被開除黨籍的）

　　我被審查後，我母親找過薄一波幾次。薄一波說：「我說話
沒有用，毛澤東一個人說了算，別人說不上話啊！」這是她後來
告訴我的。

　　薄一波後來也有問題，我舅父對他們有看法──八十年代
末，對他們把胡耀邦刷下去有看法，胡耀邦下台是他們幾個老人
起了大作用。

　　我舅父家八十年代後不掛毛主席像。

　　我們家從來不掛毛主席像，發下來我也不掛。

31　我的悲痛，不僅僅是個人的，
　　是歷史的，社會的

　　吳平這一輩子跟我受了不少苦。吳平 1946 年的畢業論文是翻
譯的長篇小說（10 幾萬字），加一篇評述文字。1948 年 8 月末，
吳平到石家莊華北交通學院教英語，有兩間住房，公家給雇了保
姆。我好幾次週末從正定華北大學，過滹沱河，走 60 里路去看
她。那時沒有車，要走五六個鐘頭。她也到正定來看過我。她身
體不好，還要抱著毛毛（史佳），說我抱不好。她不會做衣服，
不會幹家務事，書生秀女。

　　一解放我在人民大學住集體宿舍，跟教務處與研究部的人一
起。週末回家，在東交民巷北方交通大學宿舍（吳平是校長茅以
升的秘書），簡陋，破舊，住樓下。

　　吳平外表沉靜，但內心很堅定，有教養，民族古典女人的傳
統還有。1950 年，我上班時住在鐵獅子胡同 4 號，賀敬之住在 3
號。王昆聽賀敬之說我老婆異常漂亮，還到東單西裱褙胡同我家
看過吳平。

在西裱褙胡同鐵道部宿舍，住兩間平房，集體廁所，茅坑。毛毛（史佳）已三歲，放到人大托兒所，直到上小學。第二個女孩（1950年出生）因食物中毒而死。

1954年4月我家搬到復興門外鐵道部第三住宅區某棟，三間，廚房廁所齊備。兒子史果已四歲多，送鐵道部幼稚園。

解放初吳平參加接收唐山鐵道學院，半年後調到鐵道部教育局，從副科、科長，做到副處（55年）……

我1955年5月14日被捕，她並不知道。那種痛苦可想而知，但她強忍在心裡，抄家時，她很配合。她也被審查起碼一年。黨支部書記的職務被撤換了。

▲20世紀50年代初在北京的全家合影

我被捕後吳平與孩子搬鐵道部二住宅區，49棟二樓，兩間，一大（15平方米）一小（10 平方米）。單獨廚房，兩家共用小廁所，沒有電視。這兩年只靠她一人的工資勉強維持一家人的生活。

1957年5月我回家時，她很冷靜。她說準備好了，兩間房都安排好了。我被審查時沒有工資，她不知道我關在哪兒，只是換季時準備好我的換洗衣服交給公安部的人帶來。生活困難時她一天只吃兩頓飯。從

▲1954年在北京的全家合影。後排右一為摯友郁潭封

1956 年下半年起，每月給我 30 元生活費，1957 年 5 月我回家時帶回一百多塊錢交吳平，她說解決大問題了。我恢復工作後生活狀況才改善一點，雇了保姆。

「文革」中，吳平因魯煤寫的大字報被打得渾身是傷，幾乎被造反派打死，打了九次。魯煤說她抄寫了胡風的「三十萬言」書。「文革」後期，吳平在漢口鐵路中學當革委會主任，後來任命為校長。

82 年搬到東中街 42 號，6 門三樓兩居室。

88 年春節過後搬到東八里莊北裡。二加一；挨著的兩居室加一套一居室單元樓房。

我和吳平都是離休，享受局級待遇，我工資比她多一點。

史佳 1947 年 3 月 1 日半夜出生。出生兩個小時，組織上派人緊急通知我，立即離開開封，說國民黨正在搜捕我。我孑然一身，趁黑出城，到汲縣避難。1950 年，史佳上棉花胡同附近的人民大學托兒所（後成為華北局機關托兒所）。史佳在北師大女附中上高中，班上很多是高幹子女。高中畢業

▲20 世紀 70 年代末，牛漢與妻子吳平、外孫女鄭汸

▲21 世紀初，牛漢與吳平攝於家中

讓到雲南建設兵團,史佳沒有去。後來史佳去天水三線工廠當工人,考取了大學,因為我的的問題,政審通不過,不讓上。史佳要強,就在天水上了廣播電視大學電子專業,後來又上北京人文大學。

史佳外語不錯,後來有機會到《新文學史料》當編輯,陳早春(人文社前社長、總編輯)同意她當編輯,但因有不同意見,只好安排在外文資料室。

為把史佳調回來,我找了北京市副市長王純,三舅寫了信給王純。王純說,還得加上出版社的報告,轉中宣部賀敬之批。後來賀敬之批可回社,戶口問題以後通過王純解決。史佳這才從天水長城電子儀器儀錶廠(上海內遷到天水的工廠)調回到人民文學出版社。我和賀敬之的私交還可以,老朋友交情斷不了。賀敬之不可能從他固有的思維中掙脫出來,他辦不到了。

1950 年 12 月 20 日生史果。「文革」中史果到北大荒建設兵團待了七八年,在 852 農場。他跟部隊的人學木刻,木刻作品在《人民日報》、《人民畫報》都發表過。1975 年我回來不久,1975 年 7 月「四人幫」還沒垮台,把他調回到北京煤氣用具廠當工人。工廠在農展館後面,我們家當時在復興門外,他每天騎車上班,起碼一個半小時路程。1977 年為史果考大學去北京煤氣用具廠開證明,不給開。史果 1966 年在北京四中初中畢業就沒有再讀書。在工廠時,到北大進修半年,學辯證唯物主義與歷史唯物主義。他後來

▲1957 年,牛漢被拘留釋放回來之後和兒子史果合影。此照由摯友郗潭封所攝

到文聯出版社當美編十年，現在準備提前退休，集中精力畫畫。

　　我對子女有點內疚，因我的冤案影響他們上大學。現在他們的孩子大學畢業了。史佳買房我給了四萬（復興門外）；兒子的房我也拿錢。孫女史默上學，一年補助一萬。史默北京聯合大學商學院電子商務專業畢業，考試總在前兩三名，現正準備考研。外孫女鄭沨，北京大學光華管理學院學財經。

　　我的二弟史光漢，天水地下黨員，解放後當文工團團長，縣委宣傳部長，後被劃成「反黨集團」份子，右派，1958年勞動煉鋼鐵時被一堵牆砸死了。

　　我的三弟史昭漢，參軍，受牛漢事株連，送北大荒他不去，回老家天水，考取甘肅工大（蘭州）。畢業後在天水工廠裡當工

▲2001年夏天，牛漢全家在北京東八里莊住宅門前合影。左起：
牛漢、鄭沨（外孫女）、史佳（女兒）、吳平（妻子）、史默
（孫女）、史果（兒子）、曾令申（兒媳）

程師，肺病死了，活了五十八歲。1989 年 12 月，當我正寫回憶文章《一斗綠豆》時，三弟正在咽氣。我知道後寫了幾句「附記」感歎：「嗚呼，人世間竟有如此奇巧的悲劇！」

我的悲痛，不僅僅是個人的，是歷史的，社會的。我的詩不僅是抒發我個人的悲痛，是幾十年來歷次政治運動的後果。一個人的命運身不由己，是荒謬的歷史的罪過。我的詩不是歌德派的，我一輩子幾十年都吟唱苦難，其中有民族的氣節與人類的永恆精神。

所謂「胡風集團」的人，這幾十年來不少「份子」已分道揚鑣，各走各的路，這是正常的。包括有的「胡風份子」走政治的路，如「六四」時，有人寫詩表示擁護，當然能當官。許多人過去與我有很好的友情，他們政治上「進步」了，後來就「超越」我了。當了官就不敢講真話，這是一種墮落，還寫什麼詩？!

第九章　我與胡風及 「胡風集團」（下）

32 在所謂「胡風集團」中，
我最感念佩服的是阿壟

在所謂「胡風集團」的一夥人中，我最感念敬佩的是阿壟。胡風是前輩，是一個象徵。從感情上，讓我最感到真誠的人，最佩服的人，是阿壟。阿壟給我的感受特別難忘。阿壟對詩，對人生，都十分真誠，給我聖潔的力量，我一生忘不了他，不能對不起他。包括天水詩人安芮，他們死了，我為什麼要活著？我是替他們活著，戰鬥。

最早知道阿壟，是 1941 年左右在《詩墾地》上，他原名陳守梅，又名陳亦門，曾用筆名 S.M. 等。後來看他的詩，報告文學。他的詩不是政治口號，有激情，很熱誠，很真誠，很深厚。他的創作有個人的真實人生體驗。他不會放棄自己的追求，有脾氣。他在別的刊物也發東西，發詩，和其他題材的東西，比當時綠原和我都更有成就。

我跟阿壟的見面是在見胡風之後。大概在 1950 年左右，他從天津來北京看朋友，帶著一個男孩，住我們家，當時是在西祿褙

胡同，我跟老伴和孩子住一間，他和孩子住靠東邊那間房，住了
兩天。他白天出去，晚上回來。他當時在天津文聯工作，當過天
津作協編輯部主任。當時，《人民日報》對阿壟進行了批判，他
作了檢討。

1953 年後，在胡風北海後邊的太平巷家裡有一次聚會，又見
了阿壟。這一次給我印象很深，並不是胡風說什麼他就點頭。他
跟胡風辯解，自信，不輕易放棄自己的觀點。這讓我看出，胡風
周圍的人，觀點並不完全一致。胡風政治上謹慎，阿壟更率直。

跟阿壟的接觸不多，就這麼兩三次，但跟他的接觸讓人有一
種感覺：他的神情總是悲抑的。我一次也沒有看見過他大笑，但
性格並不是消沉，像一塊石頭，有金屬的分量和光彩，很難撼動
他。

我們有過通信。我在部隊時出了書，寄給他。我的一本詩集
《在祖國的面前》，大部分是在抗美援朝期間寫的詩，寄他請
教。他不像別的人那樣只讚揚、肯定，有批評。說得很誠懇，說
結構不完美。

阿壟一生在感情生活上，社會活動上，非常曲折。阿壟參加
過黃埔軍校，抗戰時期，也參加過上海保衛戰。抗戰初，他在延
安上抗大，後因為生病，到國民黨統治的地方治療。黨給他任
務，指派他到國民黨的陸軍大學去，給黨提供機密情報，是被派
打進國民黨裡的。他主要在江浙一帶活動。他默默地為黨做了很
多工作，為黨提供了很重要的情報。在 1955 年所謂「胡風集團」
事件中，卻被當成特務。1967 年他因骨髓炎病死在天津的監獄
裡。阿壟這個事，黑白顛倒。最令人氣憤！

阿壟是非常正直的，我很敬仰他。阿壟現在平反了，但作為
人，他的一生充滿了血淚。郗潭封跟我談，要我反思。我領會，
要改變自己的人生態度，不能狂躁，不能過於簡單。

第一次知道阿壟被捕後在獄中的材料，是聽賀敬之在 1982 年

或 1983 年在中南海西門中宣部開的成立現代文學研究室的會上講的。當時去的人很多，老人都去了，我去了，唐弢也參加了。賀敬之在會上講，看到阿壟寫的最後一份材料，哭了，流淚了。賀敬之是在中宣部看到的。後來持有這個材料的王增鐸要來見我，我不見，叫他交給「史料」發的。材料寫得很真實，是原件，發在《新文學史料》2001 年第 2 期上。信不長，看一看，就能看出阿壟是什麼樣的人。

　　審訊員，並請轉達：

　　這份材料，是由於管理員的提示而寫的。其中的話，過去曾經多次重複過，不過採取的形式有些不同而已；事實還是事實，還是那樣，沒有產生新的東西。但管理員提示，可以反映上去，推動問題的解決。這當然好。

　　我還需要說明：一、這份材料，是一份內部材料。二、為了揭露事物的本質，為了指出事實真相，為了說話避免含糊，我不用避忌隱諱，單刀直入。這點請諒解。

　　首先，從根本上說，「胡風反革命集團」案件全然是人為的、虛構的、捏造的！（重點是原有的，下同）

　　所發布的「材料」，不僅實質上是不真實的，而且還恰好混淆、顛倒了是非黑白，真是駭人聽聞的。「材料」本身的選擇、組織和利用，材料發表的方式，編者所做的按語，以及製造出來的整個氣氛，等等，都說明了、足夠的說明了「案件」是人為的。現在，我坦率地指出：這樣做法，是為了造成假像，造成錯覺；也就是說：一方面歪曲對方，迫害對方，另一方面則欺騙和愚弄全黨群眾，和全國人民！！

　　因此，我認為，這個「案件」，肯定是一個錯誤。

　　就像巴西政變當局一樣！就像「松川事件」一樣！

但那是資產階級政權，那是資產階級政客。

如果一個無產階級政黨也暗中偷幹類似的事，那它就喪失了無產階級的氣息，就一絲一毫的無產階級的氣息也保留不住了，那它就成了假無產階級政黨了！

何況被迫害的人，政治上是同志，並非敵人。

即使是打擊敵人，也應該用敵人本身的罪過去打，不能捏造罪名，無中生有，更不能顛倒是非，混淆黑白。

在「材料」中，歪曲事實真相的地方並不是個別的。其中的一些，本身就含有明顯的矛盾點，如果有人細心觀察，這些本身已經暴露的矛盾是不難揭露的，因為，人是並不屬害的，事實才是真正屬害的。因為，事實有自己的客觀邏輯，事實本身就會向世界說話。因為，事實本身是歷史的客觀存在，它不以人們的意志為轉移——哪怕是一個一時巧於利用了它的人的意志，對它，到最後也是全然無力的，枉然的。歷史就是這樣告訴我們的，馬克思主義就是這樣告訴我們的。國會縱火案不是已經破產了嗎?! ……

謊話的壽命是不長的。一個政黨，一向人民說謊，在道義上它就自己崩潰了。並且，欺騙這類錯誤，會發展起來，會積累起來，從數量的變化到品質的變化，從漸變到突變，通過辯證法，搬起石頭打自己的腳，自我否定。它自己將承擔自己所造成的歷史後果，再逃避這個命運是不可能的。正像想掩蓋事實真相也是不可能的一樣。

舉兩個具體例子。

第一個例子，我給胡風的一封信，內容是反映國民黨決心發動內戰，在「磨刀」了。

我反對的是國民黨，蔣介石，關心的是共產黨，左翼人士。就是說，為了革命利益，我才寫這封信。

但「材料」卻利用這封信的灰色的形式，當作「反對」共產黨、「支持」國民黨的東西向人民宣告了！

這是可恥的做法，也是可悲的做法。

第二個例子，胡風回覆我的信，打聽陳焯這個人的一封信。

在這封信的摘錄後面，編者作了一個「按語」，說胡風和陳焯有政治關係，現在被揭露了云云。

這顯然是政治迫害，政治欺騙！別的解釋是不可能的。

如果按照編者的邏輯胡風和陳焯顯然有什麼真正的政治關係，那胡風為什麼不直接給陳焯去信而這樣向我打聽呢？為什麼在前一封信中胡風還把「陳焯」這個名字搞錯為「陳卓然」呢！？為什麼你們所發現的「密信」不是陳焯等人的信，而是像現在這樣的東西呢？！矛盾！！矛盾！！

關於這些「材料」等等，現在沒有必要，也沒有心情來做全面詳盡的敘述和分析。只有作為例證，要點式的指出一兩點也就足夠了。

正因為我肯定這是迫害和欺騙，五八年以前，我吵鬧過一個時期。而且，直到現在，我還仍然對黨懷有疑懼心理（所謂「德米特里」心情，見契訶夫小說《第六病室》）。我也多次表白：我可以被壓碎，但絕不可能被壓服。

但由於時間過長，尤其是近一、兩年間，我對黨的信念，又往往陷於動搖。

從 1938 年以來，我追求黨，熱愛黨，內心潔淨而單

純，做夢也想不到會發生如此不祥的「案件」。當然，
我也從大處著眼，看光明處。但這件「案件」始終黑影
似的存在。我還期望著，能夠像 1942 年延安魯迅藝術學
院整風的結果那樣，能夠像毛主席親自解決問題那樣，
最終見到真理，見到事實。只有那樣，個人吃了苦也不
是毫無代價。

　　整個「案件」，就是這樣一個主要矛盾，基本矛盾。

　　我的心情，如同行星，圍繞著這個矛盾中心而旋轉。

　　這是一個錯誤。但相對於黨的整個事業和功勳而論，
這個錯誤所佔的地位是很小的，黨必須拋棄這個錯誤。

　　所以，最後，我唯一的熱望是，通過這次事件，能
夠得到黨和同志們的諒解和信任，得到喜劇的收場。

陳亦門 1965 年 6 月 23 日

▲20 世紀 80 年代在天津開會紀念阿壟。左起：牛漢、綠原、魯藜、於行前

這是阿壟在被捕審查期間所寫的申訴材料。當時他重病在身，兩年後即死在獄中。

阿壟在牢裡寫的這篇短文，完全超脫了，不顧一切，堅持自己的觀點。像這樣的文章，我沒有寫過。我沒有像他這樣看得全面，把這個鬥爭，徹底否定。他可以把歷史顛倒過來。在大是大非上不含糊。所以我常常在心裡默念他，他的人品、文品是影響我最深的。有一次，我看他的詩，然後寫了這樣的話：「又一次看阿壟悼念亡妻張瑞的長詩。彷彿切開通向心臟的大動脈，流啊流啊流啊，直到全生命的血流盡了，這首詩才戛然地結束。」

阿壟是我最難忘的人。做人做事不能背叛，給我很強烈的力量。但阿壟不是完人，他有偏激的一面。他不是四平八穩，從他寫的文章能看出來，批評人有點偏激。在上海時批評人有偏激。他不是簡單的為政治，是個人的真實的感悟。他就是一個人。每個作家都有獨立的個性，我的個性跟阿壟有某種一樣的地方。

八十年代，沒有到九十年代，在天津開過一次阿壟的追思會。魯藜還活著，也去了，那次開得很好，開了兩三天。

跟阿壟的兒子有往來。不太熟悉，他來過東八里莊我的家，快七十了吧，抗戰時生的。

阿壟的選集我們社出過一本。後來他的稿送到編輯部，一直壓著。我跟出版社詩歌編輯說過幾次，但總編輯那一層對阿壟有偏見。後來綠原也提出意見，現在才出，壓了十年八年。阿壟的作品不十分多，但他的詩有三五篇能留下來。《白色花》這個書名，就源於他的《無題》一詩的末節：

要開作一枝白色花——
因為我要這樣宣告，我們無罪，然後我們凋謝。

現在所有的選本，所謂的經典，都不能作為一個真正的經

典。受體制的影響，市場經濟的影響，不能代表歷史。我們每年到張仃家聚一次。今年，2007年也聚了。屠岸去了，謝冕去了，也有一些年輕人。大學裡的一些人，不願在體制內活得安穩的，都走了。體制不容他們存在，他們的觀點受到限制。北大也是這樣，首師大好一些，對詩歌界瞭解。中國的當代的詩歌史，應該有一個大手筆來寫。

33 路翎：文學史上應該留名的人

我跟七月派的人解放前幾乎沒有什麼交往，當時我只是一個七月派的追隨者。路翎成名很早，二十歲上下，是公認的有才氣的作家，也被朋友們認為在七月派裡是有成績的人，自己很勤奮。他的小說《財主的兒女們》、《窪地上的戰役》很有影響。解放後他就不寫詩了，但早年肯定寫過詩。路翎在當代文學史上應該算是能留下一筆的人，當然沒有胡風評價的那麼高。

1950年下半年第一次見到路翎。他住在東單附近青年藝術劇院的宿舍，跟我住的地方較近，我去看他。他的老婆是做電台技術工作的，也在家。後來，我們常見面了。除了幾乎每個星期六下午下班後到胡風家裡閒聊外，我、徐放、魯煤、路翎，我們四個還常在一起聚。我、徐放、魯煤，我們三個都是華大的，他們比我早一些到華大。抗戰後期，我曾給徐放寄過一首詩：《老哥薩克劉果夫》，他很喜歡，登出來了。我們大多時候在蘇州胡同徐放家聚會，很少到路翎家。徐放住《人民日報》宿舍，條件比較好，我們一般在徐放家吃飯。

在胡風家裡聚會時，大家隨便談兩三個小時。路翎性格開朗，又說又笑，笑聲最大，但他心裡清楚。路翎有自己的看法，不隨便附和。在徐放家會面時，也是隨便聊。路翎很會編故事，有聲有色，大家聊得很愉快。路翎機靈，開朗。一米七左右的

個，穿老百姓的衣服，比我還馬虎，吃什麼都香，身體很壯。

我跟路翎的家距離不遠，我經常到他家去看看。1955 年後，兩家的命運都多災多難，我們難以見面了。

「文革」期間，路翎一家人住在朝陽門外芳草地。我知道，芳草地有全國文聯的一片宿舍，五十年代後期我去那裡，參加過一個好朋友的婚禮。我不是行典禮的那天去的，那天人太多，朋友讓我躲過那天再單獨去。因此我不是匆匆去匆匆離開，我在芳草地停了幾個鐘頭。芳草地離人民文學出版社並不遠，我有兩年常去朝陽門外勞動，但沒有一次碰到過路翎。「四人幫」垮台前夕，有人見路翎在芳草地掃街，這位熟人起早練拳，幾乎天天在紆曲而朦朧的小巷裡看見他的身影，說他戴著大口罩，臉色黝黑，掃了一條街，又掃一條街，跟誰都不打招呼。我聽了以後，心裡倒有幾分踏實，第一，路翎還健在，且能幹活；第二，他起那麼早，又戴大口罩，說明他還知道人的尊嚴。並不像人們傳說的那樣，他精神失常，成天在家裡大喊大叫，用頭顱撞牆壁和門窗。路翎本是一個爽朗的人，我相信他絕不會自我毀滅。

記得我是 1978 年的初冬去看他的。在我之前，曾卓去看望過他。我打聽到了他的住址，獨自騎著自行車找他。到了芳草地那裡，我憑著那一次模糊的印象，很快就找到屬於文聯的那一片宿舍。小巷很泥濘，不高的院牆倒塌得不成樣子。在一個街口，我詢問一位老大娘：「請問余明英家住在哪裡？」余明英是路翎的妻子。老大娘很熱誠地說：「余明英嗎，在我們街道麻袋廠幹活，我跟她挺熟，我把她叫來吧，幾步路的事。」我說：「不用，她男人在家嗎？」老大娘說：「我看見他剛剛回家，老頭兒天天出去曬太陽。」老大娘指給我路翎家住的那個院門，我徑直地走向那裡。是個長條院子，只有簡單的正房，房子的格局一樣。我立在院當中轉圈兒看了看，路翎住在哪一間呢？我發現一排正房中間，有一間玻璃都是破的。我敏感地想到，這是路翎的

家，那玻璃多半就是路翎的拳頭砸碎的。

我在他的門口站了一會兒。破玻璃窗原來是外屋的，相當於堆雜物的簷下，裡面還有一間住房，家門緊緊閉著。我跨近了兩步，從窗戶向裡瞧，黑洞洞的。那天是陰天。我想路翎一定在家，就輕輕敲了兩下門，沒有動靜。我再敲兩下，敲得重些，還是沒有什麼反應。「他又出去了。」我想。我透過窗玻璃朝裡仔細望望，屋裡地下站著一個人，背對著門，一動不動，背有點駝，我清楚地看見他向前伸的脖頸，有一道道深深的皺褶（我也有），那是汗水的管道。

我斷定這多半就是20多年沒見面的路翎了。我喊了幾聲「路翎，路翎……」，我的嗓門很大，可是那黑幢幢的站立的人，並不應聲轉過身來。於是我只好推門進去，慢步轉到他的面前。我影影綽綽看見了他的面孔。他戴著有簷的帽子，家裡雖然暗，我還是從他的面孔的輪廓認出了這就是路翎的真身，不是夢。

近幾年來，我已經很會識別故人了，即使他們有的已經面目全非，我還是能憑感覺一下子辨認出來。你絕不能只想他過去年輕時的面孔與神情，你得學會用想像「老化」人的面孔與神情的本領。比如眼睛大的人，衰老之後，眼眶常常變得像深井。面前這眼睛就是又深又暗的。年輕時路翎有大而亮的眼睛。我幾乎哭喊地叫起來：「路翎，你怎麼不答應我？」同時伸開手臂環抱他的肩頭。想不到路翎異常平靜而清醒地對我說：「你不是牛漢嗎？我從第一聲就聽出是你的聲音。」「哦，我的好朋友，你還沒有忘記我的聲音。那你為什麼不答應呢？」他說：「余明英叫我買兩毛錢的肉，我把它忘了。」

回答得莫名其妙。他剛才呆呆地立在那裡，原來是想著忘了買兩毛錢的肉的事。我的心酸痛起來。我拉著他的手到床邊並肩坐下。

這時，我看到了他家的情景：正面是一張大床，旁邊靠西牆

是一張單人床，單人床的一半伸進一張方桌的下面，睡在這張床
上的人（就是路翎）得把腿腳伸到桌子下面。地當中一個煤爐，
有一大堆煤灰，靠另一邊牆下有一堆白薯，還有兩個糧食口袋。
屋子裡高高橫著幾根鐵絲，掛滿了各式各樣的衣服，因為家裡沒
有衣櫃。沒有凳子，也沒有皮箱之類，有幾個衣包擺在大床的牆
角。我和路翎坐在單人床的床沿上。兩張床的邊上都浮擱著幾張
乾乾淨淨的麻袋片，想來是怕把床單弄髒。

　　生怕他又夢一般消失了，我一直緊握他的手。我看著他，他
並不看我。我問他：「身體還好嗎？」「還好。」他的嘴撅得很
高，不住地嚅動著。牙齒一定已七零八落了，面頰陷落很深。曾
經在朋友中最有魅力的大眼睛，如今就像湖北省咸寧那個乾枯了
的向陽湖。沉默了半天，他從床上拿起一個裝旱煙的柳條笆籠，
用一小塊報紙捲了一個大炮，默默地抽起來了。

　　路翎的帽簷壓到眉頭，看不太清楚他的眼睛。我伸手把他的
帽子摘下來，他由著我，只顧有滋有味地抽他的煙。他的頭髮半
白，有些稀疏，如秋天枯敗了的草。二十多年前，他的頭髮又黑
又濃，講話時頭髮有如奔馳的駿馬一甩一甩的。路翎對我說，他
去把余明英喊回來。他習慣地又把帽子戴在頭上，慢慢地走出家
門。不一會兒工夫，余明英和他一塊回來了。余明英變化比路翎
小，一眼還能認出來。她趕忙用一個粗瓷飯碗給我倒開水，一邊
倒，一邊抱歉地說：「家裡好多年沒有茶杯了。」她把帶來的一
個小紙包擱在方桌上，打開，裡面是些沒有包裝的北京人叫粽子
糖的糖塊，「牛漢，吃糖。」我沒有心思吃糖。

　　沉默一會兒之後，我問他們家孩子們的情況。她長長地嘆歎
一聲，說：「都耽誤了。二女兒現在和我們住在一塊兒。」我也
把我們家這些年來的狀況略略說了。兩家情況沒有什麼區別。余
明英與我談話時，路翎一個人咯嘣咯嘣地吃起糖塊來，他一口氣
把十幾塊糖幾乎吃光了。余明英搖搖頭，笑著對路翎說：「路

翎，你吃光了，牛漢吃什麼？」路翎好像沒聽見似的一句話沒說，面孔毫無表情。他一定好久好久沒有吃糖了。連我都想像不出來，路翎這許多年來是怎麼苦過來的。他的性子比我還暴烈，因此，比我經受的苦難要多。現在他全靠街道每戶一毛錢的清潔費維持生計。

這時，我突然發現，路翎家裡看不到一本書。我就問路翎：「書呢？」余明英代他回答：「早沒了，一本書不剩了。」我又問：「他自己的作品也一本沒有了嗎？」還是余明英回答：「一本書也沒了。」她沒有做任何解釋，何必解釋呢？我對他們說，我家還有一些路翎的書（我老伴千辛萬苦保存下來不少書），下次來時把它們都帶來。路翎仍安靜地坐著，一點反應都沒有。

這些年來，路翎不但跟文學界沒有任何聯繫，跟書也不發生關係了。他真的把自己用血和淚寫的作品，以及書裡的那些與他的生命同在的人物都忘記了嗎？這不止令人感傷，簡直是想像不到的事情。過去朋友們在一起時，路翎的話最多，也最吸引人，談他的作品，談他遇到的有趣的事。他是個講故事的能手。眼前的這個路翎是一座冷卻已久的火山。過去我們口裡常常說「絕望」，此刻才曉得，那不是絕望，只不過是一般的失望而已。

我告別時，路翎和余明英送我到院子大門口。我們緊緊地握了手。

兩三天後，我把家裡找到的路翎的作品送給他，其中有《在鐵鏈中》、《朱桂花的故事》、《求愛》、《財主的兒女們》（下冊）等五六本。我寫過一首詩《你打開了自己的書》，收入拙著《溫泉》中，記下路翎當時撫摸自己的書，全身顫抖不已的情景。我還寫了一首詩，題目已忘了，是寫路翎回家那幾年，他固執而焦渴地到陽光下面行走的姿態，現在只記得其中的八行：

　　三伏天的晌午

路翎獨自在陽光裡行走

他避開所有的陰影
連草帽都不戴

他不認路早已忘記了路
只認得記憶中的陽光

他的性格孤僻的女兒
遠遠地跟在他的身後

　　這次見路翎的情況，我給胡風的信裡提到過。胡風接到我的信後，給路翎寫信、寄錢，經濟上支援路翎。胡風一直很看重路翎。

　　八十年代，我幫路翎在人民文學出版社再版了《財主的兒女們》，解決他的一些經濟問題。編《中國》時，我還發過他一篇類似小說的文章，我只想表明兩點：路翎還活著，路翎還在寫東西。

　　路翎後來慢慢恢復了一些，但他好像沒有完全清醒；有時候清楚，有時候糊塗。那個曾經笑聲很大的開朗的路翎再也回不來了。他晚年寫詩，寄給我一些。有一次，我到虎坊路附近他家去，他為了表示對我好，給我倒了一杯水，杯子裡泡了半杯巧克力那樣的東西，稠得像粥。我說：「路翎，你看這怎麼喝？」我那杯水，分成四杯才能喝。他那樣做，我很感動，也很心酸。這麼有才華的一個人，那麼年輕一個人，1955 年被捕後，被關在牢裡，成了這個樣子，真可怕。他有時也出去散步，但找不到回家的路。他女兒老跟在他後邊，就是有點神經病的二女兒。解放後剛進城時，我看到他的這個女兒，很天真。但經歷那麼大的災

難，二女兒精神不太正常了，大女兒還正常。

路翎是 1994 去世的。他起床時摔了一跤，血管破裂，當天送去搶救，沒有搶救過來。

遺體告別我去了，就在八寶山。看著躺著的路翎，覺得很彆扭，很難過。他沒有穿平常的衣服，穿著從壽衣店買的東西。我記得最清楚的是鞋，鞋底還有花紋。路翎就穿著這樣的一雙鞋走了。

34　曾卓：總是張開雙臂擁抱朋友

曾卓，原名叫曾慶冠。1939 年開始在重慶、桂林等地報刊上發表作品，1941 年在重慶參與《詩墾地》叢刊的編輯工作。

曾卓早年的詩，我喜歡。我是在《大公報》上看到的。曾卓在抗戰前就發表詩，成名早。我讀大學的時候，曾看見過一個流亡在西北高原的少年，在昏黃的油燈下朗讀曾卓的詩：《來自草

▲20 世紀 80 年代末，攝於四川成都西嶺詩會。左起：昌耀、牛漢、曾卓

原的人們》。他那有著飄忽感的淒切的辭藻的很美麗的詩句，使一些在寒鬱的生活裡初學寫詩的人覺得異常親切，觸動了他們稚弱而靈敏的神經。

我當年讀到曾卓的《母親》就有過這個感覺。記得我讀過後不久，寫過一首相當長的詩獻給我還在敵佔區的母親。這首詩登在西北大學一個文藝社團的壁報上，當時流落在陝南的朱健看到時對我說：「寫得像曾卓的詩。」我感到有幾分得意。我曾看見過不少初學寫詩的人寫得很像曾卓的詩，因為年輕人能在曾卓的詩裡發現或感覺到自己熟悉的東西；而有一些詩人卻無法模仿。這或許正是曾卓的弱點。但流落在他鄉遇到苦悶與寂寞時，是寧願讀曾卓的詩的。他給人以兄弟般的慰藉，「用嘶啞的聲音唱著自己的歌」，「用真實的眼淚沐浴自己的靈魂」。當然，我們當年也喜歡讀田間的跳躍的詩，它們能激起我們另一種更為熱烈的近乎復仇的情緒。

曾卓在《詩墾地》很活躍，但胡風對他有偏見，「七月詩叢」第一集沒有選曾卓的詩。胡風認為在抗戰時期，曾卓太強調個人的感情了。

這對曾卓的打擊太大，曾卓後來十多年不寫詩（我估計 1942 年後沒有寫）。曾卓跟我談過幾次，胡風對他有傷害，不理解他。我一直對曾卓的詩有偏愛，包括對他的人，人跟詩分不開。後來我編《白色花》時，我選了他八首。我把我的理念放在選詩上。阿壠選了十二首，綠原選了九首。詩主要是我選的，因為綠原應該算我的前輩，出名也早，所以序是他寫，名字也排在前面。

我們第一次見面是在 1947 年夏天在南京中央大學。當時組織上叫我到南京、上海去找適當的工作。我到南京找到曾卓，他在南京中央大學快畢業了。曾卓是一個老黨員，是地下黨。但不是板著一個政治面孔，很親切。我也是地下黨，但我們都不透露，就談詩。他陪我到南京夫子廟，請我吃炸豆腐，還帶我到秦淮河

去玩。曾卓很重友情。我們一共玩了兩天。

上面對我有指示,想打入國民黨國防部的一個圖書館,但沒有成功。

1953 年秋天和曾卓又見過一回面,然後我們都成了「胡風份子」,直到 20 世紀 70 年代末,曾卓在一個夏天來到北京。我們的容貌與舉止都有了令人感歎的變化,這是可以料想到的。朋友中外貌變化最大的是曾卓(當然還有路翎),然而從精神上看,變化最小的卻也是曾卓。見面幾分鐘後就可感覺出來,他還是大聲地講話,聽你說話時很專注,談話時也很專注,握手很有勁,走路的姿勢還是年輕時那麼瀟脫。他走得沉穩,上身微微朝前傾,步子的跨度很大,似乎老在向前趕路。他有著因多年奔波流浪,在外形與姿態上留下的那種難以消失的氣度。

也就在這一次見面時,他隨身帶來了 20 多年來默默地寫出的厚厚的一疊詩稿。字跡不羈而流利,他連寫字都是匆忙中一揮而就的,我沒有見他寫過工整的楷書。在已經翻看得捲了邊的詩稿中,我第一次讀到了他的《懸崖邊的樹》、《我期待,我尋求……》、《有贈》、《給少年們的詩》等幾十首詩。我當時也整理出幾首在湖北五七幹校時寫的詩,請他也提些看法。我們彷彿又變成了初學寫詩的人。我的詩,不但數量比他少,而且詩的形象與情緒遠沒有他寫的那麼昂奮與委婉,我寫得相當地艱澀。然而不謀而合,都寫了懸崖邊的樹,寫了天空翱翔的鷹。詩裡都

▲1983 年 5 月,牛漢(左一)與曾卓(中)在開封河南大學與中文系學生見面時所攝

充溢著期待與信念。他的《懸崖邊的樹》，朋友們看了沒有不受感動的。他用簡潔的手法，塑造出了深遠的意境與真摯的形象，寫出了讓靈魂戰慄的那種許多人都有過的沉重的時代感。那「彎曲的身體/留下了風的形狀」，「它似乎即將傾跌進深谷裡/卻又像是要展翅飛翔……」。這首僅僅 20 行的小詩，其容量與重量是巨大的。我從曾卓的以及許多同齡朋友變老、變形的身軀上，從他張開的雙臂上，確實看到了懸崖邊的樹的感人風姿。那棵樹，像是一代人的靈魂的形態（假如靈魂有形態的話）。因此，一年之後，選編 20 人詩集《白色花》時，我和綠原最初曾想用《懸崖邊的樹》作為書名。我們覺得它能表現那一段共同的經歷與奮飛的胸臆，是一個鼓舞人的意象。

　　1981 年 6 月中旬，我與杜谷從長沙到達武漢。曾卓本來發著高燒，病臥在醫院裡，但他硬是掙扎起來到車站接我們。我們發的電報措辭欠明確，害得他與天風同志過江到武昌站，在月台上

▲1982 年，成都。牛漢（左四）與杜谷（左一）、耿庸（左二）、何滿子（左五）等合影

呼喊了好一陣，尋找了好一陣，不見我們的人影，又趕緊返回漢口站來接。在漢口車站狹窄的出站口，熙攘的人群中，我一眼就望見了曾卓（我個子高，望見他張開的雙臂）；他也認出了我們，大聲喊著我們的名字。當我握著他的手，望著他那因疲憊而顯得格外蒼老的面容，我的心裡有著深深的（準確地說是沉重的）感激與不安。難怪綠原不止一回對我講過「曾卓是個鍾情的人」。

曾卓很看重友情。八十年代初，他是外地朋友第一個去看路翎的。鄒荻帆去世時，他馬上從武漢趕到北京的協和醫院。我們都想不到他會來。他不是寫個信，或者打個電話，他要親自來，很重感情。寫詩的人就應該重感情，不重感情寫什麼詩？

八十年代我到過他家在漢口的老房子，書很多，後來又到過他在武昌的新家。房子比我寬一點。曾卓在武漢很起作用，跟年輕人關係好。他的發言，跟我差不多，感性的。

我編《中國》，給他寫信，請他寫詩，他給我寫了。我為三聯書店編詩叢，也有他一本。我給他寫了幾封很重感情的信，他可能留有底稿，我沒有留底稿，我跟他有在一起的照片。

曾卓的詩寫得美，人也這樣。曾卓生活上很隨便，精力充沛，身體很好。九十年代在海南海口開會，還專門爬樓給我看：「牛漢，你看我的身體。」他一米六八左右，跑得很快。那一次，我還跟他一塊到他在海南大學教書的女兒的家。他.女兒也參加我們的會——海南大學組織的關於詩歌的會。他的這個女兒2006 年去世了。

曾卓在政治上比我穩當。比如開詩歌會，他會跟地方上的黨政都保持聯繫。討論他的詩，他也要請官員。他處理社會關係得體。鄒荻帆、綠原、曾卓他們的關係更近。曾卓有一次還跟老婆到美國去玩。他也訪問過南斯拉夫，當時也讓我去，我情緒不高，鄒荻帆去了。

▲20世紀80年代牛漢與曾卓合影

曾卓2002年去世。我們最後一面是在2001北京的一個會上，我還給他畫了像，後來發表了。像畫得不像，但神態很像，一分鐘就畫了。那個時候就很瘦，但他平時很像運動員。

他的遺言寫得好：「我愛你們，謝謝你們。」他夫人印在卡片上寄來給我，還有曾卓的一首詩，以及曾卓的簽名。曾卓是個非常重感情，非常真誠的人，對愛人，對詩都很鍾情，到死還是詩人的風度。

我寫了悼詞，在報上發表了。

1980年曾卓曾寫過一篇散文，結尾是兩句詩：「我張開了雙臂／我永遠張開著雙臂」。

假如為曾卓塑像，這個張開雙臂的姿態，我以為是很能概括他的個性與精神風貌的：是寂寞中呼喚愛情的姿態，是在風暴與烈焰中飛翔的姿態，是袒露心胸企求真理的姿態，是受誣的靈魂燃燒的姿態。當他張開雙臂的同時，他的眼裡噙著淚（我相信，他是我的朋友之中淚流得最多的一個），他的嘴裡唱著歌（我相信，他是我的朋友之中歌唱得最多的一個，不論是悲歌、戀歌，或是凱歌）。他的生命從裡到外總是因期待與追求而震顫不已。而這些，一般雕塑家是難以表現在固體的形態中的。

曾卓已經去世幾年，但我忘不掉他。

最近上海復旦出了劉志榮寫的《潛在寫作》，寫到建國後的老作家：沈從文、無名氏、胡風，也寫到綠原，寫到我，還寫到曾卓。

第十章　風暴前後

（1958 年 2 月-1969 年 9 月）

35　回人民文學出版社工作

我從 1958 年 2 月恢復上班。

1958 年王任叔主持社務時成立新創作組，林辰任組長。出版社編印國慶 10 周年獻禮書，詩歌部分全由我編。其中郭沫若的《駱駝集》詩集由我經手編成。從《百花齊放》詩集中只勉強選了四首，郭在我的選目上作了批語，認為只選四首，太少，太少了難成百花齊放的氣勢，後又補充了幾首。王任叔還把他的全部雜文讓我業餘幫他編。

三月，編選《十月的歌》（作者陳輝，烈士，湖南人）。詩好，我請田間為他寫序，我寫「編後記」，以編輯部名義發表。烈士詩稿由田間轉來，我從雜亂的原稿選編並抄錄，有的原稿就匆匆寫在信封或小紙片上。陳輝 1938 年到延安後轉戰晉察冀邊區，戰死在北京郊區十渡。

《上海的早晨》、《山鄉巨變》由我任責編，寫出版說明，寫評介文章。浩然的《喜鵲登枝》也是由我寫評介文章。

這年出版社組織人員參加建設十三陵水庫勞動，別人都是短期輪換，我去了後一直幹到最後一輪。回來時，皮膚曬得脫皮。

1959 年上半年，出版社成立編譯所，把「五類份子」集中在

一起，樓適夷當所長。沒有具體任務，上班照上。59 年王任叔作為「右傾機會主義份子」挨批鬥，聶紺弩在場，沒有發言。我那時還在編輯部。有一次批鬥時真可憐，王任叔休息時坐在羅立韻（人文社現編室負責人，鄧力群夫人）辦公桌旁，這張桌子原先是他的辦公桌，比一般的大。他身體很弱，垂著頭，癱坐在那裡。我去攙扶他，他說實在走不動了。

　　1960 年上半年開全社大會傳達陳毅在廣州一個會上的報告（在人文社後樓大食堂）。報告中說：咱們歷次運動，1955 年、1957 年冤枉了許多人，是冤案。彭柏山是他手下的軍長，也被劃為「胡風份子」。下午本來要討論，臨時決定不討論了，大家議論紛紛。

36　在平房，邊勞動邊寫小說

　　1960 年 7 月北戴河會議後緊抓階級鬥爭。不久，我被安排到人文社在東郊平房的生產基地去勞動。主要是養豬，我在這裡幹到 1962 年。

　　在平房還有松濤、丁玉坤、夏瑞楓等人。丁、夏是總務科的管理人員，他們吃實心的窩頭，我和編輯部來的松濤以及來平房勞動幾天的人文社幹部吃空心的。丁、夏他們還倒賣化肥。

　　我餵豬，割草，買豬食，清圈，配種，……豬發情還得敲（騸）了它。宰過三五回豬。

　　我在平房抽空就寫小說《分水嶺》，寫了一年多，共 60 萬字。覺得小說更能反映生活的廣度和深度。我不滿《紅岩》，我要比它寫得更真實。在《分水嶺》中寫學生運動，地下鬥爭，寫背叛。還寫了大中篇《趙鐵柱》，12 萬字，素材取自開封地下黨朱晦生的生平事蹟。抗戰初他在新四軍當過營長，沒有多少文化。大革命時期入黨，後到國民黨任某副軍長的機要秘書。他老

婆和勤務兵暗中胡搞,把他是共產黨的身分告訴了勤務兵,朱被這個勤務兵告密,遂被國民黨殺害了!

我儘量把人物寫得有性格,我與朱很熟。

在平房白天、晚上都寫。先把某些情節寫在筆記本上,隨後寫在稿紙上。

在平房時期,每週可回家過禮拜。週六走,周日晚或週一早晨回去。那時沒有寫詩的衝動,只默默地寫小說。可惜「文革」中《分水嶺》和《趙鐵柱》被北京鐵道學院(現改名為北方交通大學)造反派抄走,至今未還給我。

困難時期在平房吃得飽,週末還從農村買雞蛋、雞帶回家。也幫許磊然等熟人買這些東西。一路走,一路把雞或者雞蛋交給別人。有一次,平房基地分豬肝(有兩斤),夾在自行車後座上,不留神在路上還把豬肝丟了!很可惜,很難過。我家裡兩個孩子吃不到了。

平房勞動期間,我每個禮拜向社辦陸耿聖、賈嵐峰他們寫幾百字彙報。

在平房勞改了兩年,62 年麥收完了回到編譯所。回到出版社後,見到久違了的綠原,分別有七年之久。沒多少事,還奉命給前樓小說組看過長篇小說,也發過稿,但不能當責編。

後來又安排我參加「四清」工作隊。因為 1965 年 12 月要讓

▲1966 年的 6 月,牛漢與林縣四清工作隊同事合影。前排右二為牛漢

我參加審判胡風的會，所以晚走半個月。我先到安陽，找到出版部的王珩。在招待所住了一夜，第二天到八十里外的林縣，參加修紅旗渠半個月。馮雪峰在安陽。賈嵐峰是人文社林縣「四清」工作隊的負責人。我沒有化名，張增信對村民說牛汀就是牛漢。賈批評張，讓我好好改造，重新入黨。農民和農村幹部對我都好。吳均燮和我一隊，住一起。老吳人好，老知識份子，不介入政治話題。我記日記，現在還保留著。

說到這裡得提到蕭乾這個人。「文革」前，我與蕭乾同在人文社編譯所，他愛打小報告。「文革」後更來勁，複寫好幾份：造反派群眾組織兩份，人事處一份，樓適夷一份，自己留一份。後來人事檔案公開，他的小報告展現在大家面前，大家都氣得不行。

關於我有十四處，儘是胡說，根據聊天材料瞎編的。給胡喬木也打小報告。編譯所開了次批鬥會是自發的，要他交代、檢查、道歉。他說：「我是老記者，技癢，不寫不成哪……」

蕭乾人緣很不好，但他遇難的時候我還是搭救了他。那是1966年七八月間，軍宣隊進駐出版社不久，對大家都還好。有一天，軍宣隊把全社的人帶到潮白河游泳。這天新華書店北京發行所溺死了一人。蕭乾陷在一個拐彎地方的旋渦中，眼看就下沉了。我們都是蒙古人，我用自由泳快速從後面推他出去。事後，有人埋怨我不該救他，說救他幹嗎，死了活該！所以，以後蕭送書給我，都寫上「感謝你救我一命之恩」的話。但我對他還是冷靜的，他也確實有學問。我編《新文學史料》，請樓適夷和他當顧問。《新文學史料》原擬名《新文學資料》，蕭乾說這名字不好，把「資料」改為「史料」權威性強一些，也更有分量。

大約1966年冬天，在北圖西邊（科學院旁），我看見一輛卡車上低頭站著一個被批鬥的人，我一看，是張茜，鬥她的是工人出版社印刷廠的人。張茜深深低著頭，很瘦。我真想叫一聲：張

茜呀。

「文革」中，我還在西單看見批彭德懷。彭低著頭，胸前掛大牌子，對我震動很大。

37　我和雪峰共用一張辦公桌

編譯所時期，我和雪峰在一個辦公室。他請假在家寫長篇小說《小天堂》，很少來上班。《小天堂》是太平天國題材的小說。雪峰曾多次跟我談起過這部小說，特別是小說中的一個虛構的人物，從童年起參加了農民起義軍，在多年的征戰中逐漸成長為一員驍將。雪峰說，創造這個人物，多少受了雨果小說《九三年》的影響。為了塑造人物，雪峰要讓人物寫舊體詩。但雪峰不會寫舊體詩。雪峰 1961 年曾問我，人文社誰的詩詞造詣較深，誰有可能幫助他在短期內學會寫舊體詩，他讓我給他推薦一兩位。我向他提了幾個老編輯，他經過考慮，決定向陳邇冬請教。

二樓是楊霽雲、方殷他們。我和樓適夷、舒蕪、綠原、張友鸞、金人、劉遼逸在三樓。

五十年代，人文版《郁達夫選集》出版了，但他的代表作《沉淪》被王任叔抽掉了。王任叔認為郁達夫在南洋時期有背叛行為。胡愈之撰文反駁，為郁達夫辯誣。

雪峰在編譯所重新編《郁達夫選集》，馮把《沉淪》編入。雪峰把入選的作品，從郁達夫送他的書上撕下來，剪貼成厚厚的一冊。又從《人民日報》借來郁達夫的幾封信，親自謄抄放到「選集」中去。雪峰很重感情、很倔強，有時固執衝動。

《臧克家詩選》在雪峰還當社長時，選了薄薄一本，用當時的副牌作家出版社的名義出版。後臧又補充許多詩送來，希望用人文社的名義出版。雪峰當著我的面，把送來的詩選稿一下扔到地上：「他算什麼詩人！這就夠多了。」我撿起來，第二天勸他

不要這麼衝動，不該發火。他說不要跟別人說，他討厭臧在上海、重慶時的表現，認為臧沒有真正的詩。首先做人差，他只有在青島上大學時寫的幾首詩好。前不久《文學故事報》以我的名義寫的（實為訪問記）題目就概括得不准。雪峰從不軟弱，只是有點固執。

「四清」還沒結束，1966 年 4 月回來。馮雪峰、樓適夷、綠原等都集中到社會主義學院學習，我沒有去。

他們從社會主義學院回來後，由曲六乙領頭敲鑼，游樓後把他們集中在三樓「牛棚」。軍宣隊來了，有個帶隊的張隊長，空軍來的，知道我，對我還客氣。禮拜天帶大家到潮白河游泳。我們每天學習、寫交代材料……趙光遠妻子公開為劉少奇辯護，在北京工人體育場公審後槍斃了！趙妻被槍斃幾天之後，一天半夜趙從集訓的四樓跳樓自殺了。我第二天才知道。我老跟他打乒乓球，他是戲劇編輯室的編輯。

我和雪峰常常交談。雪峰 1926 年由張天翼在北平介紹入黨。馮是長征過的人，有一段時間跟毛澤東的關係很近。劉志丹就是1936 年過河上前線被人從後邊開槍打死的，馮說這是上面爭權（爭奪大權）的結果，我早聽說過。馮雪峰和我共用一張小三屜桌，他把精緻的景泰藍煙灰缸放中間，說以此為界。我寫得少，他幾乎天天有外調材料要他限時交出。我倆共一個大通鋪，我晚上一叫，他就拍拍我。他睡得很晚，這樣有半年以上。有一次，從中宣部來社裡當編輯的趙國青和人事處梁淑璟來收材料（67 年過年時），把馮寫的外調材料留的一份底子全收走。馮要求留下，趙、梁不讓。趙、梁走後馮又委屈又生氣，悶坐著流淚很久。他不是為材料被拿走流淚，是為民族命運，為國家搞成這個樣子流淚。我倒茶安慰他，淚滴到茶杯裡他不管，一飲而盡。

我九點就睡，馮睡得晚，早上醒不來。早上要出操，他不得不起來，很勉強。「文革」時雪峰年過六十歲，白頭髮，很瘦。

跟我雜七雜八地聊，聊瑞金，聊長征。說打下遵義，遵義會議後，毛澤東很高興，送他兩條煙，還送他茶葉。38 年上海版的《魯迅選集》，三本紅皮的書，他特意送給毛澤東，但毛澤東並不認真看。在「五四」時，毛澤東是和胡適、章士釗等一邊的。毛澤東 1942 年的「講話」實際上是針對魯迅，反對魯迅，要消滅魯迅精神的。「講話」不提魯迅的人道主義、人權……毛澤東認為根據地思想已統一了，以毛澤東的思想為主導。當時劉少奇已宣揚毛澤東思想，但國統區的文化人對共產黨、毛澤東卻不瞭解。為了政治需要，國統區要有一個眾望所歸，可以號召輿論的人，能團結大家的人，這才根據革命的需要選上了魯迅。由於政治需要，樹立魯迅。馮不是一次，而是多次和我談到這個問題。他看得清楚，他有事實作根據。

我和雪峰就像我跟胡風是把他當作前輩敬重的，我們還談到丁玲，他談得很真誠，還維護丁玲。他們在二十年代末，同居過半年，在杭州。他們分手就是為了馮有妻子兒女。馮妻沒有文化，但人好，是老家父母給訂的。馮作為上海地下黨的負責人派聶紺弩護送丁玲去了延安。聶為黃埔二期，參加過東征，在莫斯科中山大學留學與鄧小平兄弟同學。

1966 年夏天在工人體育場批鬥羅瑞卿，我去了。他下身已殘，站不起來，坐在籮筐裡挨鬥。江青站在吉普車上繞場一周。我很感慨，眼看到 1955 年下手論抓我的人，又被揪鬥，比看到張茜挨鬥時心情更為痛楚。黨內鬥爭如此尖銳啊！「文革」，一句話就是要確立毛澤東的絕對權威，雪峰看得很清楚。

對文藝界，雪峰認為田漢、陽翰笙還好。

林彪發布一號檔，把文化部（含出版界）全部人馬趕下去。1969 年 9 月 29 日，一列火車把我們送到湖北咸寧五七幹校，連國慶都不讓在北京過。

馮雪峰與胡風，原先相互之間有些意見。這是我的感覺。後

來胡風遭遇如此命運，我也很少聽他說什麼。上海時期關係不一般，但解放前後基本沒來往。魯迅最親密的兩個戰友不往來，為什麼？我想不會僅僅是文人相輕，一定有政治上的分歧。但究竟怎麼回事，要好好想一想。可以肯定的是：雪峰、胡風絕對不會相互出賣。

這一輩子決定我一生命運的不是胡風與雪峰，是另外兩個人：父親與成仿吾。

父親：一直反對我去延安，是有想法的人。

成仿吾：不讓我參加「保衛毛主席」的組織。在政治上，使我第一次對共產黨有了根本上的懷疑。

八十年代初，在北京西郊國務院第一招待所，召開了一次馮雪峰學術研討會，記得是第二屆，是由中國作協和人文社主辦的。參加會的人多是研究中國現代文學和魯迅的專家、學者。主席台上有韋君宜、唐達成等。幾個發言者對雪峰在三十年代與魯迅的情誼作了熱情的讚揚。會上林默涵插話：「我提個問題，請解答。馮雪峰是《魯迅全集》的主持人和定稿人，在《答徐懋庸並關於抗日統一戰線問題》的注釋中，作了歪曲事實的說明，辱沒了魯迅。這則注釋是馮雪峰寫的，這難道是對魯迅友情的忠誠表現嗎？」我當即站起來大聲說：「我能解答這個問題。」主持會議的人讓我到台上講。坐定之後，我說：「這個問題我以為不應該由默涵同志提出，默涵同志應該是能夠解答這個疑問的當事者，至少是熟知內情的人。雪峰同志給我談過事情的全過程。」

大約是 1959 年下半年，我已從拘禁地回到人民文學出版社一年多了。一天午飯後，雪峰讓我去他的辦公室聊聊。雪峰在四樓，我在三樓。當時社長王任叔擬編一部《文學辭典》，讓馮雪峰和另一位姓糜的編輯負責，糜有病，不常來上班，因此辦公室很清靜，只有雪峰一人呆在裡面，顯然有著照顧和隔離的作用。雪峰已多次讓我上樓聊天解悶，請我喝上好的綠茶。

　　有一次，我問他：「聽說你自殺過，有這回事嗎？」雪峰坦率地承認：「有過自殺的念頭。」我問他：「為了什麼事？」他沉默了好一陣子，對我說：「『反右』後期，有一天，荃麟來找我，向我透露了中央對我的關懷。我很感激，激動地流出了眼淚。我不願離開黨。荃麟對我說，『中央希望你跟黨保持一致』。並向我提了一個忠告：『你要想留在黨內，必須有所表現，具體說，《答徐懋庸並關於抗日統一戰線問題》所引起的問題，你應當出來澄清，承擔自己的責任，承認自己當時有宗派情緒，是在魯迅重病和不瞭解情況之下，你為魯迅起草了答徐懋庸的信。我對荃麟說：『這個問題有人早已向我質問過，我都嚴詞拒絕，我決不能背離歷史事實。』我痛苦地考慮了好幾天才答覆。我意識到這中間的複雜性。荃麟是我多年的朋友，過去多次幫助我渡過難關，這次又在危難中指出了一條活路。上面選定荃麟來規勸我是很用了番心機的，他們曉得我與荃麟之間的交情，換了別人行不通，他們摸透了我的執拗脾氣。當時我的右派性質已經確定無疑，黨籍肯定開除。面對這個天大的難題，我真正地作難了。我深知黨內鬥爭的複雜性，但也相信歷史是公正的，事情的真相遲早會弄明白的。但是這個曲折而嚴酷的過程可能是很漫長的，對我來說是難以忍受的屈辱。我對荃麟誠懇地談了我內心的痛苦。荃麟說，先留在黨內再慢慢地解決，被開除了就更難辦了。但我知道荃麟傳達的是周揚等人的話，實際上是對我進行威脅。荃麟不過是個傳話的人，他做不了主。我清楚，荃麟說的中央或上邊，毫無疑問是周揚。在萬般無奈之下，最後我同意照辦。這是一件令我一生悔恨的違心的事。我有好多天整夜睡不著，胃痛得很厲害，我按他們的指點起草了《答徐懋庸並關於抗日統一戰線問題》的有關注釋。我以為黨籍可以保留了。但是，我上當了，我最終被活活地欺騙和愚弄了。為了自己的人格和尊嚴，最後只有一死，以證明自己的清白。我幾次下決心到頤和園

投水自殺，但我真的下不了這個狠心。我的幾個孩子還小，需要我照顧。妻子沒有獨自為生的條件，再痛苦也該活下去，等到那天的到來：歷史會為我澄清一切。」

　　雪峰眼睛裡噙滿了淚水，我也哭了。我的黨籍早兩年已宣佈被開除，當時我的心情與雪峰完全一樣。

第十一章　五七幹校

（1969 年 9 月-1974 年 12 月）

38　一幅真正的有血有肉的命運的圖像

1969 年 9 月 29 日下幹校前，連隊集合走到天安門宣誓。我們出版社一個連隊一百多人。上火車後我坐在韋君宜旁邊，她木呆呆的，雪峰等都同在一列火車上。

到咸寧下車後，馮雪峰赤腳自己挑自己的行李。地十分泥濘，我問雪峰行嗎？他說行，行，他說從小走慣泥濘的路。馮雪峰農村長大的，走路很穩。後來，他在一個水塘邊看水泵，為菜地澆水，我天天挑糞，澆菜地。我在水泵房前看見雪峰，悲苦，堅忍，正直，活像被劈了一半的半棵樹。72 年我寫的短詩《半棵樹》就是寫當時的感受。

在王家灣（紅旗大隊第一生產隊），我們住原地主的房子，兩層，門前有水池子，雪峰在水池那一邊。一人一床，幾個人一間房。

後來自己脫坯準備蓋房子，蓋好了就搬到自己蓋的乾打壘房子住。最近在美國逝世的原外文編輯部的高駿千，大家喊他「高架子」，他是蓋房時的架子工。我和泥、脫坯，幹最重的活兒。幹活我不含糊，很積極。蓋的房子是個四合院，幾百號人住了兩三個年頭。四合院外邊，有兩排平房，住過幾家中國作協的人，

其中有張天翼和侯金鏡兩家。

接著圍湖造田。沼澤裡很多螞蟥，不少人被咬了。

由於圍湖造田，到 1970 年的夏天向陽湖已經成為沒有水的湖，像一口燒乾了的熱鍋。湖底白天熱到攝氏五十多度，室內溫度也達到了 42℃以上。最熱的那一陣子，我多在「湖」裡水田幹重活：挑秧，送飯。每週至少還去咸寧縣城用平板車拉一趟菜。我如一頭牲口，雙手把著車把駕轅，有兩個同類（五類份子）拉捎，每車負重不下千斤。烈日當頭，弓著赤裸的背，還得昂起頭看路。遇到瓢潑大雨也得拉。拉一趟光路上來回就須跋涉六個鐘頭。

有一個管伙食的革命群眾負責採購，他（我不願亮他的名）可是個真正的甩手大爺，空著雙手押著我們，從來不幫著扶一下，這就是當時深入人心的「階級關係」，是決不可模糊的。但苦難使我也懂得了其中的虛偽和奧妙。押著我們的這位大爺，由於始終獨行，悶得慌，想跟我們說說話，我絕不答腔。有一回，他無理呵斥我們，我差點揮拳捧了他。但拉菜也有個好處，去時是空車，可觀山望景，有時故意放慢步子，回返時可以挨近黃昏，天氣涼爽些。人畢竟比牲口有點頭腦。

有一天下午，從城裡拉肉回到連隊宿舍，聽說社裡古典文學編輯室的劉敏儒死了。當天早上，我打早飯時還碰見他，他端著一瓷盆粥。我見他兩隻眼血紅血紅，跟他說：「你得到醫務室看看，不要大意。」

他說：「我的眼睛過去就老出血，不礙事。」他說話時直發喘，當時我就覺得他病得不輕，可是他仍然挺著，不敢開口請假。記得他是分到菜地幹活，在山坡上開荒，活兒並不輕鬆，須到山坡下的水塘裡上上下下地挑水，我幹過幾天。劉敏儒是腦溢血，在菜地裡暈倒的，抬到工棚裡，只一會兒就死了。死得很慘，眼睛、鼻子、嘴巴裡都流著血。

下幹校前，劉敏儒是人民文學出版社古典部的秘書，為人厚道，工作謹慎，很稱職。他的毛筆字寫得很規矩。聽說，他曾在冀東解放區當過小學校長，後來，到了國統區。「文革」時，被誣為兩面村長。這個歷史包袱，嚴重影響了他的精神狀態。在幹校跟我不是一個排，沒有一塊兒勞動過。他的體態偏胖，面色白裡透紅，著實像個有福氣的「老村長」。

在幹校，他遠不如老鬼孟超活得開心。孟超，當過人文社副總編，人雖精瘦精瘦，可成天咧著大嘴巴，笑嘻嘻的，刁著煙捲兒，嘴角拖著長長的口水，既可憐，又可笑。軍宣隊的人說他幹活偷懶，一個鐘頭大小便三五回，孟超說，他有病，天天尿褲子！「不信，來摸摸褲襠！」他又開腿，「誰來摸？」我見過他這樣表演過幾回。我真的去摸了一下，對軍宣隊的人說：「是濕嘟嘟的。」孟超後來很感謝我為他作證。劉敏儒幹活肯定認真，他從不敢偷奸耍滑，他遠不如孟超鬼。那幾天，天氣酷熱，屍體不能久留，得趕緊埋掉。連隊為他趕製了棺木。當時蓋房時搭腳手架用的木板，有的是從北京故宮運來的，板子又厚又沉，是蓋金鑾殿用過的。都說劉敏儒的冥福不淺，壽木規格可真夠高的。一吃完午飯，連領導指派我和丁玉坤幾個人去挖墓穴。

墳地的風水很好：清靜的小山窩，五六株亭亭如蓋的松樹，還面臨一個清幽幽的水塘。丁玉坤在故宮幹過事，比知識份子懂事些，說一定得把老劉的地宮挖得講究些，多深多長多寬都有規矩。挖了起碼兩三個鐘頭。在劉敏儒之前，已經有一位「五七戰士」在這裡入土為安了。這位死者，可不是一般的小輩，他叫石寶常，是出版社的資深編輯，民國初年，在北京俄文專修館與瞿秋白同學過。巧的是，他和劉敏儒都是冀東人。我們幾個在挖坑之前，先把這位石老前輩的墓塚修整了一番，填了幾個耗子洞。老丁說：「填了也不行，窩在裡面。」晚飯後，接到命令，還是我們幾個「份子」為劉敏儒抬棺安葬。連隊的大部分人默默地為

老劉送行。蓋棺前，大家一一向老劉告別，有人在嗚咽，記得是曾在抗日大學學習過的潘漪。劉敏儒滿臉斑斑血跡，我用手帕為他擦掉，血尚未凝固。他的近視眼鏡掉在身下，我拾起來端端正正地給他戴好。他的身軀下面墊著一條綠毛軍氈，是社裡當代文學編輯室、曾在青年軍幹過的朱叔和的。我對朱說：「一塊埋了？」老朱點點頭，說：「讓老劉在地下溫暖點。」聲音很悲痛。老朱也可能是抬棺者之一，記不清了，他也是造反派死揪活揪的一個什麼份子。蓋好棺，我們就抬起上路，很沉很沉。有不少人跟著送葬。劉敏儒和石寶常並排地安葬在一起了。

這是我一生唯一一次為死者抬棺安葬。那種沉重感，不僅壓在肩頭，還沉沉地壓在心上。

對於各種勞動，包括重體力勞動，我從不叫苦，什麼活兒我全能幹。才到時自己沒有種菜，起碼我們一周要到縣城兩次，拉菜、肉、油等生活必需品。還到四五里外公社的糧庫拉過糧食，總是我駕轅。幹重活時我到縣城吃一頓餃子。有一次同去的還有蕭乾，他年老體弱走不動。去時是空車，可以慢悠悠地走，回來車裝滿了東西，很沉，足有千斤重，冬天身上毛衣都濕透了。

有一年夏天，我的前胸和後背被烈日烤爆了皮。一個聰明的好事者竟從我的脊背上癢酥酥地撕下一大片死皮，有五寸見方，色澤赤紅赤紅，天天被汗水浸透的毛孔歷歷可見，舉在陽光下照照，還清楚地看見幾道發暗的條紋，那是拉平板車時被繩索勒的痕跡。我把這張發著汗血味的自己的皮，夾在心愛的《洛爾迦詩抄》裡。詩集本子太小，洛爾迦和他的詩都救護不了我的皮，沒幾天就折碎了。如果我的這張皮能上能下後來還在，我一定要在上面寫一首詩，裝在鏡框裡，懸掛在我居室的牆上，那的確是一幅真正的有血有肉的命運的圖像。

39 在五七幹校，幹活我不含糊

1970 年下半年，一批老弱病殘，包括馮雪峰、金人、林辰等等連家屬二三十人到丹江口去了。金人還不願走，直流淚，儘管到那邊勞動較少。

日子過得比在北京時簡單。每個人的內心都有想法，但不交流。《人民日報》幹部壽孝鶴因我的牽連弄到西藏去了。（「文革」中，《人民日報》造反派把他當作審查對象。）寫了兩次壽孝鶴的材料，頭一回比較嚴厲，第二回比較平和一些。我證明 1944 年冬天他在西安幫助過我，他也是真理衛隊創始人之一，1946 年 7 月末在開封我介紹他入黨。

我們和五連中國作協的連隊挨著。蓋好房子，我拉車進城時張天翼託我買奶粉之類的東西。一次見他在屋外頭站著吃飯，高個，瘦，老婆跟他關係不好。看他一臉苦相，很可憐。不知為什麼站在外面泥地裡吃飯。還為另外三四個人代買過東西，悄悄地買，不能讓看見。

五連（中國作協）侯金鏡光膀子餵豬，活活累死了！躺在一個小棺材裡，在朱家灣一間民房裡放了一天。我平時跟他沒有說過話，但還是去向他告別，深深地鞠了一躬。我聽見有人唱戰爭年代的歌，唱歌的就是侯金鏡的老婆，聽了讓人心裡慘痛不已。後來，我悄悄寫了一首詩：《我去的那個地方》。詩中有這樣兩句：「我去的那個地方／有人在星光下正唱戰爭年代的歌」

全連還有一百多人，每班 10 多個人。大約是七十年代初，文潔若與蕭乾去盧山一個星期，她家養的貓餓得喵喵叫，我可憐它，每天都去餵它一盆吃的。文潔若回來後感激我，吃早飯時就給了我半勺肉鬆。

在幹校，我養了一隻狗，叫小白。那幾年，我與小白的那種同屬生物的情誼，真可以說勝過了人。它的媽媽，我們喊作「老

白」，被我們連的一個老幹部偷偷地殺了，不為吃肉，為的是一張狗皮。死去的老狗留下一窩狗崽，我挑了一個養起來。我把它從小養大，取名「小白」。後來，連隊撤銷，我們「一小撮」份子集中到「452」高地，我把小白帶去了。它已長成十分壯大，毛色雪白雪白。它白天到處玩，晚上必定回到我這裡，臥在門口。

我每次到武漢去探親，小白都會送我，一直送到西河渡口。我上了渡船，它靜靜地蹲在河對岸，目送我遠去。三五日後，我深夜歸來，它一望到我的身影，就會吼叫著，迎上來。它怎麼曉得我正好在那個時辰回來？真是一個謎。有一回我夢遊，半夜出走，在湖邊走到天亮，小白也一直陪著我。

一日，我從城裡挑魚回來，有人告訴我：「趕緊去救你的小白。」我問：「怎麼啦？」他說：「毛毛他爹正在宰它。」我火冒三丈，趕緊去救小白。毛毛是另外一個連的小青年。他爹是五十年代初從東南亞回國的華僑，為人很誠懇，我不明白他怎麼竟敢下此毒手。我找到小白時，毛毛他爹正往小白鼻子裡灌水。殺狗，血流盡了，肉便不嫩。就在這一瞬間，我趕到了，大吼一聲：「住手！」

毛毛爹知道我的脾氣，趕緊過來向我解釋：「聽說咱們不久要回去，咱們走了，當地人肯定要把它宰了，還不如由我們享受好。」我聽不入耳，趕忙操起一把鐮刀，把繩子割斷。小白咚地一聲掉在地上，它已氣息奄奄。我再晚來一步，它就會被活活憋死了。小白睜開眼睛，茫然地對我看看，似乎並不認識我這個親人。幾秒鐘後，它清醒過來，並沒有撲過來向我感恩，而是瘋狂一般蹦起來，一溜煙朝山下面跑掉了。小白在生死關頭明白過來：對於人，可不能輕易相信。

小白離開「452」後，又回到了四合院，也就是我們到幹校後修建起來的幾百號人住了兩三個年頭的地方。一天，我回四合院時突然見一隻狗撲過來。它並沒有撲到我的身上，而是蹲在我的

面前，兩隻前爪死勁地撓著地，兩眼盯著我。我一下子認出來了，這不是我養過兩三年的小白嗎？我流出了眼淚，真想不到小白一下子認出了我。我一直為它的命運擔憂，看見它，了卻了一樁心事。

在幹校，政治批判活動並沒有停止。揪「五‧一六」之前，有一天批馮雪峰，時間是晚上，在露天空場上。社裡外文編輯部的程代熙真可怕，慷慨激昂，沒完沒了，說得很長。具體說什麼忘了，記得的是雪峰本來在前面坐著，他斷喝一聲：「站起來！」雪峰就站了起來。

舒蕪寫大字報，很長，貼在院牆上，揭發批判胡風。綠原寫了檢討，我沒有寫，我在幹校一篇大字報都沒有寫過。

從 70 年春天開始，揪「五‧一六」成了運動重點。何啟治從連部秘書變成被審查對象，他原來寫過《韶山的路》（詩）我還悄悄鼓勵過他幾句。現在要在全連大會上交代了。他被迫承認參加所謂「五‧一六」的檢討一聽就是胡說八道，他亂編，卻說得跟真的一樣。全是假的，我們老傢伙知道。

下來之前，在出版社兩派辯論時，程代熙為團長的「革命造反團」說你們（按：指何啟治所在群眾組織）包庇牛鬼蛇神，包庇牛漢這些「胡風反革命份子」。社裡現代文學編輯室的王一之（王向彤）就大聲說：「『胡風份子』也有好的，牛漢就是好的『胡風份子』。」他好幼稚呵！

從 1972 年起，陸續有大學等單位來挑人。武漢、廣西都來挑人，王一之就是這時走的，但後來回到北京的還是多數。1973 年之後，幹校大部分人都回原單位，或調往別處，只剩下「一小撮」仍滯留在「452」高地——幹校校部所在地。

大批人走後，文化部幹校的人馬全部集中到校部：「452」高地。此時應是 73 年秋冬，所有滯留文化部幹校的也就剩百把十來人。因林彪問題，郭小川第二次被迫來幹校，那已是深秋，他還

穿著邋遢的襯衣，瑟縮發抖，流著清鼻涕，挺可憐的樣子。我心想，「活該！」都知道林彪老婆葉群日記裡有「文藝問題找郭小川」的話。我們都不敢與他接近說話。

郭小川跟我一個班勞動，每天上午幹一個多小時，很輕鬆。他頭腦昏昏，因為夜裡喝酒，吃過安眠藥。開小組會時，《文藝報》的有些人故意引他說些昏話，引得大家發笑。他常常平伸開手掌向我討要茶葉，我有新的「麻綠」（湖北麻城產的綠茶）。我與他漸漸談得親近了些，他一再向我說：「我不懂政治！」我理解他，經過這些年的教訓，他醒悟了，對人生，對政治，對自己，有了新的較清醒的認識。

1973 年 6 月，我們沒有大的勞動任務，只種點菜，沒人管，幾個幹部，還有張天翼老婆，綠原……

我們，我和舒蕪，還有纏著要我們帶她走的十三四歲的盧小冰（人民出版社的盧敏、人民文學出版社辦公室前主任陸耿聖之女）。放一周假，我們三個人，打著到韶山瞻仰的名義，實際上坐火車從武漢一路到了桂林，遊了兩三天灕江。《華南虎》就是在桂林起草的，到陽朔還待了一天。回來說韶山好，深受教育，瞎說呵！

陽朔倒影真漂亮。在灕江船上，舒蕪詠了一首古詩。他的解釋太書生氣，我說那是寫山的倒影，當然會晃動。

舒蕪家學淵源很深，他沒有上過大學。他們家有大房小房之分，舒蕪出自小房。他祖父方守東字寫得很好，在河北當過縣太爺。他離任走時雇書童挑書，一擔書，怎麼會這麼沉？原來書頁中夾了一片片金葉子。（這個桐城流傳的故事是我老伴吳平說的，他們方家的孩子在吳家的私塾寄讀。）

1974 年，一個牧童來找我，說：「你們的那兩個墳墓塌陷了，趕緊去整一整吧，不然，棺材板就被人拿走了。」這牧童是王六嘴的。有一回，他偷掰我們連隊的玉米棒子，讓我碰見了，

我沒有罵他，只對著他傻笑。我想起小時，我也不知偷過多少回財主家的玉米。

我見他生吃，說：「燒著吃更香。」於是我倆在地上攏起一堆火，烤得噴噴香地吃。我對他說：「咱們只吃這一回。」後來，我跟這個牧童建立了感情！他送過我一回鹹魚，做熟的。

我跟同連隊的馬毅民當下扛著鍬去修墳，劉敏儒和石寶常的墳果然已經被雨水沖得慘不忍睹了。

不幸的是，這一年王六嘴的那個牧童，突然得急病離開了人世。他只活了十幾歲，是村裡的一個孤兒。我永遠不會忘記這個給過我友情的少年。

在幹校的後期，有時候會去洗溫泉，離咸寧縣城二十多里確實有溫泉。坐公共汽車去，在那兒吃飯。躺在流動的溫泉中。冬天，溫熱的流水，在裸赤的身體下咕嘟咕嘟響，真是享福。

1974 年 12 月末，我總算結束了幹校的生涯。先在武漢住了兩天，然後回到北京，歷時五年零三個月。我們走之前，郭小川被押送到天津團泊窪，負責押送的是《詩刊》的丁力和尹一之。他倆都不搭理郭小川。郭小川喝很多酒，又吃安眠藥。他的行李捆得太鬆，難以上路。我重新幫他打好行李包，幫他扛著裝上車。臨走我說：「北京見面！」他說「不行」，就被押送到團泊窪，經過北京都不讓下車。

吳雪也是最後走的。現在聽說吳雪老年癡呆了。我們曾在幹校附近的大水坑裡一塊游泳，大水坑裡的水很清，不臭，在離大湖不遠的地方。

臧克家說湖北向陽湖五七幹校是小天堂，是聖地。我與他的感受完全不同。

第十二章 詩創作的
第二個高峰

（1972 年-1975 年）

40 我的生命有再生的感覺

1940 年冬，我想去延安魯藝學木刻，對繪畫很入迷，不僅僅是為學寫詩。當時，我相信到了延安一定能寫好詩。

41 至 43 年我寫了大量高昂的、追求理想境界的詩，表現了一個熱血青年的壯志，個人的悲傷寫得極少。高中時，我狂熱地愛戀著一個女同學，卻沒有寫一首情詩。46 年夏，當時在復旦大學讀書的郗潭封專程到開封看我，他叮囑我應該寫現實鬥爭，實際的戰鬥生活，我寫了不少，但沒有早年的藝術境界高遠，缺乏《鄂爾多斯草原》那樣有完整的構思和開闊的藝術境界，寧靜，遼闊，純淨，全身心投入。寫《鄂爾多斯草原》時，只有十八歲。現在回想，做夢一樣，全靠青春的夢想。

我一生寫詩早年受父親（舊體詩）的影響，追求永恆的寧靜，清明的心靈感受，沒有外加的，詩外的，有功利目的的宣傳理念。我從不空洞地歌頌革命。

抗美援朝回到北京後寫的詩，寫得不算好，如《北京的西郊》。但不是概念的，只是沒有年輕時那麼躍動，純淨。

在幹校為什麼寫詩？到幹校後，我這個令人觸目的「份子」，雜在各色人等之中，面目漸漸不那麼特殊，而且幹校後期，留下來的人很少，管制比過去鬆一些，有了一間獨居的陋室，我取名叫「汗血齋」。我與兩條狗住在一起，又髒又臭，狗都比我乾淨。對我來說，「汗血」是最神聖的東西。鷹有汗血鷹，馬有汗血馬，人有汗血人。我重體力勞動十多年，流了不知多少汗，身上到處都是血口子。我就這麼一身血汗，像牲口似的不停地奔跑。這樣，有了汗血齋，也慢慢有了寫詩的境況與心緒。在那樣的時候，絕大多數人都回北京了，我已經完全絕望，或者說看不到任何希望，這時候，是詩拯救了我。

下幹校時，我借了古典文學編輯室周紹良的《全唐詩》，還有我最喜歡的戴望舒譯、施蟄存編的《洛爾迦詩抄》（1975 年回京後北島借去了），還有李賀的《歌詩集》。李賀的詩我很喜歡，他的奇思令我癡迷。杜牧給李賀寫序說他的詩中有「牛鬼蛇神」，我當時正是「牛鬼蛇神」。在詩的語言，尤其在節奏上，對我影響最大的卻是洛爾迦。沒有事的時候，除了讀詩，就是在幹校的山野裡轉。

剛剛到幹校，住地附近的灌木叢裡有一株山茶，正開著白色的花朵，十分顯眼，還散發出清香。雨天時，那香氣特別濃。沉默無語的「五七戰士」經過那裡時，禁不住都要看一看，但誰也不說一句話。

向陽湖對岸有個小鎮叫堯嘴，那裡人家的圍牆多是用野玫瑰編的。春天，到處是絢麗的香噴噴的牆，招引來蝴蝶與蜜蜂，我從來沒有見過這樣美妙的牆。

我知道幹校一帶的山野上，什麼地方有最美的花，我常常去採摘。一個星期日的早晨，幹校連隊假日，我「死鬼作樂」，一個人去採花。秋天的山野上，千百種花已經凋謝了，幸而還有不下幾十種的野菊花。我走向一個不常有人去的荒寂的山丘，在開

始顯出敗相的灌木叢中，看見了繁星似的菊花。我深深地垂下頭，越瞅越多，藍的，黃的，綠的，紫的，五光十色，像滿天明亮的星星。

在幾個山丘上，我踏遍了叢莽，手掌被荊棘劃了許多傷痕，冒出了血珠。我採了幾種藍色的野菊，有深藍如湖水的，有淡藍如晴天的；還採了幾株金黃色的黃菊。花正像人一樣，都有各自的風度和性格。當我在一片灌木林裡尋覓，突然遠遠地望見了一穗一穗的紅瑪瑙般的珠子。我狂歡地奔向它，它叫什麼名字我不知道。我有一種奇怪的想法，它的花可能是非常平凡的，並不引人注目，可是，這種花，往往能默默地結出非常珍貴的果實。

在咸寧時，我曾經很執著地找蘭花。說到處有，我就是找不到。找不到美的東西，是精神苦悶的反映。

在向陽湖的那五年間，我感到一切似乎都在下沉，對大地之中的草木的根發生了異常的感情。平凡的根給予我的喜悅和力量遠勝過葉與花朵。我把艱難地紮入地層的根，看作是默默地為永恆的大自然獻身的崇高形象。為什麼我會被這些潛隱於地下的根所吸引，而且又那麼強烈，當然與我那時屈辱的處境、自恃高潔的人生理想境界有關係。每當在山丘上、小路邊、村前村後，看見那些裸露在地面變成了堅硬木質的扭曲的樹根，它們支撐著參天大樹，我的心就禁不住緊縮與戰慄起來。誰能相信，這些枯乾的近乎化石的根裡，仍然默默地流著液汁。可我完全相信。

我在窗下栽了一株青桐，幾年之間脫盡了密密匝匝寬大的葉片和細弱的凍僵了的枝條，剩下的樹枝都是很粗壯的，尖端呈拳頭狀，它們緊緊地攢著一叢叢青嫩的春芽。呼嘯的寒風搖撼著它們，拳頭似的樹枝不屈地揮動著，發出嗡嗡的聲響。每當靜夜，我聽著久久不能入睡。

黎明前後，常常聽到嗖嗖的聲音，劃過靜穆的天空。出門仰望，就會看見一隻隻雪白的長頸鶴急速地從遠方飛回來，村邊幾

棵楓樹上有它們的家。雛鶴呱呱叫個不停,天空急飛的白頸鶴一
聲不叫,只顧奮飛。我最初不明白,它們為什麼一聲不叫,沉默
地飛多麼寂寞,後來曉得它們的嘴裡都噙著小魚,還有幾滴湖
水。

　　在小村裡還見過天空飛過一大片(幾千隻)雲雀——就像會
唱歌的雲彩,還有單飛的老鷹。一直想寫雲雀,但沒有做到。我
在泥濘的路上走,雲雀在天空飛,感受很深。雲雀在我心靈裡飛
翔,歌唱。

　　一天,我發現了雲雀的窩。萬萬沒有想到,雲雀的窩在麥地
裡,在密密的草叢裡。我將雲雀的窩(泥與枯草)端在手心,帶
回住室。雲雀這名字起得太準確,一大片會飛的雲,會唱歌的
雲。我應該是這會唱歌的一份子,但我是地上的雲雀,只能在地
上跋涉,很苦,想飛卻飛不起來!我只能讓詩像雲雀飛向天空。

　　《鷹的誕生》。有一次和炊事員崔成全到沈家灣去挑魚,他
採購付錢,我挑著沉重的魚擔走。沈家灣畔一片湖水,我在樹下
休息,見地上有天藍色的蛋殼,而樹上面有鷹的窩,很高大的
樹。我撫摩著一個個蛋殼,感觸很多。天藍色,令我激動不已。
我想這是蛋殼裡未誕生的鳥的夢的色彩浸染出來的。

　　在幹校跟小年青一塊兒勞動時,撿到一隻掉下來的鷹,以為
能吃。烤熟了,卻沒肉,咬不動,全是骨頭,像汗血馬一樣最後
傾倒之後全身沒有一點血肉。剝開以後,看那身架,飛翔把它的
血肉都消耗掉了,他的全部精血都耗光了。汗血馬——汗血鷹——
汗血人——汗血齋,在幹校後期,我便將自己的住室命名為汗血
齋。

　　牛八哥我也喜歡。耕地時,牛八哥特別多。牛耕地時,翻出
許多蚯蚓。牛八哥與牛相依為命,天然相合,天然的,非人為
的,牛八哥還為牛啄食皮毛裡的牛蝨子,很讓我感動。牛耕地,
牛八哥在牛背上為牛歌唱,讓我感動。

　　還有知了（蟬）。在牆上看見一條一條白色的線，頂上有趴著的蟬。唱了一輩子，爬到牆頂上死了。平時飛行，唱歌，最後留下一條白色的發亮的痕跡，死了！死也要死在高處。這種從下向上的原生態的生命欲求感動了我。

　　生活中的感悟，雲雀、老鷹、蚯蚓的血，我還想寫蟬、雲雀、一草一木，我覺得一草一木都和我的生命相連，相通。我狂喜，爆發的狂喜！沒人管我，我覺得自己就是天地人間的小小的一份子。這是天地人間給我的啟迪，與為什麼服務根本不沾邊！

　　我的生命有再生之感。

　　我當然不是鷹、雲雀、蟬，但它們給了我深深的感觸。天上的雲雀只在麥地、草叢，在山野裡生出來。有一年 5 月，我在麥地裡拾到一隻受傷的小雲雀，帶回來養，幾天後還是死了，養不活。這種原始的、自然界的種種生命形態，都很令我感動，一生難以忘懷。

　　人與大自然有著許多相似的命運與習性，這些相似的本性，是永遠不會全部泯滅的。那時我失去了一切正常的生存條件，也可以說，卸去了一切世俗的因襲負擔，我的身心許多年來沒有如此地單純和素白。我感到難得的自在，對世界的感情完整地只屬於自己，孤獨的周圍是空曠，是生命經過粉身碎骨的衝擊和肢解後獲得的解脫。

　　我這一生，八十四個年頭，最讓我懷念的有三個地方：

　　1.山西定襄縣，滹沱河：《童年牧歌》裡寫的我家的五棵棗樹，每棵樹的棗子味道不同。

　　2.天水：1938 年 4 月到 1943 年 2 月離開，這是我成長的地方，從一米六長到一米九。開始寫詩。記得天水每個山谷，萬壽庵，玉泉觀，都記得很清楚。在後漢將軍李廣故里的一片樹林中一個石桌子上寫詩，寫了上百首詩。

　　3.咸寧：沼澤地帶，桂花樹，湖，鷹，雲雀，溫泉……咸寧

是我詩的又一個故鄉。詩是我的生命,所以咸寧也是我的故鄉。
咸寧寫的詩是我的全部生命;不是一部分,而是全部。這是我的
性格。每一首詩在什麼地方寫的,什麼情況下寫的,非常清楚。
每一首詩都灌注著我全部的生命力。咸寧讓我受難,但 72 年、73
年以後,我解脫了,有再生的感覺。就像在天水從一米六長到一
米九,精神上我從被囚禁、被侮辱到這時才得到一些解脫,所以
和早年在西北大學寫的詩不同。早年寫的詩很單純,咸寧寫的詩
每一首都有再生的感覺。如果沒有這種境界,也寫不出《童年牧
歌》——回憶童年是重新成長。不僅僅是回憶,沒有幾十年的大
災大難,就沒有這一回的解脫,沒有精神的傷疤就沒有我的再
生。我從枷鎖中解放出來,成為很鮮活的人,感慨不已。

　　天水的詩純淨得像天上掉下的水,一眼看到底。咸寧的詩是
大徹大悟後的生命感悟,不概念。如《巨大的根塊》,一到咸寧
第一天就有感覺,但後來才寫得出來。每首詩的萌生與生長,都
記得。有些沒寫出來,我感到抱歉。特別是雲雀,蟬,蟬的歸宿
(在最高處告別人間),還沒有完成。想起把蛇蛋砸爛,也很對
不起,一群生命嘛!我從小就很少罵牲口、動物。好幾次早晨鞋
裡盤著一條蛇。在山野大便時看到一窩褐色的小蛇,探頭探腦
的,多可愛。

　　我的詩離開特定的時間、地點、人和環境就很難理解。咸寧
的山丘上到處都是灌木,上面的樹枝給砍伐了,下面的根還在生
長,血淚的凝結,而形式上盡力平易。每首詩寫得很沉重,但也
寫得清澈。這和洛爾迦一樣——他被迫害逃到南美。我和北島都
喜歡洛爾迦的詩。他的詩開發了我,點撥了我。我歷經兩三年寫
了二三十首,發表了十幾首,數量比天水的少。在天水寫得多,
但選得少。這不是成熟兩個字所能表達的,就是一種再生的感
覺。

　　1949 年前後全身心為革命,這不是真正的單純,而是個性沒

有解脫，是宗教獻身式的，是作為工具出現的。當時沒有意識到，現在回過頭來看，真是愚昧。

41　我今生今世感激這兩行詩

經歷了生命的再生以後，我覺得我的每首詩都是天地人間真實的小小的生命，每首詩也都有了自己的故鄉。

開始寫點不成文的東西，姑且稱作「劄記」。我有寫劄記的習慣。1969 年，到了湖北咸寧文化部五七幹校之後，我這個令人觸目的「份子」，雜在各色人等之中，面目漸漸不那麼特殊。於是鬆動中故態復萌，陸陸續續記下一些潛隱在心的心跡，有時記一件難忘的事，有時記一點情境……在中國，想無拘無束地表達自己的心靈，真的很難，不知道真正的人該如何向世界發出自己的聲音，多年來只會被動地條件反射地寫那些認罪式的文字——全是與心靈無關的符號。一旦有意識地提筆寫一篇文章，即使全身心地投入，寫出的也只是「人之初」時牙牙學語的東西，絕不敢妄稱文章。要想找回自己失落多年的個性語言，談何容易！必須從當年的那種虛偽的頌歌體和暴虐的大批判的時間音域中突圍出來，一切一切都重新開始。首先是語言。真應了「歪打正著」的那句俗話，歷史讓我有幸體驗到了「重新做人」的快慰。對於那些扼殺和刪改人性的人們，他們最懼怕的正是這個新人和新的語言的出現。

當然，畢竟二十多年沒有寫過詩了，完全處於失語狀態，所有的文字，書上的，報上的，似乎都是陌生的。寫一首小詩或者一則詩話，不知如何下筆。每個字都得自己創造。像比較早的，1970 年夏天寫的《鷹的誕生》，寫得十分艱難，也十分幼稚。寫一個詞，寫一行詩，比鷹下一顆蛋還難。但是，每寫出一個字，也有鷹下蛋時的那種預示著生命即將飛翔的喜悅，鷹與詩一起誕

生。

《雪峰同志和斗笠》，也是咸寧早期寫成的，1970 年。

《悼念一棵楓樹》發表之後，得到了好評。有人說它是懷念某一個人的，也有人說它是悼念許多令人敬仰的英靈的。其實，我當時並沒有想要象徵什麼。我只是想與我生命相通的一棵楓樹，是我實實在在的感觸，是這棵楓樹的命運。

在幹校時，無論是初期繁重的體力勞動後，還是後期較自由的時候，只要有一點屬於自己的時間，我都要到一片沒有路的叢林中去，靠著這棵楓樹坐著。它在一座小山丘的頂端，它的偉岸令我敬仰與感念，一到初冬，它寬闊的掌形的葉片映著陽光，燃起了火焰。我從來沒有見過如此美豔的樹葉。我幾次寫信給在北大荒勞動和學木刻的兒子，讓他來看望這棵楓樹，希望他把它的形象畫下來。

可是，一天清晨，我聽到一陣「嗞啦嗞啦」的聲音，一聲訇然倒下來的震響，使附近山野都抖動了起來，隨即聞到了一股濃重的楓香味，我憑直覺感到我那棵相依為命的楓樹被伐倒了。我立即飛奔到那片叢林，楓樹直挺挺地躺著。我頹然地坐在深深的樹坑邊，失聲痛哭起來。村裡一個孩子莫名其妙地問我：「你丟了什麼這麼傷心，我替你去找。」我回答不上來。我丟掉的誰也無法找回來。那幾天我幾乎失魂落魄，生命像被連根拔起。過了好幾天，我寫下了《悼念一棵楓樹》。兒子沒有把它的形象畫下來，只好由我寫一首詩來悼念它。我不能讓它的偉大的形象從天地間消失。

......
伐倒三天之後
樹葉還在微風中
簌簌地搖動

葉片上還掛著明亮的露水
彷彿億萬隻含淚的眼睛
向大自然告別

（哦，湖邊的白鶴
哦，遠方來的老鷹
還朝著楓樹這裡飛翔呃）

　　有一天，在連隊裡真的在遠處看見三四隻麂子在奔跑，非常漂亮，棕紅色的。第二天就有農民來賣麂子肉，還有皮……，我很難過。1974 年初夏寫於咸寧幹校的《麂子》是寫的幹校的實際感受。我寫得冷靜，含意深：五七幹校，不是好地方。一回憶五七幹校，令大家很氣憤，詛咒那個地方。我的處境，我內心的悲哀寫在其中。好漂亮的麂子。悼念？復活？如果知道我當年的背景，就知道絕不是簡單的藝術概括。

　　……
麂子
遠方來的麂子
你為什麼生得這麼靈巧美麗
你為什麼這麼天真無邪
你為什麼莽撞地離開高高的山林

五六個獵人
正伏在叢草裡
正伏在山丘上
槍口全盯著你

哦，麂子

不要朝這裡奔跑

記得寫下最後兩行，我如誕生的嬰兒啼泣了許久。這最後兩行詩，是寫著寫著自然地不知不覺地突然間冒出來的，如一聲驚天動地的呼叫。這兩行神來之筆，救了麂子，也救了我。「我」並不僅僅是我，「我」也是麂子，「我」也是詩。我今生今世感激這兩行詩。

《車前草》寫的是生活實感。雨中，拉一千多斤的重載，只有蹬著一叢叢車前草才踩得穩，不至於滑倒。我不是一般的歌頌，是感激，很樸素的感情。

在《毛竹的根》中，我寫了一點感悟。那種大根，巨大的根塊，燒一天一夜燒不完。

這個時期，也有點跟第一個寫詩的高潮一樣，仍有一股拋頭顱灑熱血的拼命勁頭兒。1973 年寫的《根》，只有自己知道，不能給別人看。我拉車時常常坐在樹樁上休息。後來《根》在香港的課本上選用，原來詩裡有「地心還有另一個太陽」的話，這裡就有點政治的含義了。有人知道告上去準會把我槍斃了，還不就是拋頭顱灑熱血呵！

寫《傷疤》時，我相信所有傷疤下面都有深深的根，隱喻我的一塊塊傷疤都有故事。這是精神創傷後的感覺。

我寫鷹多一些，不是重複，是不同的側面，不同時期不同的感受。

《華南虎》寫得粗糙一些。

《凍結》是在北京寫的。

《三月的黎明》寫於 1973 年。詩裡的情景完全是寫實，寫得愉快和投入。這淡淡的畫面，似有似無的聲音，以及一瞬間顯現的美麗動態，都是黎明本身的自然狀況。從自然永恆的生命的脈

動中，我感到了一種聖潔一種天性，傷痛的心靈得到了深深的浸潤和撫慰，全身心獲得了一次再生般的淨化。

1971 年到 1974 年，管制放鬆了，成天遊蕩在空茫的幹校附近的山林湖泊，咀嚼人生，詩突然從心中覺醒和衝動上來。並不是我清醒地把詩找回來，是詩如鐘錘般撞醒了我，敲響了我。這時才感知有一個詩的世界，一直久久地被封閉在我的心裡。幾十年的人世滄桑並未把我和詩拆開。我不是返回到孤獨的內心世界，而是異常堅定地進入了世界的內心。面對荒誕和罪惡，我和詩一起振奮和勇敢了起來，我變成了一隻衝出鐵籠的飛虎，詩是扇動著的翅膀。

在那樣的環境中，在那樣的時候，幾乎成了條件反射，許多平凡小事，常常會突然點燃我隱藏在深心的某些情緒。那時，對我來說，只有詩才能使靈魂在窒息中得到舒暢的呼吸。因為那些小詩（我心裡一直覺得很沉重）都不可避免地帶著悲淒的理想主義的基調。那些詩，只有在當時那種特殊的主客觀情境裡才能寫出來，不可能重複第二回。

我與每一首詩相依為命。沒有讀者，也沒有上帝，既不想發表，更不想討好誰，自己寫自己讀。往往是吃了晚飯獨自在湖邊山丘上的楓林裡，邊乘涼邊打腹稿。身邊的牛在反芻，我也在反芻。

回頭看看，高中時期詩創作的第一高峰和「文革」後期（1972 年-1975 年）詩創作的第二個高峰，這兩段時間，我的生活狀況和心情有不少相似之處：孤獨、鬱悶、期待，生命的四周出現了非常空曠的地帶，活得很單純、自在。「文革」後期的這種自在和單純，與四十年代初的那個單純有本質的差別。在萬壽庵時，我不到二十歲，當時的單純跟簡單差不了多少，是近似原生態的那種單純的充滿夢幻的生命狀態。經過三十年的苦煉，對人生、歷史、世界，以及詩，有了比較透徹的理解和感悟，獲得

淨化之後的透明般的單純。如果迴避人生苦難，不是經受人生，絕達不到這個境界。

　　洪子誠、謝冕在《中國當代新詩史‧「復出」的詩人》這一章寫了我一段。他們比較肯定公劉、蔡其矯。公劉比賀敬之寫得好。他的詩有熱血沸騰，但有點概念。蔡詩深謀遠慮，寫得深沉，凝練，有時有點淡遠，迴避歷史，不是時代的最強音。他們都比賀敬之寫得好。蔡比我大五歲，還活著。公劉去世了。小型座談會上被稱為「熱血老年」。公劉已經很難得了，有些詩有點粗淺。蔡的詩藝術上好一些，比較完美。但沒有公劉的沸騰熱血，缺乏公劉的氣勢。他們都沒有背叛詩。公劉常常寫大我，蔡多半寫小我。公劉震動人，但不持久；蔡的詩並不能立刻震動人，但不空洞，細膩，結構上完美一些。我也一樣，有他們的缺點，藝術上需要不斷突破。

▲攝於 1983 年 5 月初，洛陽第一屆牡丹詩會。左起：郭風、駱文、公劉、××、蔡其矯、牛漢、嚴辰、曾卓、××、鄒荻帆、趙青勃

第十三章　平反前後

（1975 年 1 月-1979 年）

42　從資料室卡片抄寫員到恢復黨籍，發表詩作

　　1974 年底離開咸寧，在武漢過了兩三天，1975 年 1 月初回到北京。

　　但回來並非歸隊，還不是正式職工，革命隊伍裡沒有你。在社裡報到時，問何時參加革命怎麼填，在政治處幫忙的盧某說：「你什麼時候參加過革命？」我好難受，我想不通，這是傷害人。

　　從幹校回來，我分到資料室抄卡片，後到虎坊橋魯編室，大約半年。舒蕪、劉嵐山等分到校對科。這個做法真叫反動。在資料室，沒有人叫我「牛漢同志」，「牛汀同志」，就是一聲「喂！」最多叫「老牛」。秦萍管著我，管得不嚴。我無所謂，我完全解脫，並沒有回頭，天天上班照樣看書報雜誌、思考，還寫詩。如《羽毛》，75 年冬寫的，在西四武定侯胡同看到飄飛的羽毛。「它越過一堵斑駁的泥牆/從棗樹尖頂飛過/像鳥一樣昂起頭/升向灰灰的天空。」詩人孔孚很喜歡這首詩。

　　《改不掉的習慣》，76 年寫的。詩中的「我認識這個詩人」就是我自己。《朋友》，76 年冬天寫的。「僻靜的胡同裡/一個白髮蒼蒼的陌生人/對我凝望又凝望/他走近我/小聲地說/他是我的朋

友的朋友/我那個朋友/早在許多年前/瘐死在嗚咽的海河畔/我沒有詢問陌生人的姓名/他與我緊緊地握手/默默地離去……/」「我那個朋友」指阿壟，在天津，有個天津的作者，見面握握手，說：「我是阿壟的朋友」。

《重逢》是寫 79 年在西郊開第四次作家代表大會的感受。剛恢復黨籍。韋君宜讓我去參加。聶紺弩、彭燕郊等也參加了大會。

初稿寫於 1979 年 8 月的《一圈帶血的年輪》，是寫 1975 年「四五」運動的，天安門附近死了好多人。北島看了原稿很欣賞。

那時，北島和龔繼遂（湖北人，是我兒子在四中的同班同學）他們，包括江河、楊煉常來看我。我當時想我「反革命」帽子未摘，不能拖累他們。《今天》第一二期出之前看過，他們叫我化名寫。《今天》出來後到處張貼，也在人民文學出版社門口張貼。

後來《今天》一夥青年詩人在玉淵潭公園開詩朗誦會，讓我去，我說絕對不能去，我說「牛漢去了對你們會帶來致命的傷害」，我知道某部一定有人在那兒。

打倒「四人幫」之前，我一直認為是「五人幫」。沒有毛澤東，「四人幫」能存在嗎？

周恩來死時我不流淚，寫了一首詩表示悼念。他能做毛澤東的「宰相」這麼多年，特別是廬山會議後，我覺得這人太複雜了。但對他的死有震動，在食堂吃飯，好多人都哭了。

朱德去世，我個人還更沉痛一些。朱德在華北大學作報告，我給他倒過水。但人民大學在鐵獅子胡同開成立大會，劉少奇講話，成仿吾叫我上去倒水，被警衛員攔了——他只喝警衛員帶的水。

毛澤東死，沒有大的震動，我比較成熟一點了。

打倒「四人幫」，當時很痛快。我常到天安門去轉轉。我想了很多，觸動很大，想得很深。群眾中的議論我是注意的，但很少和別人交往（我與北島、蔡其矯有些來往）。我認為共產黨總的體制不會有變動。上層會有些變化，但不會改天換地，總的體制不會變。

打倒「四人幫」後，1977 年，魯編室籌備恢復。嚴文井對我不錯，讓我離開資料室，到虎坊橋魯編室去上班。在魯編室一邊工作，一邊寫詩。

黨籍還未恢復，但不很在意，天天寫我的詩。到 79 年，韋君宜讓我寫份檢查通過胡喬木送胡耀邦，才單獨恢復了黨籍。

從 1979 年起，可以公開發表詩作了。先是《哈爾濱文藝》、《北方文學》、《北疆》，上海的《文匯月刊》，後來是《詩刊》發了《華南虎》等。恢復黨籍之前不能發我的詩。恢復黨籍後我還是很高興，發表東西很方便。

我恢復黨籍不久，張天翼請我到他家吃飯，讓女兒來通知。他，他老婆，女兒三個人招待我。張天翼很感動，流淚。他中風失語，不會說話了，腦子還清楚。戴個大圍嘴，寫了「我祝賀你」幾個字，哆哆嗦嗦的。

1978 年前後，我還沒有恢復黨籍，曾經去看望張天翼。（我在幹校時照顧他，悄悄給他買過東西。）當時，他住在大佛寺附近，原來是趙樹理的房子。簡直不像個家，很苦，很慘，什麼也沒有，老婆在幹校跟別人好（後來又回來了）。他老婆是《中國青年》的編輯，後來到中國作協去了。他老婆的腳有點瘸。沒有人照顧他，瘦，可憐。我編《張天翼選集》，給他送稿費，他缺錢。我恢復黨籍，是他女兒來告訴我，說他爸爸祝賀我的，那時我還住在東中街。

張天翼 1978 年就給我送過他的書：《大林和小林》。那時，我還沒恢復黨籍，正在辦。

張天翼個子大，一米八幾，年齡跟丁玲差不多大。這些作家中第一個祝賀我的是他，我真的挺感動。

我這一輩子，老作家對我影響很大，從他們的身上吸收了許多書本上看不到的的東西。

43 從籌備到主編《新文學史料》

1978 年還沒有完全平反，韋老太（韋君宜）信任，就調我去參加《新文學史料》的籌備，作為《新文學史料》籌備組成員。那時，有事嚴文井他們要請示中宣部的廖井丹和文化部的陳荒煤。我在幹校和韋君宜一個班，常談話，互相有所瞭解。

籌備「史料」時，我照韋君宜的說法寫報告，後又去看蕭乾，請他當顧問，後來他被委任為文史館館長。北平時期他和胡喬木認識，交情深。

最初想把雜誌叫「新文學資料」，蕭乾認為「資料」僅供參考，提出改為「史料」，說這樣有權威性。改得好，刊物的性質都變了，中宣部副部長廖井丹批准了。蕭乾在編譯所讓人討厭，做個顧問還可以。對一個人，不能簡單肯定、否定，在這個體制下，人都被歪曲了，包括綠原，他跟賀敬之、柯岩他們接近，大家各走各的路。

周揚他們辦這刊物是為了搶救老作家的資料，請茅盾、冰心、葉聖陶、巴金等人寫回憶錄，還有他們手頭的書信、日記，以「左聯」為主，搶救年邁老作家的相關的歷史資料。

樓適夷參加了這次籌備會，周揚主其事，陳荒煤在操作。當初甚至想以社科院名義主編，但那時他們還沒有出版社，所以跟我們合作。

有一陣子，雜誌的主管不明確，後來社科院慢慢退出了。

嚴文井主持開過一次籌備會。我參加了，看到了廖井丹的批

件，同意把刊物完全交人文社編。

上邊對丁玲有看法，毛澤東對她否定。丁玲去世時，請求覆蓋黨旗上面不批准，結果蓋的是「北大荒人」。

我當時很忙，但精力充沛，一邊籌備刊物，還有現代文學編輯室的工作，同時為調進人文社的工農兵學員講課。我管現當代文學，舒蕪管古典，黃愛管外文，孟偉哉是總管。我前後講課八個月。《新文學史料》編輯組組長黃沫，副組長李啟倫，我是成員，但我比他倆熟悉，實際起作用。樓適夷、蕭乾顧問性質，平時不來，有重要事才請他們來。

同時我寫了申請平反報告，爭取作為個案提前解決。韋君宜具體跟我談的，估計韋君宜通過胡喬木報胡耀邦批。韋君宜如此待我，我也以努力工作相報，我很積極，很累。

我回到現代文學編輯部，負責具體事務，那時還沒有平反，做事謹慎。為了談問題，我到過東總布胡同嚴文井家。和我一起工作的黃沫是學歷史的，我平反後他就調到近代史所，都是上邊安排的。黃沫愛說話，但對文學不大熟悉。黃那時是編輯組長，樓、蕭是顧問。

在用我的問題上，嚴文井、韋君宜是一致的。

79 年 9 月恢復黨籍的事，韋君宜起了很大的作用。我、王元化、曾卓、劉雪葦，四個老黨員是一塊兒批准恢復黨籍的。檢討對胡風問題的認識，對「講話」的態度，表示服從黨的領導。但我沒有變，到現在堅定不移。幾十年大災大難，醒悟了。「六四」後，黨員要重新登記。我沒有檢討，社領導為了讓我過關，說「該同志思想有轉變」。我說什麼時候我有轉變？社領導說不這樣說不行呵！

第四次作代會也參加了，韋君宜起了很大作用。但韋君宜有時也做沒道理的事：《胡風評論集》「後記」很長，他為自己辯解。孟偉哉認為不能用，屠岸很慎重。有一天，韋君宜要去上海

改她的長篇小說《母與子》。去之前我和屠岸去找她，她表示不同意發胡的「後記」；如果要發你們發，你們負責，後向上打報告。出版局陳翰伯（人民出版社前社長）同意，轉到中宣部，賀敬之也同意修改採用。韋君宜回來時說，牛漢，你要理解我。她是一個很誠懇的人。

1979 年平反後任現代文學編輯室主任，《新文學史料》主編。嚴文井是社長兼總編輯，韋君宜是副社長兼副總編輯。

樓適夷，老領導，沒有深談過，對我沒什麼影響。上世紀七十年代後期，我與他有過一次嚴肅的談話。在他看來，我作為「個案」可能解決，「胡風集團」平反很難。有什麼根據他沒有說。

樓適夷很少寫什麼。樓適夷一生的作品（創作、翻譯），基本上沒有可以留下的東西。批馮雪峰會上那麼激烈，罵馮雪鋒「你吃魯迅」！沒見他做過檢討。還有許廣平也那樣粗暴地批雪峰。

樓適夷跟丁玲也有染。

我平反前後，還編過《荒煤散文選》。他提出來的，只有 10 幾萬字，勉強編成。

1978 年《新文學史料》正式創刊。發刊詞《致讀者》由黃沫起草，我改定，嚴文井看過，李啟倫負責校對出版。《新文學史料》的編務，孟偉哉、李曙光沒參與，開頭大家不怎麼重視《新文學史料》。

81 或 82 年，聽到中宣部有意見：「史料」介紹「左聯」不夠全面；黨內有些機密不應公開；社會主義方向不明確，有問題。我住東中街時，孟偉哉有一次來拜年，說牛老過年好後，說「史料」有方向性問題。我問具體的，他沒說。後來傳說要整頓「史料」，到了沒整頓成，牛漢又不好拿掉，就加了個陳早春也當主編。陳早春對我說這是上面的意思，「你還照編，我不參與

編務」。

　　此前中宣部派人來開過兩次會。韋君宜提醒：冷靜點，多聽聽他們的意見。來了好幾個人，局級調研員×××主持。頭天由我彙報籌備編刊經過。

　　第二次來他們談，說刊物不宜停，高校、香港、海外都有影響，但要改進，加強左派人物的史料。此前，劉白羽、光未然等我們未向他們組稿，後來到 2000 年，光未然才上。還有延安座談會前後，「左聯」黨組織，第三國際影響，瑞金時代，……我知道跟第三國際的矛盾不能公開，「講話」前後不好寫，只能迴避矛盾。秦兆陽回憶一生經歷，從童年寫到延安就停了。我一再催他寫，他只歎氣。

　　中宣部那位局級調研員又具體提出，是否辦兩個刊物。一是可公開發行的，即現「史料」，另一個由中宣部和出版社聯合辦，內部發行，還由我當主編。我有點意外，但這一來，內部的

▲80 年代牛漢與賈植芳（右）在復旦大學賈植芳家中

印幾萬，公開的未必有一千，確實是個實際問題。

後來，只能不了了之。實在難辦，還是只能辦這個已公開發行的刊物，從 1987 年起，主編加了個陳早春，他當時是人文社總編。

我 1988 年退休，新聞出版署返聘，繼續任主編（新聞出版署有正式檔）。

後來，一位曾主管當代文學的、已退下來的前副總編想當「史料」的主編，另外還有人想當，都沒有辦成，我牛漢仍當著主編。不能改變這個刊物的「方向」，我又編了幾年，到 2000 年底，我堅決不幹，就以顧問名義參與，好多重要稿子，作家仍直接寄我，給我看過後，轉編輯部。

在做「史料」編輯工作時，我跑了許多地方。卞之琳、馮至、吳組緗、林庚、朱光潛等等，我都到他們北京的住處組過稿。在上海還多次看望過施蟄存、趙家璧等人。可惜沒有及時組到汪曾祺的稿子，年歲不饒人呵！

第十四章　為《新學史料》組稿

44 蕭軍在顛沛流離的艱難環境中完好地保護了蕭紅的信件，我很佩服

編「史料」前，我跟蕭軍就認識。我被捕前，1954 年他有一個長篇，交給我當責編。我曾經去找他，請他寫一本跟個人經歷有關的書。1955 年，《過去的年代》還沒有成書，我就被捕了。我們社的龍世輝幫我看的校樣。後來我出來後，龍世輝把書送給我了，還說，我是這本書的責編，應該把書給我。龍世輝在「文革」中一直叫我老牛。

蕭軍是老前輩，組稿是我去的。在 1978 年夏天，黃沫同去，但他不認識蕭軍。蕭軍住在後海那邊，破房子。當時我還沒有平反，但我心裡確信蕭軍會記得我，並且不會把我們拒之門外。向他約稿就是我的倡議。這位赫赫有名的文壇的強者，在人世間默默無聞已有幾十年之久了。我相信他是經得住久久深埋、具有頑強生命力的人。他的體魄仍然是虎背熊腰、面孔紅潤、目光銳利，幾乎看不出有因久久埋沒而出現的苦相或麻木的神態。也許因我與他有過些老交情以及相近的命運，他熱誠地接待了我們，答應寫稿。「史料」要發蕭軍與蕭紅的信，蕭軍很高興，很快就加了注釋按期交給了我。蕭軍在顛沛流離的艱難環境中完好地保

護了蕭紅的信件，我很佩服。

從《新文學史料》第二期起連載了蕭軍和蕭紅的信件以及蕭軍撰寫的詳細注釋。

以後我多次獨自走訪蕭軍，已不全是向他組稿，有時完全是個人之間的訪談。每當我踏上蕭軍家灰暗的嚴重磨損的木樓梯，腳下帶出咯吱咯吱的悲抑聲，總是小心翼翼，心裡禁不住湧動著溫泉般的情思，覺得那污漬斑斑相當陡的樓梯，似乎能通往一個永遠讀不完的幽深而悲壯的故事。果然，有一次他用歡快的聲調告訴我胡風在成都的通訊處，說：「牛漢，應當寫信去，坦坦蕩蕩，有什麼好怕的？《新文學史料》應當給他寄去看看。」後來我給胡風寄去了「史料」。

我編「史料」的時候，一直想讓他寫回憶錄，特別是寫延安那一段，但他不寫。我請艾青，但艾青也不寫。我還開玩笑說，你不好交代。蕭軍對毛還不是否定的，我能感覺到。

我對蕭軍說蕭紅的文筆比你的文字有感染力。「呵！」蕭軍大叫表示不服。

我曾經問過蕭紅和魯迅的關係。我問：蕭紅和魯迅很近，接觸很多，但到日本以後為什麼沒給魯迅寫過一封信？蕭軍說：是魯迅和蕭紅商定蕭紅去日本後不寫信的。魯迅病重死了，她就立即趕回來了。但我還是覺得，蕭紅走後不寫信，是不正常的，可以說明，她和魯迅不是一般的關係。從蕭軍的口氣也證明，蕭紅跟魯迅的關係不一般，太不一般了。

有一次，我又跟蕭軍談起端木蕻良，蕭軍很反感。我說你不要生氣，你有你的性格，但是我們作為晚輩，是讀者，都要有所瞭解。1938 年，蕭軍、蕭紅在西安分手，蕭軍想到戰場上去寫，蕭紅不願意到延安。她頭腦很清楚，對政治，對共產黨，有自己的選擇。幸好她沒有去延安。蕭軍的經歷很悲壯，我讓他寫回憶，他不願意。蕭紅雖然沒有見過，但從她的重要的選擇可以判

斷,她不是一個沒有頭腦,感情衝動的作家。她到了武漢,繼續自己的創作。記得《七月》雜誌談到過每個人的選擇,蕭紅不僅有高昂的東西,也有極富個性的創作。蕭紅強調個人的自由,她清醒,堅定,沒有像大多數人那樣到延安去。她很堅定。到延安去要接受改造。到延安的作家,在毛的「講話」影響下大多沒有什麼富有個性的作品。真是不堪回首,蕭紅最後死得那樣慘!

還有一次,給蕭軍送稿費,然後聊天。到吃飯的時候,蕭軍留我,全家人就是一鍋麵,沒有肉,有打鹵。沒有錢,他的工資很少,他在北京市的跟武術有關的一個小單位,夠吃而已。蕭軍去世時,存摺上只有幾千塊錢。

蕭軍個性很開朗,但經歷那麼多苦難,肯定有傷害,只是他不願給別人看到。蕭軍說話很大聲,笑聲也很大,可能精神上有點問題,精神狀態不正常。有時候,他感覺不好的時候,就到山裡邊療養。有一次,他對著我,拍著胸口,說心臟不好。他自己知道,他也不跟孩子說,跟我說。

有一陣,他住團結湖附近,住女兒的房子,常到團結湖公園練劍。我住東中街,離他那兒很近,下了班去看他,他帶我去過兩次。他穿得馬虎,穿布鞋,背著劍,劍有套子。他會拳術。我不知道他練的什麼劍,他會硬功,可能是少林劍。

有一次,我陪著他走到公園門口,然後去上班了。他像普通的北京老人一樣,沒有什麼社會活動,也很少參加社會活動。

有一天早晨,雷加打電話給我,說:「蕭軍最近情況不大好,你該去看看他。」他告訴我蕭軍住在阜成門外三環路邊的海軍總醫院高幹病房。

放下電話,我趕緊動身(我住在朝陽門外),好不容易才找到了海軍總醫院,已快到中午了。我不曉得蕭軍住第幾病房,問樓下值班室的人,回答說:「蕭軍這幾天病情不好,不見客人。」

　　我懇切地對他說，「我是蕭軍的老朋友，住在朝陽門外十里堡，來一次不容易，我看他一眼就走。」

　　這時，有一個幹部模樣的人正站在樓門口，聽到我們的對話，對我打量一番說：「你上去試試看，他女兒正陪著他。」我立即上樓去（不是三樓，就是四樓），輕輕地敲了幾下病房的門。門開了一點縫，我看見了面容憂戚的蕭耘。她壓低了聲音對我說：「牛叔叔，我爸近幾天不大好。今天很難受，上午剛剛輸液，你能不能改天再來？」蕭耘仍然把著門縫，「醫生說怕交叉感染，最好少見客。」我對她說，我是走了兩個鐘頭才找到這裡的。蕭耘看到我滿頭大汗，很難過，「你進來吧，不要說話。」

　　那天天氣晴朗，滿窗火焰般的陽光，但病房裡卻靜得發冷。也許是由於病房的那種沒有生命感的白色，使我的心靈引起了一陣寒戰。我壓著腳步走進去，看見一張病床，白色的被單，平塌塌的，幾乎看不到下面有人的形體，只看到露在被頭外的一點短短的蒼髮，心裡一陣辛酸。虎背熊腰龐然大物的蕭軍（他的個頭我看不過一米七上下，但由於他骨骼壯實，神態充滿活力，總感到有一種誰也把他撼動不了的巨大的身量），竟然一下子從人生的地平線上陷落了。山峰正在消失，變成茫茫平原，但絕不是廢墟。

　　聽到一點微弱的聲音，不是呻吟，似乎是咬著牙關使勁的哼哼聲，他彷彿正攀登著一個很陡的峽谷。

　　我慢慢地走向他的床邊。蕭軍面朝裡躺著，我看到一張陌生的面孔，顴骨高聳，像三十年代哈爾濱時代的那個蕭軍的輪廓。我忍不住叫了一聲：「老蕭，我是牛漢，來看望你。」沒有絲毫反應，白色被單微微地抖動了幾下。他一定極其難受，掙扎著想翻過身來。這說明他聽到了我叫他的聲音，知道我正立在他的身邊。蕭耘過去幫助他翻身。我毫不考慮地也去扶他，我的手接觸到的幾乎全是皮包骨。但他的身子很沉，費了好大力氣，才使他

轉過身來。蕭軍睜開眼睛，望望我，說了幾句，聲音很低，我聽不清他說什麼。我緊緊地握著他的手，同時彎下身子，在他的耳邊大聲地說：「老蕭，你瘦了起碼有幾十斤，但是你的骨頭還是那麼硬，沒有少了一兩！」我的話蕭軍聽清楚了，他緊緊地握著我的手，說：「牛漢，我還不會死，一時半時死不了。」我聽不太真，蕭耘為我轉述了一遍。我對他說：「你一定能挺過來，我相信！」我看他渾身疼痛難忍，就放開他的手。聽到他又在哼哼，攀登那個陡峭的峽谷。白被單微微抖動著，在他面前，我又靜靜地站了一會兒，離開病房時，我回頭向蕭軍告辭：「老蕭，我走了。」一走出房門，我禁不住哭出了聲。一星期之後，蕭軍離開了人世。有不少人，在死亡面前表現得很軟弱，他們平順的一生並沒有經受多少病痛，卻時時想到死亡來臨。而蕭軍，直到生命最終的時刻，仍相信自己不會死，相信自己能咬緊牙關攀越過死亡的峽谷。幾十年來，他已經戰勝過多少次死亡了。

蕭軍早已離開我們，但我從來沒有把他與死亡相聯繫在一起。

我和他們兩代人都有聯繫，孩子們也到過我家。前一陣還來，一起照了相。他老婆姓王，東北人，前兩年死的。

45　閒話趙清閣、端木蕻良、駱賓基、沈從文

趙清閣清雅細膩

為編「史料」，我把方殷又返聘回來（還有楊立平、向雲休）。我和方殷到上海組稿，到漢口路附近小弄堂二樓找到趙清閣，請她寫回憶。她在重慶時期和老舍在北碚公開同居，一起從事創作，共同署名。後來胡絜青得到消息，萬里迢迢，輾轉三個月到重慶沖散鴛鴦。胡絜青路過漢中時，我在西北大學的同學何庚去看望他們母子幾個人。舒濟是大女兒。我在 43、44 年就知道

這個故事。我與方殷到上海見到趙清閣，問她能不能寫點回憶錄？趙清閣向我展示老舍 1948 年從美國寫給她的一封信（原件）：我在馬尼拉買好房子，為了重逢，我們到那兒定居吧。趙清閣一輩子沒有結婚。她寫的回憶錄給「史料」發過，這封信沒有發。趙清閣是河南人。

有一次我到上海市組稿，早上在外灘散步時看見她，她一個人，聊了一會兒，她說她要搬家，跟王元化一個樓。後來我到上海，還到她的新家去過，一室一廳。她請我吃過一頓飯。我寫給趙清閣的信，他們後來寄還給我。趙清閣清雅細膩。

1979 年第四次作代會，在政協禮堂，我還把趙清閣引見給周揚，趙清閣說有事要找周揚。我還為趙清閣的集子（河南出的趙清閣的作品紀念集）題寫書名。

端木蕻良的藝術感覺細緻，氣質卻像舊式文人，不像一個東北男子漢

解放初，跟端木蕻良有接觸，一起開過會。端木蕻良掛名在北京市文聯。他的文筆很精緻，有個人的感覺，蕭紅對他有特別的感情。解放後，他比較沉默。1955 年春天，我們去石景山體驗生活，對他才比較瞭解。他的生活很鬆散，我們住一個房間，不到十平方米。一人一張床，一個桌子，他的桌子很亂。我每天洗澡，他不洗。有時，我拉他去哪兒，他才去。他被子也不疊，襪子也不洗，衣服也不洗，就是散漫。我跟他談到蕭紅，他也不願談，因為蕭紅跟駱賓基親近。端木蕻良的氣質像舊式文人，不像一個東北男子漢。他抽煙，很難融入集體。我早睡，他晚睡晚起，我睡下了，他還在那兒抽煙。

解放初端木蕻良沒有結婚，生活太懶散，作為男人，應該要有氣魄，他很難改變。當時他正跟雲南的一個戲劇演員談戀愛，很快就結婚了。端木蕻良的感情問題很複雜，沒有感情就活不成

了一樣，跟蕭軍不一樣。個人氣質不一樣，我也不跟他談蕭軍。

他的藝術感覺細緻。我們體驗生活時，關鍵時刻也下去。他跟人談話很細心。我們住在北京郊區，離西山很近。他說曹雪芹就是住在北京郊區寫《紅夢樓》的。他有時跟我談《紅樓夢》，對《紅樓夢》，他能進入進去，能鑽下去。他的字很漂亮，也很秀氣，比何其芳的字在書法上有成就。

我編「史料」時，寫信給他，請他寫東西，但他懶散得很，雖然，後來他還是給「史料」寫了。我還去過他家，他家在宣武門附近。到最後，他的身體已經行動不便，看著還好，笑嘻嘻的，可行動不便了，走路不行了，下樓也不行了。

端木蕻良在東北作家群裡，是有個性的，風格很鮮明的作家，跟蕭紅相近。他研究《紅樓夢》，有寧靜的一面，這點又不像蕭紅。

端木蕻良就在家裡呆著，喝茶，要不就在床上躺著。蕭紅軟弱，但有氣質，蕭紅也有個性，愛美。丁玲給我談過，抗戰初期，大家都穿一般的服裝，丁玲穿的延安那邊的衣服。但蕭紅穿上海的服裝，丁玲不喜歡她那樣，蕭紅卻我行我素。

我從這些作家的身上吸收到許多精神，他們各有各的追求。蕭軍有些方面跟我相近。

駱賓基不願意回憶

我認識駱賓基很晚。我到他大佛寺旁邊的家，我請他為「史料」寫創作體驗，他表示很為難。老一代作家都不願意寫，蕭軍、艾青都不願意回憶，不願意寫回憶文章，那裡面有太深的痛苦。

沈從文解放後沒有任何創作，只有經他仔細修改補充後的

《從文自傳》

　　找沈從文時，是和舒濟一起去的。他住在崇文門外社科院大樓，我們坐電梯上去。他住三間房，裝修的油漆味還有。在客廳見面，他夫人張兆和在座。沈從文不瘦，臉色紅潤，臉紅紅的，笑眯眯的。他曾在幹校圖博口待過，我們見過面。我說我是牛漢，也叫牛汀，他說他知道。我把編刊宗旨說明，請他寫回憶錄。他考慮半天說，還沒有心思寫，解放後沒有任何創作，只有經他仔細修改補充後的《從文自傳》，讓我們考慮。他說這些時，我非常難受。我接著說那就把《從文自傳》拿來發吧，可以連載。他很寧靜，沒有說什麼。

　　見到沈從文時，我說喜歡他寫家鄉的小說，他寫家鄉的小說很特別。（我寫童年的《童年牧歌》，鄭敏寫信說，南有沈從文，北有牛漢。我是要寫出真正的土氣。我喜歡沈從文的語言，他對我有影響。）

　　第二次去取修改稿，他說有個小序，說明這是解放後寫的第一篇文學作品。他的修改稿也沒有複寫，我就把稿子交給李啟倫──他非常認真，踏實，可靠。沈從文也給我寫過信，因為是談編輯工作的事，都歸檔了。

　　我後來在「史料」刊發了《從文自傳》。樓適夷有意見，嚴文井、蕭乾卻叫好。

　　後來在文采閣開會見到沈從文夫人張兆和，畫家黃永玉也去了。張兆和瘦得很，有人問我那是誰，我說是兆和，他不相信，我就走到兆和面前說：「兆和，我是牛漢。」兆和老年特別瘦，不久她就去世了。

46 且說葉聖陶、朱光潛、施蟄存、趙家璧、 卞之琳、陳殘雲、黃秋耘

葉聖陶：他拿出不少相冊來找，我看見每張照片旁都有蠅頭小楷寫的說明文字。他跪在地上找，那麼認真，我真感動

葉聖陶是《中國》的顧問，是唯一的顧問。丁玲提名，丁玲說，她的第一篇文章是葉聖陶發的。我編「史料」時，也請他寫回憶錄，書也出。

葉聖陶有一個很舒適的家，一處獨家院子，在東四八條。他夫人曾是我們人文社校對科科長，天天上班，穿繡花鞋，步行來上班，她不坐車，很特別。葉聖陶非常典雅。我向葉聖陶組稿，要照片。他拿出不少相冊來找，我看見每張照片旁都有蠅頭小楷寫的說明文字。他跪在地上找，那麼認真，我真感動。

葉聖陶請我喝茶，叫：「蠻子，泡茶」。蠻子是葉之善的妻子，她的兒媳。

八十年代出版社要出誰的書，開始要作者的照片和手跡。我請他寫字，他說我情緒不好，前一陣寫得好，給臧克家了，讓我去找臧克家。我帶著社裡管拍照的到臧克家的家去，說明只須給葉聖陶的手跡拍個照，臧克家好說歹說不讓拍。說送給我一個人的，是唯一的，不讓拍。後來我給葉聖陶說了，葉聖陶直歎氣，搖頭。臧克家這些人專門讓人寫字，有心計。我從來沒有讓聶紺弩寫過字。

我父親說，葉不唸葉，唸石。古人都唸石。我父親說的，但現在通行的讀法都唸葉不唸石。

最後一次見葉聖陶，是在他去世前兩三年。他做了膽切除手術，住院回家後，我去看他。

他說：牛漢哪——過去叫牛汀同志，現在叫牛漢。他說，我

切除膽後，現在沒有膽了，沒有膽了，什麼也不怕了。牛漢，你看過去別人說我膽小，我本來膽小，現在膽都沒有了。膽沒有了，什麼也不怕了，什麼也不在乎了。他過去一直叫我牛汀同志，最後那一面叫我牛漢，我很感動。

因為編輯工作，我給他寫過信，其中有一封信，我誇他老婆，他回信謝謝我對他老婆的誇獎。葉聖陶給我的信也都歸檔了。

朱光潛：他經濟不寬裕，去看病，都是家人用自行車推著去

頭一次見朱光潛，是 1981 年，在北戴河，是作家渡假。我跟他住的樓很近。他年紀大了，八十歲了，頭腦還清楚。我說我是吳仲侯的女婿，他很高興。他跟吳平的爸爸吳仲侯是同學，好朋友。他家當年是在鄉下，常到吳家走動。因為吳平家算有錢人了，每個孩子都有自己的保姆，有門房等。我們頭一次見面時，朱光潛很少談自己的事。我請他寫回憶文章，他答應了。朱寫的回憶文章，後來「史料」都發表了。

以後，我到北大去看過他，瞭解了一些情況。他老婆是四川人，家裡有個老保姆。過去北大的老教授都是住的兩層一幢的洋房。當時，「文革」結束不久，樓上的人還沒有搬走，他家暫住在樓下，很擠。我再次請他寫回憶文章。第二次去，樓上的人已經搬走了。他經濟不寬裕，去看病，都是家人用自行車推著去，沒有車。他說行政上的人，都可以坐車的。以後由別人寫他，經他定稿的，「史料」也發表了。

施蟄存：默默而存，他對中國現代詩有歷史貢獻。

施蟄存是「左聯」時期受批判的人，不受黨信任。他對魯迅很尊重，對魯迅的批評從不反駁，一生一世，我很感動。第一次，我是跟樓適夷一塊兒去的。他家的房子被工廠佔了，生活挺困難的。

　　第二次也是跟編輯部的人一起去的。他起得晚，還在刷牙，因為熟悉了，也不在乎。這次去的是新房子了，很寬，但還沒有收拾好，亂七八糟的，印象很深。這一次談得很投機。我對他很尊敬，他對中國現代詩有歷史貢獻。他的現代詩寫得好，選他詩作的集子不少。三十年代，他從國外吸收了許多東西。前幾年我寫過文章，提到他，說他是默默者存。我們不要忘記他──他的詩，他編的雜誌。他為「史料」也寫了文章。

趙家璧藏書豐富，是個編輯家

　　老作家並不是都樂意寫，往往都要登門拜訪，商量著寫什麼，怎麼寫。如趙家璧，他為「史料」寫過多篇很有史料價值的回憶文章。

　　趙家璧到出版社找我，我便請他為「史料」寫回憶文章。《中國新文學大系》這一套書是他張羅編的，他是主編。趙家璧是個編輯家，人非常好。

　　1985 年前後，我到過他家兩次。他有自己獨居的一幢小樓，很舒適，好像在北四川路。我就住在上海文藝出版社的招待所，我是走著去的。他家裡的書非常多，像書庫，放得很整齊。聊完天，他請我到外邊吃，他有錢，吃得很好，記憶很深。

卞之琳寫得不多，但留得下來

　　我平反以後做編輯工作，八十年代編的最早選的詩就有卞之琳的《雕蟲紀曆》。他寫得不多，主要是三十年代的。他家離人文社不遠，他有時到我辦公室來，主要是選詩編集子。我讓他寫序，他不寫。我非讓他寫，他寫起來很認真，寫得很好。我把《雕蟲紀曆》特別印成精裝，他很高興，說是一輩子的好書。後來書出來了，他簽了名，送給我：「牛漢同志存念」。他不怎麼會開玩笑。

後來我給香港三聯編書，也編了他的詩選。

他寫得不多，但留得下來（抗戰時寫的詩，留不下來）。

我給他寫過兩首詩，收在他的紀念集裡了。一首叫《明澈的眼神》，2001 年寫的。我還有個後記：「去年春天，偕同詩友劉福春看望久違的卞老，兩天前約好了的。卞老由女兒女婿扶著來到客廳。我說他一點不顯老，還是那麼美麗。（照片 42）卞老望著我苦笑。我又對他說，笑得很美。他笑出了聲音，眼神裡突然變得異常光彩。」那時，他走路都不行了，眼睛卻有神。我看他回來就寫了。另外一首詩叫《有那麼一個湖》。最後參加了他的追悼會。

我也請他為「史料」寫稿。

陳殘雲、黃秋耘和我談得很隨便，不迴避文藝界的難題

我到廣州找過歐陽山寫回憶，他又老、又病，記不得是否寫

▲2002 年，牛漢探訪卞之琳（左）時所攝

了。又去找了陳殘雲、黃秋耘等老作家，與這二位談得很隨便，不迴避文藝界的難題。

還發了秦兆陽給作協領導的兩封信，公開揭露領導層的問題。「史料」要真正站在歷史的高度也是很難，決不能迴避，更不可歪曲。

中國作協「反右」是劉白羽、張光年主持搞的，他們能坦誠地寫嗎？

47 也說說周揚、夏衍、茅盾、艾蕪、孫犁、趙樹理

周揚握著我的手說：牛漢啊，我對不起你，我錯了，讓你受苦了，我向你全家人道歉

1980 年「史料」有個紀念「左聯」的專號，還開了個發布會。

周揚在 1989 年夏天去世。他兒子周艾若（當時是魯迅文學院的教務長）來到我家，懇切希望我去送別。

周揚晚年跟我有點交往。81 年在政協禮堂春節團拜，有人來叫我過去，在政協禮堂小休息室，我看到周揚坐著。周揚旁邊有徐遲、張光年、馬凡陀等人。周揚握著我的手說：牛漢啊，我對不起你，我錯了，讓你受苦了，我向你全家人道歉！邊說邊流淚。我說：我也老了，快 60 了，請保重身體呵！我請他為「史料」寫稿。馬凡陀這時也特意和我說了幾句話，聲音嘶啞而低沉。我和他有私交，我去過他史家胡同的家。

後來，我又打過電話給周揚催請他寫回憶文章。我說，你在文藝界領導幾十年，影響幾代人，應對歷史有所交代。他答應了，只是說別催。他說話很慢，聽說和摔了一跤有關係。周揚說，夏衍去訪問日本了，等他回來商量商量，他記憶力好，有些

事比我清楚。「史料」發過周揚答記者問；再後發了幾篇夏衍回憶「左聯」的文章。

夏衍
我對夏衍的態度是：只要是他寫的都發。
夏衍死了，有個追思會。我參加並說了幾句話。

茅盾
當時我還沒平反不便去找茅盾。茅盾的回憶錄是韋君宜去組的。但端木蕻良、駱賓基是我主動去組的。《新文學史料》在我看來，不能只看重「左聯」，應該反映文學史全貌。應該包括各流派的作家、作品，以供大家研究，而不僅僅是「左聯」的作家作品。哪怕有問題可以批評，蕭乾同意我的意見。
茅盾跟秦德君在日本同居。胡風回憶錄有一句提到他到日本時，茅盾與秦德君來接船。我當時決定照發，不能迴避。

艾蕪
艾蕪對「史料」最初很冷淡，謹慎。我每次到成都都去找艾蕪，找過他兩三次。最後一次他住院，先安排在醫院過道裡，後遷小房間。他說他對「史料」有個認識過程，後來看刊物編得不錯，大家反映很好，客觀公允，沒有成見。以後有關資料、文章一定寄「史料」刊用。經他兒子整理的回憶發了一些，但晚年思路受阻，寫得比較零碎。

孫犁保留的唯一一份刊物就是「史料」
我到天津找過兩次孫犁。他很看重「史料」，他說是他保留的唯一一份刊物。還用牛皮紙包著，就放在床頭，不外借。我很受鼓舞。但他不願輕易寫回憶文章。我去看他時，他住的平房，

是《天津日報》的房子，很破，沒有暖氣，家裡也亂七八糟，看著難受。說到「老生代」就得提到孫犁。他活得異常清白，清醒。作協開會他不參加，不參加什麼社會活動。晚年寫得很好，對人生的回憶、雜感，寫得深雋，很有藝術特色。他老婆比他大十幾歲，我們出版社任大心去約稿時誤會了，對孫的老婆問：你兒子孫犁在家嗎？

我晚年很佩服的幾個作家：豐子愷、沈從文、孫犁、施蟄存、彭燕郊，當然還可提一些名字。他們默默而存（說到此，老牛糾正是「默默者存」），思考，他們的作品會留下去的，我還沒有達到。

晚年的孫犁，對人生確實是有了徹底的感悟。

趙樹理

1953 年夏天，艾青讓我過去吃螃蟹。艾青當時是一個人，住在作協東總布胡同，離我辦公室很近。我去了，趙樹理也在那裡。過去也見過趙樹理，只是沒有怎麼說話。螃蟹很新鮮，趙樹理說，過去他沒有吃過。印象最深的是趙樹理的指甲很長，指甲裡還有土，黑的。他用指甲把螃蟹肉掏出來吃，吃得很香。

同年九月吧，我參加第二次文代會，又跟趙樹理見面了，我們還坐在一起。我發現他一會兒出去，一會兒出去，好幾次。會後我問他，他說他小便。我問他是不是有毛病，他說沒有。我知道他是不願聽那些發言，空空洞洞的，當時好像是周揚的發言。以後我也學會了，不想聽的，也出去小便。

我們曾經談過文學，我說他的小說語言特別好，讀來親切，他說他不懂詩。「文革」中，他被鬥死了，很慘。後來，我在「史料」上發他的傳記，他可能是最早在「史料」上發傳記的人。

第十五章　複雜、曲折的
變革年代

（1980 年-1988 年）

48　關於「七月派」和我的藝術主張。
我曾大聲疾呼：消滅了個性，還有詩嗎？

　　1980 年，鄒荻帆到我家和我作了一次誠懇的談話，說我的詩有對抗情緒，希望我不要鋒芒太露。他老婆和我老婆是中學同學。他勸我不要那麼直露的寫，要懂得政治上的利害。他肯定跟綠原也談過。我感激他，但沒有聽從他。鄒荻帆是好人，他的話是善意的。有一次開詩會，他請客。我們到東四路西的飯館吃飯，我們走著去，他跟我談，說他主持的《詩刊》最初沒敢發北島的詩，說上面管得嚴，要我轉告，請北島理解。我轉達了。

　　有一次鄒荻帆，我，還有周良沛，三人去一個飯館吃飯，鄒荻帆請客。我們談到《鳶尾花》，舒婷的長詩。周良沛批評舒婷的詩概念，還說這是「中央的意見」，《詩刊》不能刊發這首長詩。鄒荻帆不客氣地對周說：「是你當主編還是我當主編?!」我在 41、42 年開始和鄒荻帆通信，一直把他當老大哥。解放後在出版社給他出過一個詩集。

　　雖然鄒荻帆很認真地跟我談過，但我還是沒有回頭。1983 年

重慶詩會綠原去了，柯岩主持會議，沒有請我去。

桂林詩會也沒有請我去。公劉就是在這次會議上中風的。我不迴避，從咸寧五七幹校再生後決心做自由自在的真正的「牛鬼蛇神」。杜牧《李賀歌詩集‧序》稱讚杜李詩裡有「牛鬼蛇神」，人間少有的奇特的意象。

個人和集體，沒有個人哪有集體?! 這都是毛澤東把傳統的語言顛覆了。個人主義，就是反對革命。這麼簡單的二元論，很可怕。有一次我大聲疾呼：消滅了個性，還有詩嗎？

我還是感謝鄒荻帆。我和邵燕祥看法一致。

1983 年夏天，我參加中國現代文學思潮、流派學術交流會，在會上我有個發言。本來是沒有準備發言的，但是聽人在會上發言說「七月派或胡風派是有組織，有領導，有綱領的」。說這話的人以為我沒有在會場。我毫不含糊，作了即興發言，立即加以反駁。

▲1979 年 9 月，參加文代會時牛漢與鄒荻帆合影

　　「七月派」的稱號，大概是 1940 年前後在重慶出現的，在當時就帶有一點貶義，這可能與三十年代後期左翼文藝運動中的論爭有關係。1937 年 7 月在上海出版的《七月》旬刊（只出三期便停刊），1937 年 9 月在武漢正式成立了「七月社」，編印《七月》半月刊，後來到重慶改為月刊。

　　《七月》是半同人刊物，作為編者的胡風曾在《七月》上有過說明。經常撰稿人有胡風、蕭軍、蕭紅、艾青、田間、吳奚如、丘東平、曹白、孫鈿、端木蕻良等，後來又加了阿壠、賈植芳、路翎、鄒荻帆、冀汸等，特別在詩歌方面，集合了一些年輕的「初來者」。1938 年初，蕭軍等人都到抗日前線去了，胡風一個人留在武漢編刊物。

　　七月詩派的形成，胡風起了重要的作用。但也不能說是胡風一個人的作用。胡風對於詩，對於藝術有他個人的見解，有真知灼見，辦刊物有組織才能，選稿有自己獨到的眼光，通過刊物吸引了眾多的青年人。但是，所謂「七月派」的作者們當時主觀上

▲20 世紀 80 年代牛漢與廈門的胡風份子孫鈿合影

並沒有意識到這個流派已經形成，或者為了這個流派的形成，他們有目的地在《七月》或《希望》上寫詩。1983 年，就這個問題問過胡風，他表示，當時並沒有這樣想過。但從文學史角度看，「七月派」詩人們在文學創作上，在人生態度上，確實有共同的理想與志趣，客觀上形成了一個流派。

後來，我根據發言，寫成文章發表了。

49　《中國》：從誕生到夭折。還有幾套重要的全集、文集和叢書

《中國》對我來說，更有魅力，也是更能發揮我的長處的新刊物。

《中國》籌備在《中國作家》之前，即 1984 年底。丁玲提出「民辦公助」，由作家自己主持編務，作協只可協助，不能操縱。張光年、劉白羽不批，最後一定要掛靠在作協。但《中國》這個刊物，作協不給辦公地點，《中國》編輯部從創刊到被扼殺，搬了三次家，也不宣傳，不讓你誕生，你一定要，就非要你拼命不可，最後壯烈犧牲。

《中國》創刊批下來，作協才急急忙忙辦《中國作家》。顯然是對著幹。

艾青也不願當《中國》編委，丁玲讓我去勸勸艾青，我到他北京站附近的小院子去過。艾青對我說，牛漢，你不瞭解，我不能參加。後來丁玲說，他和《中國》第二主編（舒群）在延安就有矛盾。

《中國》創刊發布會 1984 年 11 月 28 日晚上在新僑飯店召開，胡風去了，還有簡短發言。

為了協助丁玲辦好《中國》，我想辭了「史料」專辦《中國》。丁玲、艾青等都不贊成，讓我每週去兩天照顧「史料」，

後來就請了胡德培當副主編。

停辦《中國》前有一次會議，作協黨組的唐達成主持，鮑昌在場。《中國》編輯部有我、楊桂欣、鄒進、王中忱、吳濱……王中忱是很踏實堅定的年輕人，鄒進很能幹。唐達成就是來宣佈停刊決定的。這是一次「宣判」的會，會議時間不長，唐達成就是代表中國作協領導來宣佈《中國》停刊，後來還辦了兩期（86年9、10月份）。

馮夏熊政治上謹慎，這個很重要的會我讓夏熊參加，他迴避了。

王中忱原在東北師大，現在清華人文學院當博導。他當時對新銳作家態度鮮明熱誠。他人實實在在，深沉謹慎，但內心十分堅定，現在也不過五十來歲，當時丁玲是通過王震調他來的。

一個編輯部必須有三幾個人忠心耿耿辦刊物。如李啟倫、黃汶，真是忠心耿耿。在《中國》，核心人物除了我就是王中忱、鄒進、吳濱等人。殘雪的《黃泥街》，我看過說好，楊桂欣居然未通過編輯部審議退了，我讓打電報追回來。

鮑昌在青創會上公開說牛漢告洋狀，當時確實有許多外國記者要來採訪。只有日本《讀賣新聞》的一個記者到編輯部來，我拒絕回答。鮑昌死之前向我道歉，其實我們平時見面談得挺誠懇的，上邊一定有批示，他當了官，開會時只能執行上邊的決定。

最後一期，本來在湖南印，馮牧聽說有一個態度激烈的終刊辭，隨即派人去要撤了這個「停刊辭」。我們早已預料到一定有誰早密報了最後一期的內容，於是立刻讓鄒進帶紙型到西安印了幾千份保持原樣的，立刻發到國外，另印了停刊決定的，用來對付作協的。

「停刊辭」的正標題是《〈中國〉備忘錄》，副標題是「——終刊致讀者」，注明是「牛漢與《中國》編輯部同仁共同撰寫的」，落款的時間是「1988年10月10日」，有四五千字，

把《中國》籌備、創刊，改雙月刊為月刊後的發展，以及發現新人，扶持「新生代」作家，在詩歌、小說、文學評論等方面的成就都梳理了一遍。「停刊辭」把為什麼停刊，編輯們的努力等都寫得清清楚楚，充滿義憤：

> 還要我們說什麼！我們還能說什麼！
>
> 我們感謝兩年來所有和我們一起，為繁榮中國文學共同努力的朋友們！
>
> 對那些把熱切的目光投向《中國》的讀者們、對那些把鹹澀的汗水灑在這片園地的辛勤作者們，我們要說，一切都不會過去！
>
> 為我國文學事業的改革努力進行探索的《中國》，得到今天這樣的結局，我們感到十分痛心，但我們問心無愧！
>
> 在這裡，我們借用一位被冤屈而死的詩人的詩句說：
>
> 我要這樣宣告，我們無罪，然後我們凋謝。

我們用阿壟的詩句來結束，真是很悲壯。

劉恒的成名作《狗日的糧食》是我發的，題目是我改的。馮牧在作協大會上公開批評改得不規範，說我破壞漢語。其實他是不懂農民的感情，父親罵兒子都罵「狗日的」。它是一種很複雜而又真實的感情。

殘雪的小說《蒼老的浮雲》，輾轉周折，到了《中國》，我發了。

李啟倫、黃汶一直負責校對，錯別字極少。

《中國》從總印數兩三萬最後降到——萬份左右。1985年8、9月份為了搞好發行，我和搞發行的鮑學超找北京市郵局管發行

的人，表示《中國》這麼先進的刊物，發行 10 萬份沒問題。

　　1985 年到澳大利亞就知道，他們很自由，一個人也可以辦刊物，只要有錢。澳大利亞作家會，平時就一個秘書，一個管資料的，日本也一樣。

　　丁玲跟上邊的關係儘管不簡單，一般作協領導不敢碰她，但丁玲生前對我說過，我老了，等我死了，刊物更不好辦了。魏巍後來在一次會上說丁玲不該讓牛漢來編這個刊物。

　　86 年夏，《中國》在青島開過研討會。北島、多多、遲子建都去了。重慶、上海也來了不少年輕人。本想讓海男來，她沒有到會。

　　丁玲去世後，有刊物辦不下去的傳言。稍後，在武漢還開過一次會，我都去了。我有一個發言，《中國》歷史短，但影響還不小。

　　唐達成去世前參加了一次《小說選刊》的座談會，會上林希

▲黃山天都峰

發言講到《中國》停刊，唐達成隔老遠說，牛漢哪，《中國》停刊你還耿耿於懷啊。我大聲說，你知道《中國》是被迫停刊的，我永遠不會原諒你，絕不會原諒你。有一本書，（按指《唐達成文壇風雨五十年》，陳為人著，溪流出版社，2005 年第 1 版）寫唐達成一生，其中有一節寫我編《中國》跟唐達成的矛盾。寫的大體上是真實的，這個作者訪問過邵燕祥，邵燕祥讓他來訪問我。

中國作協系統的刊物每個月有編輯月會。86 年下半年《中國》停刊前，我代表《中國》去參加。「牛漢哪，你走錯門了。」唐達成對我說。我說，「我沒錯。你走你的路，我走我的路。」

我知道，唐達成的意思是我不要走丁玲那個門。

丁玲死後的訃告說，丁玲被錯劃「右派」，受到嚴重的迫

▲20 世紀 80 年代初，廣東。《中國新文藝大系》（中國文聯出版社出版）雜文卷部分編委合影。主編為曾彥修（左八）、還有秦牧（左四）、藍翎（左三）、王景山（左五）、牛漢（右四）等。

害、打擊。鮑昌傳話說要刪去「嚴重的」這個詞。（1986 年 3 月）於是，所有「嚴重的」提法都去掉，只有我們《中國》還堅持按原樣發。又打報告要在遺體上覆蓋黨旗，上邊也不同意，只能覆蓋一面「北大荒人」。丁玲追悼會由習仲勛宣讀悼詞。王蒙參加了丁玲的追悼會，並把小說稿給我。《中國》發過王蒙的短篇小說。

在那個時期，我同時編《新文學史料》和《中國》兩個刊物。工作很累，當時我還編了幾套叢書。

一套是和香港三聯書店潘耀明（現《明報》主編）合編的「中國現代作家叢書」。大陸出，香港也出。那時張伯海為現編室主任。陳早春還未提上來。張伯海剛從山東大學調來不久，1981 年入黨。我找過唐弢、李何林，在東中街閱覽室開過一次會，談到一些流派：「白洋澱」、「七月」、「山藥蛋」、「九葉」、「新月派」……還有現代派詩選，應該編輯出版，每個流派出一本，後來都出了，請孫玉石、藍棣之當主編。（81、82 年）

還編了一套「中國現代文學名著原作重印叢書」，也有 10 幾本，是唐弢提議出版的。

韋君宜在 80 年初，還要我擬定人文社現代文學出版規劃，「叢書」、「全集」、「文集」、「選集」和單行本。我認真擬定了一套編輯出版規劃，報胡喬木，後來陸續都出了。規劃中本來有「丁玲全集」和「沈從文文集」等被勾掉，都降了一級出版。《胡風評論集》通過了，但「後記」出了些問題。胡喬木親筆批《周作人選集》暫緩，怕出現「周作人熱」。其他《茅盾全集》《郭沫若全集》《老舍全集》等等都陸續出了，當時印的都不少。《瞿秋白文集》編輯組組長是王士菁和我，中宣部任命的，他在前，我在後。

還提出「新文學史料叢書」。聞一多家人在棉花胡同。我找聞一多夫人高真，要來了「聞一多書信集」。後又要來了「朱自

清書信集」。朱自清在倫敦待了兩年多，與一位洋女人關係好，他兒子整理時刪掉了，為賢者諱吧。

由《從文自傳》派生為後來的「名家自述叢書」。包括茅盾、巴金、老舍、丁玲、胡風、秦牧、冰心、草明等，左翼的不多。

為了完成繁重的任務調了一些人：方殷、向雲休（土家族）、楊立平、舒濟等等。

我這一輩子，特別是建國後，編的兩個刊物都不執行為政治服務的方針，只登作家的好作品。編刊不做違心的事，因為我受五四的影響很大。我編輯的刊物，真複雜，幾次有人想撤我，沒有撤下來，一輩子都這樣。《流火》辦了一期，《中國》雖然只有兩年，但是影響很大。丁玲在時，就如此；丁玲死後，也就停了。很受氣，但我從不後悔。

50　丁玲比較複雜，中國的大人物都如此

我的第一本詩集《彩色的生活》是胡風給編的，親自加了一些內容。那時我們尚未謀面，我終生感激他對我的激勵與理解。

胡風很深沉，不容易探尋他的內心，但他對我寫詩有影響。艾青比他親近一點。胡風從來不和我談毛澤東、共產黨，不說反黨、反毛的話。聶紺弩對我的影響很深切，他是天地人間很真的一個人。我和紺弩什麼都談。他與我父親同歲，性格相近，但比我父親心胸博大。雪峰對我一直有親切感。與丁玲的交往就很謹慎，她太深廣了。

丁玲比較複雜，中國的大人物都如此。

丁玲的媽媽很好，思想開通，從小家教很好，五四後離開湖南，最後到北平，到上海。那時，丁玲這樣的人很多，像我父親，滿腔熱血參加革命。

1937 年，我在太原聽過丁玲演講，是我的二舅帶我去的。丁

玲那時三十多歲，穿的棉軍裝。許多年後，我曾說起此事，我說
當年丁玲穿的棉大衣，陳明糾正我說是棉軍裝。

　　1953 年我從部隊回北京，參加作代會認識了丁玲。但是，與
她的交往並不多。真正多起來，是因為編《中國》雜誌。

　　丁玲沒有官架子，從來不板著面孔說話。我編《中國》時，
她不常在北京，有時候到外地去住一陣子。她在北京時，我經常
請教她。她住在復興門二十二號樓。胡風是二十四號樓。我住在
東中街的時候，還帶著外孫女去看過她。

　　她的生活很簡樸，昨天剩的米飯和菜混在一起煮煮就吃。她
住的地方也很簡陋，有一張床，像臨時搭的一樣，一張破爛的籐
椅，書架子也很簡陋。我感覺好像永遠在流浪，像是沒有定居一
樣。可能是一輩子的奔波，沒有安定的生活造成的。她也沒有什
麼講究的衣服，馬馬虎虎。在這樣的情況下，她還在寫長篇，雖
然沒有完成。

　　陳明不大說話，也很少插話。但有時候，能聽到他們談一些
家事。有一次，丁玲談到陳明的孩子。雖然具體記不起來了，但
能感覺到丁玲很關心陳明的孩子，很開通，很有人性，人情味很
濃。

　　1985 年 5 月上旬，我和丁玲、陳明等（還有翻譯和中國作協
創研部的人）出訪澳大利亞。6 月上旬回國。那年她已經八十一
歲了，坐飛機十四個小時，真夠嗆。但她身體還好，走路還可
以，我們一起轉。我想，她年輕時一定是個生動，開朗，活潑，
非常有生命力的人。

　　在悉尼，我看見她買冰棍吃。那個冰棍很大，有三四個中國
的冰棒大，她吃得很香。她有糖尿病，卻不在乎，這一點能看出
她的性格。

　　丁玲粗中有細。我們訪問澳大利亞回來時，在香港待了一
周。本來住大飯店，後來搬到三聯很普通的招待所。丁玲說大飯

店可能有監視，我們住在三聯，就像住在自己的家裡一樣，很隨便。在香港，香港文藝界的會，香港人文大學召開的會，我也去了。丁玲每次發言都很簡短。文化界開招待會，問起《中國》的編刊情況，丁玲讓我講，我就講了。

在紀念「左聯」的活動中，丁玲寫了回憶瞿秋白的文章，上邊不同意《光明日報》發，後收入紀念集。

1983 年冬有所謂在思想戰線上「反對資產階級精神污染」的問題。在中宣部主持的一個會上，張光年、劉白羽他們發言，丁玲在後面就他們的發言說幾句表態性的話。結果發表時丁玲成了打頭的，他們縮在後面，要她承擔「左」的責任。很陰險，很可怕。丁玲對我說，以後發言可要注意。

王蒙寫過丁玲，片面，他不完全瞭解丁玲。丁玲「左」的話，為什麼同意讓一幫年輕人負責編《中國》？

我對丁玲很尊敬，把她當長輩，也感到很親近，沒有下級對

▲1985 年 5 月，牛漢隨丁玲出訪澳大利亞，在悉尼大學所攝。左起：白潔明（澳大利亞漢學家）、陳明、丁玲，陳明仙，牛漢

上級的感覺。大家都叫她丁老太。丁玲臨死前幾天（在協和醫院），我去探視丁玲。我高聲喊：「丁老太，我來看你來了。《中國》出來了。」我給她送《中國》去（那一期有我寫她的一篇文章）。她睜開眼睛，望望我，用手摸了摸新出的那本《中國》。那天王震也去看她。丁玲的形象還挺好，沒有老人斑。這一印象深刻，她並不怎麼瘦，但是有腳墊，是灰指甲。這看出真是一個經歷過苦難的人。

丁玲不是一個學院派的人。她的文章跟她的人一樣，沒有框框，很灑脫。丁玲人很聰明，感情生活（丁玲跟瞿秋白感情深，瞿和丁最好的朋友結了婚），政治生活都經歷過，是一個很敏感的人。她是經歷過五四的人，看到了歷史的複雜性。

丁玲在 1938 年受到批判。丁玲跟我談過，她的問題早就有結論。陳雲是負責人。但是，延安的結論周揚他們都不理。上邊對丁玲有看法，沒有把她當成黨的人，把她當成了異己。1957 年以後，讓她到處勞動，1984 年才平反。我覺得她的晚年是不顧一切了，回到年青時的心態，讓我來編《中國》。我對毛澤東的看法，我跟丁玲談過。如果我到延安，可能比她還慘。邵燕祥跟我說，如果我去，也不是現在這樣的人了。賀敬之到延安「搶救」了一年。他比我還小，十六歲去。在當時那個情況下，有些作家不去，選擇了到軍閥的地盤兩廣去。解放後，中國的作家，花那麼多時間改造，寫交代材料，想起來，只能說是毀滅，是摧殘。

1985 年冬天，《中國》開過一次編輯會，改成月刊。丁玲意識到了，她去世後，《中國》肯定要被停刊，或者改變領導。《中國》內部也很複雜。舒群做主編之一，他對編輯稿件不熱心，來到編輯部就總吵架，不斷在刊物中製造矛盾。為使刊物工作正常開展，丁玲讓我做《中國》的執行副主編。

丁玲很謹慎，辦刊物，很認真。她知道難，但我了卻了她的心願，沒有背叛她。

51　中國文學的老生代和新生代

1985 年的冬天，在《文藝報》召開的一次座談會上，我第一次談到了這個詩歌創作領域裡出現的現象。當時無法給以命名，就以「新生代」概括它的氣勢。那三五年，詩歌創作空前繁榮。當時在北島、舒婷、江河、顧城、楊煉等為代表的朦朧詩人以後出現的一批新的詩人，他們的風格不僅與「文革」前的作品，就是與朦朧詩也有很大的不同。

新生代這一批人，文化素養一般都比他們的上一代詩人高一些。他們之中至少有半數是大學生，沒有經歷過文化長期被禁錮的年代，接受的文學以及文學以外學科的影響較廣泛，看得出他們讀了許多外國優秀詩作。

《中國》有幾期集中刊登了新生代作者的詩。我在 86 年的一篇文章專門談到他們（《中國》1986 年第 3 期）。他們不追求詩下面的凝結，排斥那種沒有激情的冷漠製作，不喜歡外在的修飾，追求藝術的自然的形成。我讀他們的作品，有些是很完美的。他們的詩，節與節之間是共鳴的整體，無法肢解，只能激動地看完了全詩，才能真正進入和領略詩的情境和內涵。

這種活生生的藝術整體感，過去並不多見，倒是在我國古典詩詞中能讀到這種透明無瑕的精品。新生代詩人的作品給人的不是形象的理念，而是一個使心靈顫動的、迄今為止人世間還沒有的、令人神往的精神境界。

在提出「詩的新生代」後，我又提出了「老生代」。比如季羨林、金克木、馮亦代、汪曾祺、王蒙、林斤瀾等都是，有幾十個之多。他們在散文和隨筆的創作中形成了一支重要力量。他們活了快一輩子，大多經歷坎坷，多半在各種政治運動中受過折磨、被衝擊過，是這樣那樣的「份子」，他們對人生和世俗、名利的東西看得清楚了，到了老年真正發現並擁有了自我。當時，

他們的年紀大多在六十以上。因而稱得上「老」了。為什麼又稱為「生」呢，人常說「新生」，有誰說過「老生」？榮格說：「老年與童年很相似。」我很理解這句話。老生代在經過多年的身心折磨之後，有一種生命上升或者再生的感覺，是猶如新生一般的。

「老生代」的出現是中國的特色。「老生代」們的成就不是一步一步上升而成的，而是幾十年沉默中的感悟爆發出來的異彩。應該感謝歷史為中國保留了這些真正的精英，不過付出的代價可太大了。

我跟「老生代」作家往來還是不少的。有些不全是替「史料」組稿。像季羨林，跟我舅父是同學，說我舅父足球踢得好。我們是晚輩，過去沒有看過他的作品。他過去作品很少，年輕時肯定寫過詩，解放後主要是以學者、語言學家的身分出現的。晚年寫散文隨筆，沒有給「史料」寫過東西。因為跟《新文學史料》關係不大，沒有把他看成作家，是當成文化的研究者來看的。我沒有為「史料」向他約稿，純屬個人交往。我到過他家，家裡灰很多，在家裡看到他吃飯，還不如我們家。有個五六十歲的婦女照顧他。那時，他告訴我，他每個月二千不到。後來到北大看他，參加他九十歲祝壽會，看到家裡的情況，心裡很沉重。有一次，他打電話給我：「牛漢，你的《換眼記》我看了，寫得很好，我也應試著換了。」後來他也真的換了。

張中行開會常見面，但也沒有給「史料」寫過東西。

52 朦朧派、新生代詩人對中國詩歌的貢獻不可磨滅

北島他們被稱為朦朧派，其實不朦朧。這稱呼是為批判提出來的帶誣衊性的稱呼。我在 1981 年當時就不同意這麼說。在《文

藝報》的座談會上，我發言時談到朦朧派這不是流派，是一種創作現象。我說朦朧派人數不算多，而新生代是一大批，更自由，更開闊。北島他們還有目的地抗爭，個性有點隱藏，而新生代是張揚個性的，沒有什麼框框，一出現就很生氣勃勃。每個時代都有新生代。我寫了文章在《河北師院學報》上發了。

兒子史果有個四中同班同學龔繼遂。「文革」開始時北島是讀四中高一，史果和龔繼遂在初三。76 年「四人幫」垮台前後，我在聶紺弩那裡見到一個年輕人，叫劉羽，他說他認識的一個年輕詩人想認識我。「四人幫」垮了，我一個人住鐵道部第二住宅區 44 棟二樓，吳平還沒從漢口鐵路中學回來，兒子正在回調，我要上班，家裡亂得很。龔繼遂領著北島幫我打掃房間，刷房子。刷完房子就煮一鍋麵條對付一頓。

龔繼遂、北島都把寫的詩給我看，又從我家拿書去看，如西班牙詩人《洛爾迦詩抄》（戴望舒翻譯，薄本）。我從幹校帶回來的詩北島也看。他的詩跟我的相近，悲壯的、抗拒的。後來可以看出北島的詩受洛爾迦的影響。我與北島不是我影響了他，他影響了我，是相互影響、促進。

北島還跟我談到食指的詩，我也認真看食指的詩。食指早期崇拜賀敬之。我那時還沒完全平反，還要向派出所彙報。我叫北島別帶人來，所以我沒見到食指等人。八十年代以後開會時才認識，食指把他和另一個人合出的詩集送給我。

吳平在 1976 年年底回來了。有一天北島帶蔡其矯來。蔡其矯拿來一本詩稿，寫得很有個人的風韻。我從前知道蔡其矯。1953 年史達林死時我編過一本詩集，其中有他寫的《在悲痛的日子裡》，還用這篇名做了書名。

1976 年夏天的一個下午，艾青由蔡其矯引路來到我家。我們靠在床邊的方桌盡興地聊，一塊兒吃了頓簡單的晚飯。

北島經常來我家裡。他在見我之前已認識艾青。大概是 1979

年夏天，舒婷和艾青、北島、蔡其矯去了北戴河。1977 年《今天》創刊，龔繼遂把《今天》一、二期原稿都給我看了。我看到有蔡其矯的詩。我說很好，但我當時還是「反革命」，不能沾邊，免得給他們添麻煩。

後來他們又在玉淵潭樹林裡搞詩歌朗誦會，龔繼遂他們都去了。邀我去，我沒去。我說我還沒有平反，身分不合適，參加了對他們不好。

江河、楊煉他們以後才逐漸認識，是在八十年代我編《中國》之後。1982 年我搬到人民文學出版社的東中街宿舍，他們來過我家。

我記得《中國》第一期出版，我乘汽車送到北島家。他不在家，他爸他媽在。北島爸爸是民進的幹部（處級）。他們跟馮亦代住在一座樓。北島小時候常到馮亦代家借書。北島老家是浙江湖州。北島長得像他媽。我去北島家時見到過他的妻子邵飛。

1986 年夏天《中國》要停刊時，北島陪我去找過王蒙。王蒙為《中國》被停刊表示惋惜，他很肯定《中國》。

我編《中國》時，北島他們還帶來過顧城的詩。顧城自己也寄詩給我，後來發表了不少。顧城本人也見過兩三次，顧城小孩子似的。1977 年時他編了小報在西單廣場等到處張貼。在西單一次開會後，顧城和謝燁跟我聊了很久。顧城小個子，大眼睛，聰明，機靈，在一塊話不多，眼睛一閃一閃的。我由此知道顧城和謝燁生活有困難。顧城說活不下去，吃飯家裡都嫌謝燁。北京中國作協每月資助顧城 100 元，我給北島每月開 120 元（以《中國》編輯的名義）。我跟北島去上海出差，當然也一塊給他報賬。

後來顧工來過電話，希望多關照顧城的意思。最後顧城出國是必然的。

顧城和謝燁悲劇發生後，舒婷到我辦公室來過。她和我有共同的認識——他倆不願回國，在那裡又活不下去，孩子也養不活，

活得艱難，商量好了一塊兒死，不是謀殺，也不是因為感情糾葛。舒婷和顧城也是好朋友，她很瞭解顧城。他們一塊兒出過詩集。

1949 年出生的北島和 1952 年出生的舒婷的詩不是一路。前者理性，硬一點，後者感性，軟一點。前者的詩句可選作座右銘，後者的詩讀著親切。北島的詩有力度，筋骨人寫筋骨詩，有彈性；舒婷詩柔性，細膩；顧城和舒婷詩相似，靈活，他的詩是夢幻之作。謝燁溫順，寧靜，漂亮。

舒婷說話厲害，不饒人。熟悉後問她會不會欺負丈夫，她說怎麼會呢，我們廈門女人在家裡都是賢妻良母呢！1978 年我認識她丈夫，在揚州開會認識的。人顯得精幹。舒婷寄詩給我，《中國》創刊號就有北島和舒婷的詩。舒婷的詩寫得寧靜，真切，但後來沒有大的突破。

北島冷靜、深沉、堅強，食指、顧城都有點神經兮兮的，熱誠，敏感。顧城讓我十分懷念，謝燁的悲抑的神情很難忘。

江河秀氣，字寫得靈巧，有文化內蘊。北島凝重、深沉，寫字一筆一畫很嚴謹、工整。他自己也不苟言笑。楊煉寫行書，隨隨便便。我搬到東中街後，住朝陽區北京畫院的北島更常來了。北島在我家吃過不少次飯，我老伴做的，不好，但在一塊兒，吃得很香。他很能吃。

楊煉父親是國際關係學院的幹部。楊煉聰明，機智，知道迴避，寫內涵深遠的神話，不像北島，正面去抗爭。我從北島的話語間感到他們中間有點不協調，不和諧。

多多（男）現在該有五十歲了。我是 1986 年夏《中國》在青島開會時認識他的。北島、遲子健、格非也去了。北島很肯定多多的詩，說文章寫得也好。我們一塊兒坐火車去青島。坐火車北島願意睡上鋪。多多談得深，很有見解，談葉芝的詩，畫，很聰明。在會上唱歌，嗓音很渾厚，他唱俄羅斯抒情歌曲。小夥子，壯實，1.78 米左右，面孔紅潤。前兩年見面，他頭髮都白了。

《中國》發過他評北島的詩，有見解。多多現在海南島大學任教。海南大學辦得比較開通，中文系接納了不少比較開放的評論家、作家。曾卓的女兒萌萌，也在海南大學教學，我去過。多多的詩寫得有分量，感情很深，凝煉完美。楊煉的詩開闊、靈慧（不是靈巧），意象飛騰，翅膀看不見，追求遙遠的大境界，但不是理念的。多多人比楊煉年紀大點，詩也老練一點。多多有點理念，像北島。與多多接觸不多，但印象難忘。

顧城總在眼前一閃一閃的，楊煉是遠景，可望而不可即。我跟楊煉談過。我的印象只是過去的印象，過去的理解。北島的詩沒有突破，但散文寫得開闊。

翟永明應該是靠近朦朧派的詩人，她在成都開酒吧。《女人》、《母親》藝術上很完美。

唐曉渡在《詩刊》做過編輯，後離開《詩刊》。我們82年就認識。他曾訪問過我。他到我家吃過飯，一個大瘦子。我以茅台酒、肘子款待，他特別高興。對現實，他態度鮮明，政治上不含糊。現在50過了。他現在的老婆很好，安靜。沒到過他家——搬遠郊了。他有時來我家。他是詩歌界有見解的人。唐曉渡的詩文都有境界，有批判力。唐曉渡、北島都給人挺拔的感覺，詩文都有力度，是直立的人。

劉湛秋是個聰明人，詩寫得也靈活，但沒有活得像唐曉渡、北島他們那樣嚴正、挺拔。他的詩也不強調政治。不嚴正，很開通，隨便。八十年代寫得多，九十年代以後寫得少。

於堅在《中國》發過詩。他當過工人，在雲南文聯從事評論。于堅、伊沙的詩開拓開放，不顧一切。粗糙，但粗得有靈氣。一塊兒開過會，見過不少次面。我覺得他們願意這麼寫就這麼寫吧。他們追求粗獷自由，不喜歡溫柔恭儉讓。我信任他們的開創精神。

西川人與詩都深沉，是個思路開闊深遠的人。他給《中國》

投稿，是從來稿中選的，當時他讀北大西語系，多次到過我家。這二三十年來很努力。原先對意境很講究，凝練，最近有了變化，顯得開闊，隨意，把中國詩歌傳統的形式、意象都突破了。對他的詩，我還要琢磨琢磨，沒有吃透。他正在變化。他知識淵博，繪畫、宗教、音樂各方面的書都看。他朗誦很好，聲音不大，感人，感情投入，不光靠聲音。在當前中國詩人中，他是有深厚修養的人。現在他在中國美院教書。他活得很豐富，灑脫。西川不是浮躁的人，容納的東西很多，學者型，可能成大器。

西川原來的老婆很漂亮，現在的妻子是做雕塑的，很樸實嚴謹。西川的生活和北島不能比，北島是一個不會賺錢的人。

王家新是個有血性和脾氣的人，不應付場面的人。他的詩寫得直，很認真。詩比較感性，他為人樸實，真誠，堅定不移，從不隨便應付場面。武漢大學畢業，曾借調到《詩刊》，現在北京教育學院當教授。重感情，真誠，他一條道走到黑，固執，最近好些。當教授一定很用心。王家新沒有進入市場，近年他編一些書，多為評論。他編了課本，參考材料。但他的個性、詩幾十年未大變。他不是個多產的人，也闖蕩世界，但有點書生氣，不會張牙舞爪。他開會說自己的觀點，毫不含糊，不輕易隨便說話，有點固執。靜靜地生活，走路，沒有大動作。

這些人現在都是中國詩歌的骨幹，最有生氣。我還可以評述許多詩人，不下二三十個。

朦朧派、新生代詩人對中國詩歌的貢獻不可磨滅。他們現在正當壯年，今後也許各走各的路，很可能有各種變化，很難說。

第十六章　天安門事件前後

（1989 年-二十世紀末）

53　「最後一課」、兩套叢書與
　　第 16 屆世界詩人大會

　　1989 年 5 月我到武漢大學開胡風研討會，然後到西安參加丁玲研討會，急急忙忙趕在 6 月 2 日回北京。這是為了趕回來在 6 月 3 日上午到復興門外的部隊招待所，給魯迅文學院幾百個臨時的學員講課。我還開玩笑說，這是「最後一課」。那天還有意順路到天安門去看看。車到永定門不讓走了。我就下來（南池子口上）步行，一路走一路看。天安門廣場上人很多。

　　我的態度很明確。我說任何群眾運動都難免混進一些居心叵測的壞人，但群眾反官僚特權、反貪污腐敗有什麼錯！我的態度毫不含糊！

　　嚴文井晚年大徹大悟了。在前兩年，在追悼他的會上，他女兒把我叫到一邊，說我爸爸晚年特別提到你。我看過文井晚年寫的從心靈深處吐訴出來的異常純正的人生感悟，每則文字簡短犀利，如光亮的結晶體。他說不宜發表，但這些散文詩他女兒那兒會有。

　　我在武漢、西安看到大街上的遊行隊伍。在丁玲研討會上，杜鵬程作了簡短而真誠的發言。

　　「六四」前，二三月份吧，為魏京生鳴冤抱屈，給中紀委、人大上書。三十三人簽名：北島、邵燕祥、冰心、嚴文井、吳祖光、季羨林等等，我牛漢是第三個。舅舅看到這個名單後說，你這次又糟了。

　　關於33人為魏京生辯護的公開信，香港《解放》雜誌登了。這封信肯定找得到，邵燕祥那兒有。這次簽名是北島張羅的。後來，去武漢開會前，在南方某報當記者的王丹還到過我家採訪。我和他談到，中國有一個「老生代」，他們經過幾十年的歷史考驗，已是大徹大悟。我提到嚴文井、蕭乾、季羨林、王蒙、邵燕祥（均已五六十歲以上）。在這個特殊的時代，老年人有親身感受，只有這時才能寫出來。王丹也是香港《商報》特約記者。許多國內報刊都轉發了他對我的關於「老生代」話題的訪談。

　　魏京生給我寫過信，想見我。我說處境太複雜，沒有敢見。我還是君子坦蕩蕩，但不能糊塗，須清醒地活在人世上。

　　這以後，我又編過一些書。

　　《經濟日報》出版社1998年出過《思憶文叢》，顧問有季羨林、李銳、嚴文井等，編委有謝冕、王富仁、錢理群、邵燕祥等。《經濟日報》總編為這套叢書被送到中央黨校學習。別人告訴我，他不懊悔，說：我為中國的民主打開一條血路。這套叢書是我和北師大的鄧九平為主編，鄧九平是北師大比較開通的一個人。主編我本不想當，請季羨林任主編。但季羨林卻建議我充當。我說好吧，我承擔一切後果。結果是《經濟日報》出版社的總編輯被撤了，錢理群的博導也被撤了。

　　編委裡有許多人很有辦法，北大檔案裡有當年劃右派的檔案原件，當時「右派」的發言都有，十分珍貴。

　　書出來後，我請他們送政治局五套，新聞出版署五套。有人聽了一次傳達，據說江澤民對這套書說了話。江澤民指示：這套書希望不要再重印了。梁衡當時是新聞出版署的副署長，來電話

說「我看沒什麼問題」。

我決定一篇宣傳都不寫。《明報》潘耀明說香港震動很大，請我寫文章，我婉謝了，後來錢理群寫了一篇。

澳大利亞白潔明（猶太人，漢文好）打電話說這套書很好，他買到一套。美國也有建國後歷次運動的受害家屬來電感謝。

這之後有：《歲月文叢》三本（北京出版社出版），季羨林主編，牛漢、鄧九平執行副主編。母國政當責編。他說，我從崗位快退了，退之前編這套叢書吧，豁出去了。

這套叢書大約印了一萬本，反映很好。為歷史、為民族、為文化留下史詩式的材料，幫助後人瞭解這段歷史，也為冤死的人留點清白，洗刷他們的冤屈。

這兩套叢書是我編輯工作的尾聲。

整個八十年代，我都是在思考中過來的。思考得很多，往根上說也無非是三個問題：什麼是人？什麼是詩？什麼是歷史？許多時候很痛苦。結果使我對人，對詩有了整體的歷史的徹悟：必須這樣做人，做這樣的人；必須這樣寫詩，寫這樣的詩！必須這樣站在歷史面前！隨之而來的是與過去決裂。現在我活得乾淨，完整，自在，對詩，對美醜等等，都有了毫不含糊的看法。

1996 年 8 月 23 日，去日本參加在前橋市舉行的第 16 屆世界詩人大會，台灣也來了七八個人。咱們去了十幾個人，劉湛秋、呂進、傅天琳等，訪日一周。在開幕式上，我有個題為《談談我這個人，以及我的詩》的發言（收入《牛漢詩選》，作為代序），譯成日語、英語發表。我說：「在大千世界中，我渺小如一粒遊動的塵埃，但它是一粒蘊含著巨大痛苦的塵埃。也許從傷疤深處才能讀到歷史真實的隱秘的語言。我多麼希望每一個人都活得完美，沒有悲痛，沒有災難，沒有傷疤，他們的骨頭，既美麗又不疼痛。為此，我情願消滅了我的這些傷殘的詩。我和我的詩所以這麼頑強地活著，絕不是為了咀嚼痛苦，更不是為了對歷

史進行報復。我的詩只是讓歷史清醒地從災難中走出來。」

在日本的第十六屆世界詩人大會的開幕式的講話中，我還談到我的夢遊和夢遊詩。

我說：「（由於被打擊），我的顱內有淤血，血塊壓迫神經，使我成為一個夢遊的病患者，已經折磨我半個世紀。夢遊幾乎成了我生命的特徵。夜裡夢遊，白天也夢遊，我成為一個清醒不過來的夢中人。我癡情地寫著詩，在詩中我追求的那個遙遠的藝術境界，與夢遊中幻影般的

▲1996 年，牛漢在日本前橋市世界詩人大會開幕式上發言

境界在冥冥之中毗連著，既真實又虛幻。因而使我活得更加恍惚，分不清我是在夢遊，還是在寫詩。說我是在夢遊裡寫詩，在詩裡夢遊，都不算錯。我有一首長詩，就叫《夢遊》，寫了許多回，很難定稿。日本詩人是永駿教授把它譯成了日文。但是，由於詩的神奇的作用，夢遊中的幻覺和經歷，已不完全是由於病症引起的生理現象，倒更多地成為一種與人生的感悟相滲透的隱秘的心靈活動。由於夢遊，幾十年來，我彷彿變成另一個十分頑強的人，有了兩個生命，一個生命是固有的，另一個我是從佈滿傷疤的軀殼中解脫了出來的。我一生寫詩，就是希望從災難和歷史的陰影中突圍出來。夢遊和夢遊詩給了我信心。」

在湖北咸寧五七幹校後期，我以為能拼命寫出幾首詩也就是維護人，維護詩，是對那段黑暗歷史有力的控訴與反擊。那時候，每寫出一首詩，我都要快活好多天。

從 2002 年 12 月起，人民教育出版社在教科書中開始收我的

作品。如《華南虎》分別收入語文課標七年級下冊和語文修訂本‧必修語文課本第三冊，《我和華南虎》收入語文課標七年級下冊教參，《悼念一棵楓樹》收入九年義務教育四年制初級中學教科書語文第六冊，《我的第一本書》收入語文課標八年級下冊，《高粱情》（節選）收入九年義務教育小學語文第九冊，《一切仍在疼痛的歷史傷疤》收入九年義務教育四年制初級中學教科書語文第六冊教師教學用書，《沒有形成的詩的劄記》收入九年義務教育四年制初級中學教科書語文第六冊教師教學用書，等等。

有人告訴我，他們開會時爭論很厲害。去掉一批人，加進一批人。我是加進去的。散文、詩歌都有。

54 一個讓人感動的、很特別的日本人
——秋吉久紀夫

1998 年 2 月，在北京朝陽文化館有一次隆重的聚會。日本大阪大學的教授、一個相當權威的漢學家秋吉久紀夫，把他翻譯了詩作的在北京的中國詩人，或者這些詩人的後人都請去了。馮至的兒子，卞之琳的女兒，何其芳的兒子去了，戴望舒的女兒也去了。戴望舒的女兒快六七十歲了。我對她說：「我見過你爸爸。」她說：「我記得，人大校長派你來看看我們有什麼困難。」戴望舒在香港坐過牢。他不是一個消沉的人。從人品到詩，都站得住。死之前，回到大陸。我喜歡他的詩。感謝上帝，讓我見到他。我們十幾個人在文化館喝茶、聊天、吃飯、合影，真是一次很莊重、也很愉快的聚會。

秋吉久紀夫是個讓人感動的人。他用自己的錢翻譯、出版了十個中國詩人的作品：馮至，何其芳，卞之琳，陳千武（台灣），穆旦，艾青，戴望舒，阿壠，鄭敏，牛漢。沒有胡適、沒

▲21 世紀初，牛漢與日本學者秋吉久紀夫合影

有郭沫若，連徐志摩都沒有。可見是比較能體現個人風格的選本。他完全按他自己的觀點選這十個詩人的作品來翻譯。我的選本中，從早期的《鄂爾多斯草原》到七、八十年代的《悼念一棵楓樹》等都有。後來，我到日本去，看到在書店裡賣的，還有他編的這一套書。

　　這個日本人很特別。他告訴我，他並不是靠有錢人的贊助，而是把家裡的家產，幾乎都拿來出了這套書。他翻譯得很認真，為了譯得準確、生動、傳神，他幾次到中國來訪問，訪問詩人本人、家屬，以及詩人的家鄉。他到過我東八里莊的家好幾次。我還給他寫了信，介紹他到我的故鄉山西定襄縣縣委招待所去。他見到我的家，我小時候的朋友，還跟我的小時候的朋友喬元貞照了相。後來他給我寫過信，說定襄縣的玉米好，定襄的玉米是天下最好吃的。他吃了很多。

　　他也到過雲南。每個詩人的家鄉他都去了，真不簡單。最後

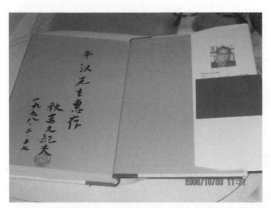

▲日本學者秋吉久紀夫將自己選譯並已出版的
《牛漢詩集》題贈牛漢

到北京來，找到詩作者或家屬，由他請客，促成了一次愉快的聚會，真是難得。

　　一個外國人，一個日本人，不遠萬里，不辭艱辛，為了向日本的讀者介紹中國的文學，介紹中國的新詩，耗盡家產，費盡心力，這種精神，這種勇氣，這種毅力，難道不是很值得我們感念和深思麼？

55　寫《童年牧歌》，我迷上了散文

　　童年時，祖母曾譏笑我「鬼迷心竅」。小時候迷畫，又迷泥塑，然後是迷詩。上世紀八十年代末，九十年代初，迷上了散文。有人說，詩人「轉向」寫散文是一種衰退現象，說明詩的不可救藥。這是不懷好意的話。就我的情況來說，寫散文同樣是一個詩意的世界，寫散文也有著寫詩時的那種激情和躁動。

　　大約在 1988 開始寫童年。第一篇是《人民日報》文藝部劉虔約的《綿綿土》，得了個二等獎。劉虔對我說，一等獎的文章裡有社會主義，《綿綿土》只能列入二等。

　　我寫童年，我不是返回童年，而是創造了一個童年世界。這是詩的世界，是詩意的世界，並非遠在生命的背後，並不是過去了的，並不是只能憑回憶才可顯現出來的那些淡遠的景象。我的童年，居然還一直在成長，甚至在老年的生命中成長著。我深深地感悟到，童年和童貞是生命中天然的素質，它具有萌發生機的

天性，永不衰老，堪稱是人類大詩的境界。

在我的心目中，那些寫童年的散文應當是我人生的第一次近乎原始的創作，比我後來的詩生成的年代要早。它一直在我的生命之中活著，我有感覺。如果沒有五七幹校後期那種生命再生的感覺，我不可能寫出這些關於童年的文章來。活得過於寂悶和寬鬆，使我無法從民俗的「人格面具」中解脫出來，這些潛隱在生命深處的篇頁，很可能就永遠也打不開，更不可能成為有形的文字。

我一向認為，生命不斷地獲得超脫與上升，是與再生有著同等重大的意義的。而寫詩的人，又最能體會到這種生命的感悟。我寫起散文，並不是帶著有意改變文體，而幾乎是一次生命的再生。

寫作的地方就在隔壁現在兒子住的書房裡悶著頭寫，寫到昏昏沉沉就休息一下。兒子在東八里莊人文社宿舍這裡住五年了。以前兒子住的一居室是我寫作的地方。這些文章中，大約一半以上，改的地方極少，它們生來就很美，不容我動一個字。有些卻難以定稿，改了多次。改的原因是，總覺得寫出來的文字與內心哺育玫瑰那些生命不太一樣，希望改得儘量能顯現出那種原生的狀態與聲息。這很難，極難。常常因為想得急促，寫不出來，只能潦潦草草地寫，字跡當天認得，過幾天連我都難以索解。有些字跡如小鳥飛過天空時留下的似有似無的痕跡。我請我的老伴吳平謄寫清楚。我不敢自己抄。如果由我抄，又要不斷地控制不住地亂改，可能改得比原來寫的還要亂。這些散文真正散，無始無終。我只能拼命地抓取到了永遠飛動著的一部分。常常有這種情況，心裡激動極了，那個已成形想出世的生命，一個故事，一個意象，一種情緒，撕裂著我，可是落到紙上，那些有聲有色的小生命卻死在了文字之中。現成的文字很難與心裡沖蕩不已還未成形的生命達到互相依存的「天作之合」，就很難寫成優美的文章。

▲20世紀80年代中期，牛漢在北京東四十條豁口外人文社宿舍家中

後來，我只好改變一種寫法：我求我老伴吳平，由我講，她速記。因為我不敢輕易把心中的東西變成文字了。像《高粱情》、《心靈的呼吸》等。我靜坐在椅子裡，閉起眼──為了避開現實的世界，一句一句地自白，幾乎是自言自語，只有我的老伴能聽明白，如做夢一般展開了那些篇章。在記錄的基礎上，我還一改再改，再由老伴複寫謄抄而成。我很感謝我的老妻，《童年牧歌》的大部分文章都是這樣寫成的。差不多一周寫一篇，長的話，一個禮拜都寫不完。

寫詩不能這樣寫，寫詩只能由我自己在孤獨的狀態下寫。而文章可以，由老伴當接生婆。我特別投入，整天都想著，沒有參考任何人的文章。不像詩，寫詩緊張，狂熱；寫散文是一種生命放鬆的狀態。

我的這種寫作方法特別奇特，十分隱秘，很可笑。我不希望誰看見，也不想讓誰知道。總之，我的這些散文，不是製作出來

的，而是我生出來的，包括它的語言。有不少作家只能以規範的文字製作很完美的死亡的「作品」，因為死的文字，可以由人隨便捏弄。如果是活的，你要欺侮了它，它會反抗的。

《童年牧歌》的最後一篇《離別故鄉》寫於 1991 年 6 月。我感覺和別人寫的不一樣，彷彿祖母他們還活著，和我一起寫。我的童年的散文的形成，回憶固然很重要，但如果沒有創造，而且是詩意的創造，我肯定是寫不活童年的生命。回憶只能提供一些模糊的背景，而我的童年世界是在寫作過程中不斷地敞亮和拓展出來的。但是，我的所有的童年的故事和人物都不是虛擬的，都是真實的寫照。他們既然是活的，當然也會與我一塊兒完成他們自己的一生和命運。我寫了六十多篇童年，覺得才剛剛開了一個頭，只不過寫了人生的序幕。今後即使不能再寫多少，我的生命也必將永遠地居住在童年的世界裡了。而只有活在童年的世界裡，才覺得生命又真正地萌動著不朽的生機。

在回憶童年的寫作之後，我接著寫五七幹校。《我和小白》是 1999 年寫的。

寫散文，我快活了好久。它喚起了我全生命地去投入其中的激情。說來奇怪，散文寫久了，又抑止不住內心的衝動，想寫詩；而想的這些詩，與寫散文之前的那些詩似乎又很不相同。寫散文比寫詩痛快得多，感覺是詩在散步。有時，寫散文，寫著寫著變成詩了；寫詩，又不知不覺變成了散文。

第十七章 最近幾年，我有一句座右銘：
「有容乃大，得大自在。」

（2001 年-）

56 接受馬其頓的「文學節杖獎」時，我說，哦，偉大的詩神

　　馬其頓的「文學節杖獎」是 2003 年的春天頒發給我的。這個獎主要是獎勵與馬其頓有著密切文化交流的國家中的重要作家和詩人。馬其頓是過去南斯拉夫的一部分，非常古老。馬其頓雖然小，但詩歌很興旺。馬其頓作家協會主席斯米列夫斯基為此專程到北京來了，馬其頓駐華大使也來了，頒獎的地點就在中國作家協會的一個會議室。參加頒獎儀式的，還有中國作協書記處的吉狄馬加等人。

　　我在接受馬其頓的「文學節杖獎」時，有一個講話，這個講話於 2003 年 5 月 28 日整理成文。其中說：「節杖，在我的心目中是個博大而高遠的意象，它不僅象徵莊嚴和神聖，還顯示著凜然巍然的權威。而我，不過是一個朝向人類詩歌聖境苦苦跋涉的平凡的老人而已。在過去的半個多世紀動盪嚴酷的生涯之中，曾

渴望為理想世界的創舉全身心地將自己燃燒乾淨：血漿、淚水、筋骨，還有不甘寂滅的靈魂，都無怨無悔地為之奉獻。或許就是由於這點執著而且癡情的精神，得到讀者的理解和信任；也可以說正因為個人多災多難的命運始終與國家的安危和民族不滅的信念息息相關，才熔鑄成我的真實的人和詩的氣質。我不是一個旁觀者，更不做逃亡者。」

「我一生寫過多少首詩，從未計算過，長長短短總有五六百首以上吧！但是有一點我是清楚的，我一生沒有寫過一首甜蜜的詩。我的詩絕大部分是沉重的，苦澀的。的確這是我的終生遺憾，多少年來，在苦難的生涯中，我一直渴望寫一些甜蜜和柔和的詩篇，我並不願意愚昧地永遠沉溺在苦海中，我苦苦地寫詩正是為了從苦難中走出來，嚐到一滴從未嚐到的蜜。在中國近百年的歷史中，作為一個真誠的詩人，沒有寫過一首苦味的詩的詩人幾乎沒有。如果有誰自命為詩人，卻從未寫過

▲2006 年 10 月 3 日，牛漢應本書編撰者之請，手持馬其頓「文學節杖獎」的節杖，攝於他在北京東八里莊的住宅的臥室兼書房

一首苦味的詩。我絕不信任這個詩人的品質，我更不會欣賞他或她的詩。

「我多麼渴望自己的詩能讓讀者咂出一點未來的甜蜜。」

「今天，我的內心仍然是沉重的。也許有人會說，領受文學節杖獎對我來說不正是一次甜蜜的人生享受嗎？但我還是感覺不到一點輕快。更多的是苦味的愧疚。」

「甜蜜能給人以安慰和溫情，苦澀能給人鞭策和激勵。而此刻我更需要鞭策和激勵。」

「節杖很像我們蒙古人騎馬奔馳在茫茫草原時手裡揮動的長鞭。哦，偉大的詩神，如果我會對詩歌有一點不忠，跋涉時，有一點退縮，你就揮起手中的節杖，狠狠地鞭策我吧！」

這不是故作謙虛，而是我真實的心聲。

這個節杖獎有證書、大約兩米長的節杖，還要翻譯出版一本我的詩集。

南斯拉夫還翻譯過我的詩。2004 年，他們邀請我去訪問，我便到歐洲去了一趟。帶隊的還是詩人、中國作協的吉狄馬加。訪問中參加任何會議，我都不主動發言。有時候，吉狄馬加叫我發言，我才簡單地說幾句。

我在詩歌界的平等交流的人比較多，但和中國作協領導，中宣部的人，交往不多，不主動，但他們有時候確實是繞不過我。我也不是有意要為難誰，一起參加對外的活動還是有的。

最近，《詩選刊》和搜狐網聯合進行了中國首次詩歌讀者普查（68 萬人參加），在「二十世紀以來最有影響力的詩人」的評選中，我以 55433 票在舒婷、北島、徐志摩、艾青之後獲得第五名。（其後依次是穆旦、郭沫若、臧克家、田間、胡適）雖然這未必是最準確的排名次序，但無疑也是熱愛詩歌的中國讀者對我的詩歌創作的肯定，他們沒有忘記我。

2004 年 5 月，《新詩界》編委會聯合北京大學、清華大學等

首都數家高校詩歌研究機構和有關文化部門共同發起、創立並主辦「新詩界國際詩歌獎」。他們有一個新聞發布，宣稱：聘請了王光明、藍棣之、吳思敬、謝冕、葉廷芳、李元洛、程光煒等 22 位海內外有影響的詩評家、翻譯家和漢學家組成評委會，本著「獨立、客觀、公正、透明」的評選原則，經過一年多來的組織和近半年的嚴肅的推選、初評和終評，已正式評選出了畢生致力於詩歌事業、成就卓著、且對漢語詩歌的發展做出重大貢獻的、至今健在的世界當代傑出詩人的「北斗星」三名：中國大陸詩人牛漢、港澳臺暨海外華人洛夫（旅居加拿大）和外國詩人特朗斯特羅姆（瑞典）；同時，評選出了富有創造、卓有建樹、且開啟中國現代詩歌新風和先河的中國大陸中青年詩人的「啟明星獎」三名：西川、王小妮、於堅。

　　評委會在對我的授獎辭中說；「他始終與祖國和人民共患

▲1985 年秋，在北京建國門外國際俱樂部，中國作協為 1983-1984 年優秀新詩集獎頒獎時所攝。由胡喬木授獎，牛漢態度不恭，不與胡握手

難，像守護生命一樣守護著詩人的本色和使命。」……

「他從不依賴文化知識和理論導向寫詩，始終表現出難以馴服的藝術個性。他以巨大的成就回報了詩歌和苦難對他的雙重眷顧，並激勵現代詩人不斷創新。」

我衷心感謝評委們對我的理解和鼓勵。在受獎辭中我坦承：「我八十年來經過的苦難和誤解，帶血帶淚的人生經歷，是不會忘記的。我個人的命運和祖國的命運息息相關，憂國憂民的情結至今仍然沒有變化。」

我又說：「最近幾年，我有一句座右銘：『有容乃大，得大自在。』近來又看到《漢書‧楊雄傳》中有一句『默默者存』。我理解這一個傳統，民族的傳統。近五十年來，有沈從文、豐子愷，晚年的孫犁，上海的施蟄存和湖南的彭燕郊，等等，他們『默默者存』，清苦，自在，我一時還達不到這個境界。……

「儘管進入暮年，我仍在苦苦跋涉，為了詩歌而跋涉，希望寫得更好一些。……我儘量在詩中體現人文境界，所以不斷跋涉，繼續寫詩。……

「我還是要寫現代詩，當下的，民族的，個人的，實實在在的，血肉的，終究我們已是二十一世紀，需要現代詩人去開闢、突破，不停止思考，不斷地創新。」

這些，都是我發自心底的聲音。

中國作協的「魯迅文學獎」的第一屆，我是評審委員。我對一些作品有不同的看法，第二次，就把我撤了。在終評會上，我對主持會議的高洪波說過，以前評獎中，發生過上面把意見強加給評委的情況，希望這一回不要這樣。沒想到竟然還真的又發生了。當時，中國作協黨組書記翟泰豐要把他寫序的《鄧小平之歌》評上。我說這不是詩，這是政治。翟泰豐還是堅持要放上去。我說，如果要放上去，我就退出評委會。我提起包就走。後來，在另一次詩歌討論會上，我對詩人李瑛也說過這樣的意見。

　　現在見面，翟泰豐不理我，我也不理他。原則問題上怎麼能講客氣呢！

　　「六四」前，也讓我去魯院講過課。後來請我也不去了，因為有人說魯迅文學院是中國作協辦的黨校。

57　回到故鄉，感到太陽都不一樣，
　　　就連山都很親切，就像我的親人一樣

　　1985 在太原開黃河筆會，我去了。會議期間到五台山活動，路過我家鄉，在定襄汽車站停了二十分鐘。我看見一個修自行車的男孩，後來我的妹妹告訴我，那是她的兒子。這次在定襄縣待這二十分鐘，感覺很特別，感到太陽都不一樣，就連山都很親切，就像我的親人一樣。

　　一晃二十年過去了。2006 年夏天在忻州開會，忻州離我家鄉

▲2006 年 6 月牛漢回家鄉山西定襄縣西關與妹妹史翠梅合影

很近。開會期間，組織到五台山，要路過定襄縣，我便趁機會回家鄉待了一天。這是我離開家鄉六十九年第一次回去。

有些人順路也到了定襄，算是陪我看看吧。蔡其矯也去了。我們是上午到的，縣委有關部門開了個短會。我妹妹來看我。妹妹八十過了，也老了。她好像還沒有我硬朗，只好由她的女兒陪著我在村裡到處走走。

變化太大了，農田上都蓋了房子。我上小學的地方，日本人炸爛後，就沒有怎麼修，現在完全變成了另外的樣子。我小時候玩的地方，如今一個也沒有了。我家的老房子倒了，只有我過去住過的正房還在。整個院子分成了四家住。沒有變的是灶台，跟過去一樣用風箱；也還是睡的炕，還是大炕。

我最好的朋友喬元貞死了。他靠走街串巷賣一些零碎東西過日子。這年回到家鄉，只見到二扁豆。為什麼叫二扁豆？他個子小，長得也不直，又瘦。二扁豆是老二，他有一個哥哥。

我給二扁豆五百塊錢，放在他口袋裡。他送我出門時，問我他的錢到哪兒去了？真是老了，糊塗了。小時候我跟他吵架，他打不過我。他媽找到我家來，我家給他中午吃的窩頭，給他兩個，他就走了。他父親在口外，很窮很苦。

附近的鄰居，第三代都不認識，熟悉的更少。

我所熟悉的、還活在人世的鄉親和家人沒剩幾個了，8 月 4日午後，我就到定襄西關西古城坡地我家的墳塋上去悼念已經故去的親人。

按我們蒙族的傳統不是一個墓立一個碑，但我出錢請妹妹他們在九十年代為整個家族的墓地立了一個碑。親人的一個個墳包錯落地出現在我的面前。我情不自禁就跪了下去，用小時候的叫法叫我的曾祖父、曾祖母、祖父、祖母，叫我的了不起的母親，說我——你們的孫子、兒子如今來看你們了。1938 年，在民族危難的生死關頭，在隆隆的槍炮聲中隨同父親逃亡大西北。六十九

年過去了，果然是生離死別啊。荒草淒淒，滄海桑田，遠方遊子，縱使走遍天涯海角，也總是思念著你們。你們聽見我在呼喚你們嗎？

　　我是祖母帶大的。祖母身體不好，常坐在熱炕頭。曾祖母也陪過我。我母親在我父親去世後回到定襄，1970 年去世，也埋在這塊墳地裡（父親的墓地在天水）……

　　拜祭完畢，我站在墳地上，遠遠地遙望著一里之外的冬天的滹沱河。冬天的滹沱河顯得很安靜，它也許正等待著夏天的爆發吧。

第十八章　我一生的
詩友與朋友

58　跟聶紺弩沒大沒小

聶紺弩是上海光華大學「左聯」小組的負責人，召集人。1903 年生，跟我父親同歲，性格也相近，連樣子都像，但比我父親心胸博大。1953 年春天，我一見到他覺得很親切。他寫古詩，也寫新詩。平時不修邊幅，有時西裝筆挺，有時隨心所欲。我和紺弩什麼都談。聶紺弩對我有影響，而且很深切。他是天地人間很真的一個人。

聶紺弩是黃埔二期出身，參加過廣東東征叛將陳炯明之役，湖北人，和鄧小平同時在莫斯科中山大學學習。回國後在南京入黨（1934 年），是魯迅身邊的青年。魯迅死時他才三十三歲。

抗戰時期他在桂林待得比較長。擅雜文，奇特、簡練……我喜歡他的文風。真是嬉笑怒罵皆成文章。他看重胡風，但關係不太親密。對胡風，我一直叫「胡先生」，是真正意義上的稱呼；對雪峰，一直叫「雪峰同志」；對聶紺弩，則叫「老聶老聶」，叫他同志他並不欣賞。他叫我更隨便，牛漢，牛兒，老牛，小牛，大牛……

　　到人文社之後，我們在一個黨支部，黨員不到 10 個人，每個禮拜開一次會。1954 年冬，小整風，他對蔣天佐（由文化部派來的，任人文社副社長）的批判毫不含糊。感情上有詩人的真摯，性格率直，超脫，穿一雙平底鞋趿拉著走。晚睡遲起，抽煙喝酒。

　　反右前，人文社古典部幾個搞古典文學的，以聶紺弩為首，還有陳邇冬、舒蕪、顧學頡、王利器、李易等因為辦同人刊物而被劃為「右派集團」。那時我已被打倒。

　　王任叔在送聶紺弩到北大荒之前，在後二樓開了一個會，劉峴也在，雪峰沒有參加。聶紺弩在會上說，我一生非常信任雪峰同志。我當年在蘇聯待過幾年，蘇聯的鬥爭十分凶，後來事實證明，「右派」不一定不革命，「左派」不一定真革命。如若雪峰同志是右派，我也願成為右派，他是左派，我也是左派，堅定地追隨他。

　　紺弩到了北大荒仍是吊兒郎當，不久因他的過失燒著了房子，判了兩年，監外執行。「文革」時，因辱罵江青，加重改判，被判無期，關在山西臨汾監獄。「四人幫」垮台後，調政協文獻資料委員會。

　　胡喬木會做工作，上世紀八十年代後，登門訪問過許多知名人士，如卞之琳、吳祖光等，也訪問過聶紺弩。《聶紺弩詩集》胡喬木主動作序。聶紺弩老婆周穎一天來電話，當時我住在東中街，叫我趕快去他們家，她說：「不好了，大禍臨頭了」。我從東中街騎車四十分鐘趕到他們在勁松區的家。推開門，只見聶紺弩仰面朝天躺床上，抽煙，頭都不轉過來，說：「胡喬木作序，對我的詩全看了，這就壞了，他知道我內心想什麼了。遲早要大禍臨頭，他們總有一天要狠狠整我。」

　　他舉例說，抗日戰爭前夕，胡喬木是由雪峰派人護送到延安去的。「左聯」時期雪峰是「文委」書記，胡喬木是幹事。五十年代初，胡喬木和雪峰關係還是不錯的。雪峰以為胡喬木比周揚

對他要理解些。胡喬木向雪峰要了三四本雜文集（抗戰時期在國統區印的），從雪峰的文集中選出幾篇報給毛主席。表面上是推薦，潛在的目的很清楚，胡喬木認為是反黨文章。後來，毛讓政治局傳閱，雪峰是個反動「右派」早已由中央認定。（牛按：此事八十年代後期，周揚的女秘書寫過文章，刊發在《新文學史料》上）所以，胡喬木看了我的詩並主動寫序，遲早會處理我。牛漢，我曉得這些內情，遲早要寫篇文章，揭露此事，非寫不可。

那天聶紺弩談得非常動情。我表示理解，相信他的判斷。此時，聶紺弩從山西回到北京已有一段時間。

九十年代，一次紀念馮雪峰的會，在人大會堂小會議室。主席台上有胡喬木、楊尚昆、李伯釗等，文藝界參加會的人不少，我坐在會場上。發言人一致讚揚馮雪峰。到胡喬木發言，卻是揭發雪峰的陰暗行為。抗戰前夕，胡喬木從上海奔赴延安，說雪峰派兩個人送他去延安是不相信他，一路監視他。我聽了立即站起來，啪的一聲把帽子甩到桌上，胡喬木肯定看見了。我生氣地離開會場，到小休息室去。周明等來勸說，你這樣不冷靜，影響不好。我又回到會場，許多人都盯著我看。

聶紺弩最後對我講：他晚年什麼都看開了，看清楚了。算起來，當年魯迅身邊的朋友，全成了「胡風份子」和「右派」！

1976 年冬天聶紺弩從山西回來，我和舒蕪第二天就去看望他（住天安門對面石碑胡同）。過去總是衣冠楚楚褲線如刃的小生型的雜文家，穿著一身灰烏烏的皺皺巴巴的布衣裳。大概多年待在牢裡的人，容顏與衣服都會被命運塗抹成這個樣子。他躺床上，閉著眼睛，吊兒郎當。從這時起和聶紺弩一直比較親密。跟他還是過去那樣，聊得隨意，親切。聶紺弩和舒蕪愛交流學問，談古典詩詞，但很不齒於舒蕪五十年代初向黨交出胡風寫給他的信——舒蕪因此被紺弩認為是「千古罪人」！

我跟聶紺弩什麼都可以談。經過幾年的「勞改」，他一點沒

有變，他真正「頑固不化」。胡風從來不會如紺弩這麼漫談，胡風心裡有數，但從來不會隨便談心。雪峰是可以親近的人。胡風晚年仍不苟言笑。聶紺弩則胡說八道，隨心所欲，沒大沒小地與晚輩處得像朋友一樣。胡風寫信稱牛漢兄，我也對他稱兄道弟。但比起紺弩來，還是顯得謹慎，放不開。胡風是我的老師，沒有親近感。紺弩像我的父親。紺弩常請我吃飯。上世紀五十年代，他當人文社副總編，有時也西服筆挺的。沒聽他唱過歌。他喜歡吃，他請我到隆福寺就吃過好幾回，是在一個老回民館。

八十年代以後，有幾年時間，聶紺弩在西城區勞動部醫院住院養病，我常常下班騎車去看望他。還在病房裡碰到過文懷沙等人。當年我住在復興門外二七劇場附近的鐵道部第二住宅區。

後來聶紺弩搬到東直門外新源里。他住兩間房。我去看他，周穎開的門。聶紺弩還是躺床上，又沒戴假牙，乾瘦得像個死人。我開玩笑對他行三鞠躬，彷彿向遺體告別。他一下子蹦跳起來，大喊：「我還沒死呢！……」把我罵了一頓。我是陪一位外單位的人來請教他「左聯」的問題的。過了一段時間，紺弩非常難過地說：「我不想死，還不能死！」

那會兒，我常給他買書、捎點東西。他到老看透一切，很清醒，家裡卻是破破爛爛的。

他生前把自己稱作「散人」，看作是無用的「散木」，晚年取了個號叫「散宜生」。他認為當今社會，一個人能活得散起來太難。周文王的九個「亂臣」中有一個名叫「散宜生」，老聶十分欣賞這個名號之內隱藏的那種人生大境界。

有一回，他在床上仰面朝天躺著。我對他說：「你是個可愛的大詩人。」他朝天花板喊叫了一聲：「我算什麼東西！」我為什麼在「大詩人」前邊加了「可愛的」三個字呢？因為有的大詩人、大作家一點都不可愛，他懂得我話裡有話。

紺弩有超人的風度，隨心所欲，嬉笑怒罵，粗茶淡飯，生活

簡單樸素……

在新源里,他的腿摔斷了。他躺在床上,腿彎屈著,伸不直,還不能行動,就把床板挖個洞,拉屎把被子掀開就是。我永遠不會淡忘紺弩對我的影響,但我還達不到他那個人生境界。我是晚輩,小他十九歲。

搬到勁松之後,舒蕪、鍾敬文也常去看紺弩。鍾敬文和聶紺弩是大革命時期參加東征陳炯明時認識的,他倆年齡相近。我曾經請鍾敬文寫回憶錄,準備請人幫他做記錄。他拒絕了,說「我要寫自己寫」。紺弩一生沒有讓誰執筆替他寫過文章,到死都清醒。

鄧九平是鍾敬文的學生,我和他一起編一套(三本)「思憶文叢」。文叢意圖大體策劃後,由鄧去做具體的事,他付出極大的努力。這套叢書,鍾敬文一直關懷備至。

五十年代紺弩曾想調我父親到人文社古典文學編輯室。父親研究元曲,會唱又會拉。我父親還在甘肅人民廣播電台演奏過元曲。他覺得許多元曲校勘得不對,寫有十幾萬字的長文。父親比紺弩嚴謹,他不敢胡來,舊體詩和字都寫得好。他死後天水地區很多學生,還有老百姓都去為他送行。

紺弩年輕時很浪漫,感情生活不簡單。抗戰時期,在桂林,和艾青第一個妻子張若笠有染,同居過(其時,艾青已與韋嫈結婚了);紺弩送丁玲去延安也是一路夫妻一般同居。高瑛說,艾青曾對她說,他一生最好的妻子是張若笠。張若笠從浙江到桂林千里尋夫,艾青晚年感到內疚。高瑛告訴我,艾青一輩子認為張若笠美。

1986 年,聶紺弩臨死的時候,在協和醫院與艾青住斜對面,想吃個橘子。吃了,就安靜地死了。聶、艾是老朋友,但有張若笠的疙瘩,就因為有這麼點感情上的不愉快,解放後他們不來往。

1987 年 3 月 27 日艾青生日那天,我去協和醫院看艾青。艾

青對我哀傷地講述了聶紺弩臨死前想吃蜜橘的事。最後艾青感歎地說：「紺弩的病房就在我的對面，他走得安詳，他的死是仙逝。」

艾青說老聶是「仙逝」，「仙」字用得很神。這許多年來，我的許多朋友先後去世，數來數去，只有紺弩死後配成為仙。他自嘲「我算什麼東西」，是說世俗的什麼名分或榮辱都與他無關。

紺弩逝世十周年時，我寫了一首素淡的小詩，題作《臨終前的渴望》。我在詩裡寫到老聶吃了一個蜜橘後，安靜地死去了。我多少希望蜜橘種子經由老聶的精血靈慧長出芽苗來。後來，我又想寫一首詩，卻沒有完成。這首詩的大意是：一粒粒蜜橘的種子，從老聶的身軀裡居然長出了一株挺拔的果實累累的橘樹，它的枝幹和花葉隱隱地顯示出老聶的那副可愛的仙姿。我敢斷定，老聶知道自己的生命復活為一株樹，而且結出了累累的蜜橘，一定十分快活。

聶紺弩是個雜家，學問好，國學根底深。他的「全集」十幾本，由湖北人民出版社出版。我是他「全集」的編委之一。

聶紺弩的女兒海燕是高挑個，在青年藝術劇院學跳舞，「文革」時自殺，留有一子。

59　大徹大悟嚴文井

除馮雪峰之外，嚴文井是能和我談心的人。

如果沒有嚴文井的張羅，包括和中宣部斡旋，《新文學史料》很難辦，辦了也難辦好。人文社原來由馮雪峰主持，周揚他們管不了。嚴文井是中國作協管外事的書記，1961 年 4 月以作協書記身分兼任人文社社長兼總編輯。他也是來掌握出版社的。但下面的老編輯都很複雜，不好處理。他積極支持《新文學史料》很難得。嚴文井與中宣部那些副部長們很熟。他也是複雜的，但

他的文學觀念、文字、做人風格和周揚他們不一樣。抗戰前，他在武昌高中就開始寫作。高中畢業後到北京圖書館，一邊工作一邊到大學聽課。他的長篇小說《劉明的苦悶》（後更名為《一個人的煩惱》），寫知識份子的苦悶。1942 年 2 月，《劉明的苦悶》刊發於重慶《文藝陣地》第二卷第 6 期後，受到批判，但他在延安還是活得不錯。他原先和京派就很好，如沈從文、蕭乾。他很聰明。他的創作路子跟毛澤東講的不是一回事，他是感性很強的人，他不像個搞政治的人。

籌備《新文學史料》，肯定是韋君宜推薦了我。我還沒平反，嚴文井並不歧視我。

他可以成為很有成就的作家，尤其是他的兒童文學作品是肯定的，作為作家的成就超過韋君宜。嚴文井對我很隨便。他確實聰明，對人的品質，他憑感覺看人往往就大體不差。我發《從文自傳》，樓適夷不高興，嚴文井說好，發得好！嚴文井是黨的幹部，但內心沒有被馴服。上邊是把他看破了，因此做不了大官。他個性始終沒有消失，很難得。中國有這樣的作家，政治禁錮不了他，他個性沒有消失，沒有被馴服。嚴文井是突出的一個，韋君宜也是。

嚴文井到晚年，不參加任何活動，大徹大悟。如 1989 年夏天，周揚死了。我去八寶山送別周揚。文井看到報上登的消息，打電話問我：你怎麼去了？（我寄他一本散文，他知道我的態度。）我說，我代表《新文學史料》去的。他說你去幹什麼？！他說，周揚當面會痛哭流涕，第二天照樣整你，在延安就這樣。王元化跟我談過，說周揚有點變化，但嚴文井不相信這樣的變化。嚴文井大徹大悟了。艾青也說他（周揚）今天痛哭流涕，明天照樣整人。2005 年，人文社的王培元為了寫嚴文井問起我，我把嚴文井對周的評價說了。有人看了王培元寫的稿子，希望我不要說，但我堅持要說。如果我不說，就對不起地下的嚴文井。

　　八十年代，「六四」之前，嚴文井打電話說，牛漢，你有沒有空來看看我。我騎車第一次去他家裡。他跟我說，你的許多年輕朋友也是我的朋友，他們都來過我這兒！他大女兒嚴辛久也寫東西，可能經她聯繫，朦朧派詩人都去了。

　　他那家，真是慘不忍睹，客廳滿布灰塵，沒有擦。西屋書刊塞滿了，剩一小桌子可寫東西，很慘。先在客廳坐，連茶水都沒有。

　　嚴文井和我深談過兩次。還給我看他寫的一些短小的散文——就跟散文詩差不多，把他一生的人生感悟、愛憎都糅在裡面，很好，像他這層作協領導沒第二個人會寫這種作品。

　　89 年「六四」之後，黨員重新登記。在離退休支部會上，不少閱歷很深的老編輯、老作家洋洋灑灑地罵群眾運動，我和嚴文井只是應付式地說一點。我說了魏京生是個工人，可以幫助，江青他們都能放，魏京生這種人不該關著，應該放到群眾中去。群眾運動總的是好的，不能定為動亂。我還說，群眾運動有個別壞人，我們黨還出叛徒，還有壞人呢！群眾運動有一些壞人是正常的，決不能否定群眾運動。總結時，表揚許多人，把我和嚴文井排除在外。他和我嘀咕：把咱們倆除外了，把我們當作另類了。這麼大件事，我絕不含糊，我準備開除黨籍在所不惜！

　　2004 年春節，他最後參加中國作協春節聯歡時，走路都不行了，讓人攙著，看著我搖頭，皺眉，做鬼臉，意思是老成這個樣子了。2005 年 7 月 20 日，嚴文井去世了。我參加嚴文井遺體告別儀式時，他女兒嚴欣久特意跟我說，牛漢同志，謝謝你對我父親晚年的理解。

　　嚴文井晚年豁出去了，但畢竟他的人生經驗比我老到。

　　在人文社，我出事後，王任叔也沒歧視我，沒有外看我，業務上還重用我。關我在北新橋時，他還去看過我，說要相信黨，總會搞清楚的。王任叔晚年太慘，以所謂「右傾機會主義份子」

的名義被反覆批鬥，最後被社科院送回寧波老家。聽說最終被折磨到精神不正常，以草繩自捆而死。他寫小說，散文隨筆也好，還是個翻譯家。中國當代文學史還是要講到他的。

樓適夷也去看過我。後來，他主持人文社編譯所時，也沒有歧視我。

韋君宜也關心我。我到她貢院西街談過幾次。本質上是個真實的人，也是個有個性的作家，但沒有嚴文井這樣靈活。

在這種生存環境中，像嚴文井這樣大徹大悟的人還會有，但我見到的只有嚴文井。我尊敬他，我們不要忘記他。他的作品也一定會流傳下去。

像我這樣的人還存在，可見歷史還是在進步。

60 艾青，我得回報你一個吻

第一次見艾青是在我跟父親逃到西安的時候。1938 年春在西安民眾教育館漫畫班，班上有三十幾個人，我不足十五歲，他是我們的繪畫老師，但我只知他是「蔣先生」，事後才知那高個子蔣先生就是艾青。

十年後，1948 年 9 月，我才在河北正定華北大學正式見到艾青——他是華大文藝學院副院長，副院長還有張光年，院長是沙可夫。從此我們開始了長達一生的友誼。

艾青住在天主堂內的一間平房，生活非常艱苦。這一次我向他請教了有關寫詩的許多問題。記得我寫了幾首讚美大自然的小詩，自己很得意，請艾青指教，他卻說：「不要再讓別人看了。」他是善意的。

1948 年冬，華大行軍中我唱蒙古長調：三十三道蕎麥九十九道楞，想起我的包頭兩眼兒瞪……大聲唱，用晉北土腔土調唱。有勁，唱得很盡興。艾青在場，說我唱得地道，有長調味道。

1951 年我寫信對他提出批評意見，說他的詩沒有早年的寫得好，他沒有回音（這件事，我在給胡風的信中談到過）。但我回北京探親，到艾青家看望他時，一見面，他說「我天天學習哩！」他拉開抽屜，我寫給他的信，確實放在一逕信的上面。這封信對他有刺激，有震動，促他反思。我提得很誠懇。我感覺到他已經注意到那個傾向——他也寫一些民歌體，但馮至不寫，而田間、徐遲則寫得更多。

艾青去延安後也沒有寫出好詩。我曾對艾青這麼說：你一生的詩，大頭小尾空著肚子。「大頭」，指去延安之前寫的詩。「小尾」，指「四人幫」垮台之後寫的詩。中間幾十年沒有真正的好詩。他點頭承認，直歎氣。

可能不光我提醒他，還有別人，他反思後的詩作確有好的變化。

抗日戰爭爆發以後的兩年間，艾青以高昂的情緒奮力地寫了《北方》、《向太陽》、《吹號者》和《他死在第二次》等不朽的詩篇。在民族危亡的關頭，艾青將自己誠摯的心真正地沉浸在億萬人的悲歡、憎愛和願望當中，他的所有的詩都與祖國和人民的命運息息相關，藝術才能得到了充分的發揮。在初中、高中、大學，我都讀他的詩。他早期的詩論對我很有幫助，我很讚賞。

1949 年初，我們一塊兒進入北京。

1953 年，我從東北部隊回到北京，跟他的接觸又多了起來。1955 年春天，我擔任《艾青詩選》的責任編輯，多次到東總布胡同的家中去找他。後來，因為胡風事件，我被囚禁了兩年。1957 年 5 月，我回到家裡，聽候組織作最後處理。

反右鬥爭開始，沒有我的事。大約 1957 年 8 月的某一天，人民文學出版社社長王任叔讓我去參加文藝界批判馮雪峰的會，會場設在當時的全國文聯禮堂。到現在我還不太明白為什麼一定要我去參加那個會。也許是讓我接受教育，進一步徹底清理自己的

問題。我感到很為難，甚至有點惶恐，但不敢違抗。那一天，我穿了風衣，把帽簷拉得低低的，一進會場的門，就讓當時的作協秘書長張僖認了出來，他發愣，驚訝不已。我把入場證讓他看看，他沒有說一句話。我到得晚，會場上已坐滿了人。本來想找個靠邊的角落躲起來，找不到，只好跟別人擠在一起坐。挨著我坐的正好是熟人潔泯（許覺民），他當時在中央黨校學習，關心地問我：「沒事了吧？」我說：「還沒結束，告一段落。」會場中央有兩排從東到西的長長的桌子，周揚、邵荃麟、張光年、劉白羽、許廣平等，坐在會場中間的座位，特別醒目。我低著頭，等著開會，生怕熟人發現我。會場上鬧鬧哄哄的很不安靜。我望見丁玲來開會，陳明跟在她身後。我想馮雪峰一定已在會場上，張望了幾次，都沒有找到。我非常擔心雪峰的命運。

　　突然聽到有人喊我的名字。我低著頭，不準備答應。喊聲不停，還相當高，「牛漢！牛漢！」叫了好幾聲。我只好抬起頭，望望喊我的人，原來是艾青。我們相距有一丈多遠。艾青直盯著我，問：「是牛漢嗎？」我點點頭。他用更大的聲音關切地問：「你的事情完了嗎？」我回答：「沒有完，算告一段落了。」旁邊好多雙驚奇的眼睛審視著我和艾青。我是盡人皆知的「胡風反革命份子」，而艾青正在受著嚴厲的批判。想不到艾青竟然站了起來，眼睛睜得很大很亮，不是朝著我，而是面對大家，幾乎是用控訴的聲音，大聲說：「你的問題告一段落，我的問題開始了！」接著他用朗誦詩那種拖腔高聲地喊：「時──間──開──始──了！」誰都知道這是胡風一首詩的題目。（《時間開始了》出版時封面是由艾青設計的，沒有署名。是胡風當時對我說的。）艾青像一尊青銅雕像似的立在那裡的神態，和他的悲壯的聲音，我今生今世都不會忘記。我相信當時在場的人也絕不會忘記。

　　在我被囚禁的兩年多時間裡，幾乎是與世隔絕，報紙也不准

看，完全不知道艾青當時的處境。實際上他經歷了與我相似的災
難。1955 年反胡風時，他沒有受到很大衝擊，但是在劫難逃。
1956 年掀起所謂「丁陳集團」問題時，就把他牽扯了進去，直到
1957 年反右，「時間」果然「開始了」。他可以說沒有安生過一
天。艾青那一天憤激的情緒幾乎是爆發性的，彷彿揮寫著一首濺
血的詩似的。當時坐在他附近的人，有幾位是文藝界的大領導，
也就是整他的人，但他毫不畏懼。艾青畢竟是寫《向太陽》、
《火把》、《蘆笛》等詩篇的正直而勇敢的詩人。

　　我以為艾青當時絕不是不顧一切的那種感情衝動，如果說是
衝動，也是冷靜和清醒的衝動，是真正的詩人的衝動。在人生長
長的逆旅中，他已經經歷過不少次嚴酷的考驗，不是不曉得他當
時的衝動會引來什麼樣的後果。在那一段時期，他當然思考過很
多問題，並且回顧和審視了一切的一切。艾青所以敢大聲地表白
自己，是對人生和詩的最根本的抉擇，否則，他就不是一個真誠
的人和真誠的詩人。他清醒地理解這一點。

▲1983 年在北京東四十二條艾青家探訪艾青

邵荃麟主持會議，張天翼代表幾個作家發言。郭小川西裝紅領帶，慷慨激昂地批雪峰。樓適夷、許廣平接著發言，說雪峰吃魯迅，罵得很厲害。我還是沒有看見雪峰。

1976 年的冬天，在下班回家的路上，我拐到西單副食店想買點熟肉，排在買豬頭肉的隊伍裡。偶然抬起頭來，看見排在前邊的一個老人，穿著髒兮兮的舊黃棉軍裝，頭上戴一頂戰士的冬帽，從側面看，那顴骨，那膚色，真像是艾青。我走到跟前，一看，果然是分別近 20 年的艾青。「艾青，艾青。」我叫了幾聲。他說：「你是誰？」等認出是我，他大叫一聲：「你還活著呵！」兩人當即擁抱，他還在我臉頰上親了一下。我們都顧不上買豬頭肉，面對面仔仔細細地相互看了好一陣，兩人終於笑了起來，我已經有多少年沒有這麼笑過了。他告訴我，他從新疆來，住在他妹妹家。他說他的右眼快瞎了，是來北京治眼睛的。他告訴我，他住在一個叫前英子的胡同。一向粗心的我把門牌號忘了，幾次找他都沒找到。一兩個月之後，通過老同事方殷，得到了準確的地址，在西城王府倉 4 號找到了他。艾青一家人擠在一間 10 平方米大小的簡陋的平房裡，床的上邊架著防地震的家什。我去的那天，駱賓基和秦兆陽正好也在。以後我又去過許多次。

那時上海《文匯報》向他約稿，他就寫了一首不長的詩《紅旗》，給我看。我說詩不怎麼好，歌頌體，題意穩妥。後來《文匯報》發表了。他還寫了一部相當長的小說，沒有稿紙，我就從出版社找了一千張稿紙送給他。他的房裡有個立櫃，掛著齊白石的原畫。早年他與齊白石有來往。

1977 年夏天，我因痔瘡在西單二龍路醫院做了手術，在家養病。艾青由蔡其矯陪同來看我。此前北島陪蔡到過我家，把蔡介紹給我。我住二七劇場東邊鐵道部宿舍 44 棟樓。

大約是 1978 年底的某一天，我接到艾青的電話。他興奮地說：「我今天早晨寫了一首《光的讚歌》，你快點過來。」我立

即從朝內大街人文社騎車趕過去。艾青當時住在史家胡同。見面一邊握手，一邊說我「老了，老了」！我顯得很疲憊，面色灰暗。當年《詩創作》的主編，建國後在廣西工作的畫家陽太陽也在。艾青用浙江口音的普通話朗誦這兩百多行的詩，聲音不高，但很有激情。他一邊朗誦，一邊習慣地打著手勢。朗誦完後，我們三個人很自然地擁抱在一起，很自豪地說：「我們都是光的讚頌者！」

和艾青交往確實有朋友之間的隨便。一次和他、高瑛照相，我腦袋比他高出一點，他笑著說：「長這麼高幹什麼！腦袋該砍掉一截。」

艾青跟我談到失明的右眼，用感傷的口氣說：「人活在世上只靠左眼可不行！老摔跟頭，把右胳臂都摔折了。」艾青還自嘲地說：「為什麼我這一輩子問題老出在右邊？」這當然是句笑話。

▲20世紀80年代。左起：呂劍、晏明、魯煤、嚴辰、朱子奇、艾青、牛漢、鄒荻帆、徐放、×××、紀鵬

　　艾青喜歡我去看他。我患痔瘡有一段時間沒去，後來去看他，那是在「六四」天安門事件以後第一次見面。一進門，他在房裡坐著，就說「你來啦，你可來了」！

　　艾青有一兩次到我家來看望過我。艾青和我平時就是朋友之間真摯的交談，不談政治。

　　我編《世界文學名著文庫·艾青詩選》之前，到他家去過。我評他一生寫的詩是大頭小尾空著肚子，這是從數量說，也是從品質說。到延安後沒什麼可選的，平反之後也只能少選一點。他沒有反對，他知道我選的符合實際。

　　《〈艾青詩選〉序言》，是我對艾青的全面評價，寫得很認真。類似文章寫過好幾篇，都集中在這篇序言裡了。其中也有潛在的話。抗戰時期，呂熒、胡風認為艾青有個人的憂鬱。但我認為艾青的憂鬱很真誠，是憂國憂民的情感。

　　後來，艾青對我說，他要把這篇序文作為《艾青畫集》的序。我說不妥，這不是評畫，是評詩，作為附錄可以，作為序不合適。三十年代他被關在上海的監獄裡兩年，出來以後只寫詩不畫畫了。我知道他為什麼喜歡這篇序。是因為其中有一個觀點，我說他把繪畫的意境匯入詩裡了。他的詩把詩畫融為一體，他的繪畫理想融匯在詩裡了。

　　《艾青名作欣賞》中有 14 首是我寫的評析，還有序，原稿都請艾青看過。他說每篇都看了，他很讚賞，他很高興。我自信我對艾青的詩的理解不錯。我這一輩子有兩本書，一本是《童年牧歌》，很完整，老伴幫我複寫。另外一本是《艾青名作欣賞》，寫得很認真，寫得很虔誠。他的詩，我看了一輩子。我說，這是報答他一生的教導。

　　1990 年 8 月下旬，我決定去黑龍江北大荒參加丁玲學術研討會。幾乎在同一個時候，北京還要舉辦一次國際性的研討艾青詩的會。我寧願去遙遠而空曠的北大荒，不想參加北京的會。那一

年北京異常的燠熱憋悶。8 月 19 日上午，天氣比較涼爽，外孫女陪我去了一趟艾青家。艾青見到我的第一句話是：「牛漢，你也來看我了……」我已有兩年多沒見到他了，聽到他這一聲動情的話，慚愧得無地自容。老年的艾青，有些寂寞。比起前幾年，人顯得蒼老些，像一棵寧靜的大樹。以前他講話幽默而風趣，時時有智慧的火花迸出，現在火花不多了。但是，艾青畢竟還是艾青，這次短短的交談中，他仍是隨隨便便地講出了許多深刻而富有啟發的話。他談到詩的意象與語言問題，對我很有啟發。

那一天，艾青的情緒不好。也許那兩年他一直活得沉悶。他見我說的第一句話，就透露出了心靈的寂寞。我和外孫女坐在一個長沙發上，艾青坐在東邊一個軟椅上。他說話我聽不清，我說話他也聽不清，我的山西土腔太重。後來他就和我們擠在一起談。艾青問我為什麼不願參加北京的會？我對他說：「在北京開會免不了有長篇報告，我最不願聽，而且往往與文學和詩沒有多少關係。」艾青慨歎了一聲，說：「我也並沒有什麼興趣，但是大家在熱心張羅，我應該尊重大家。」

事後我又去看他，他問我為什麼沒去參加座談會？我說我說過呀，我挨近你說你怎麼都聽不見呵！他說忘了，全忘了。我心裡很難受。他說《艾青全集》給我留著呢。他贈我「全集」上所寫題簽是由高瑛代筆，他寫字也不靈了。

艾青去世前幾年，年邁多病，多次住院治療，一住幾個月。近十年間，我到醫院探視艾青至少有三次。

一次是 1986 年 3 月 27 日，我到協和醫院老樓專家病房去看他。那間病房很大，很暗淡。艾青在打點滴，但那天他的情緒很平靜很開朗，他用沉痛的聲音對我說：「聶紺弩前兩天逝世了。他的病房就在斜對面。他死得很平靜，沒有驚動任何人，沒有聽見一點聲音就走了。紺弩死的那一天，對老伴說：『我很苦，想吃一個蜜橘。』他的老伴剝了一個蜜橘給他。紺弩一瓣一瓣地全

吃了下去,連核兒都沒吐。吃完以後,紺弩說:『很甜很甜。』就睡著了,睡得又香又沉,再也沒醒過來。」艾青說聶紺弩進入了少有的仙逝的境界。

1993 年初,我又到醫院探視艾青一回。由於編《艾青名作欣賞》,撰寫評析文章,有幾個問題要請他解答。我是與詩人郭寶臣一起去的。那天是探視病人的日子,沒有經過任何周折,走進病房時,艾青正在睡覺,像沒病似的,呼吸從容,睡得很安穩。但護士卻對我們說他成天昏睡。我問護士:「病人有沒有醒的時候?」護士笑笑,說:「你拍拍他,看他醒不醒。」我的大手很粗糙,拍得可能重了點,只拍一下艾青就驚醒了。睜開眼,認出是我和郭寶臣,抱歉地對我們說:「是藥物的反應,我並不想總這樣的昏睡著。」過了一會兒,看他情緒不錯,就問第一個問題:「你在《Orange》那首詩裡,寫到了一個異國少女,她像一顆圓圓的甜橙一樣在你的心靈的天空裡燃燒著,你從法國回國之後,還跟她有聯繫,能不能說一說這一段甜蜜的故事?」艾青望著我憨憨地笑笑,只說了一句:「不想再回憶了。」艾青回答得很好,很得體。本來還有幾個問題想談,我和郭寶臣考慮艾青還在養病,不想回憶什麼,再問也問不出個底蘊來,就不好逼他了。實際上艾青當時並不十分清醒。在談話當中,他又幾次昏睡過去。拍醒他幾回,醒過來,他抱歉地說:「真對不起。」

值得記一筆的是,向艾青告別離開病房之前,艾青向我們兩人瀟灑地揮揮手。這時,我突然興奮了起來,情不自禁地走到艾青身邊,對他說:「我得回報你一個吻。」他點點頭,他顯然沒有忘記十幾年前,我和他在西單副食店的那次重逢。我就在他臉頰上「叭」地親了一嘴。郭寶臣感動地說:「你們到底是詩人哪!」

1996 年 3 月 27 日是艾青的八十六歲誕辰。前兩天,我打電話到艾青家,對高瑛說,艾青生日那天,各方面的人去祝賀,家

裡一定很忙，過幾天之後我再專程來拜望艾青。高瑛說，艾青近來身體狀況還算平穩，等忙過這幾天，約幾個朋友與艾青輕輕鬆鬆地團聚一下吧。我非常高興。

3 月底，我給艾青家幾次掛電話，沒有人接。過了幾天，才曉得艾青在生日前一天又住進了醫院，而且病得很重，經搶救才恢復了心跳。我想艾青命大，又闖過了一關。沒有儘快去醫院看望艾青，心裡很不安。

4 月以後，中國人民大學的年輕教授程光煒來訪，他準備寫一部艾青評傳。我建議他直接去訪問艾青，有關艾青的傳記材料需要搶救。他和高瑛通了電話，得悉艾青還在醫院被搶救之中，不能談話。4 月末，光煒來電話，說艾青人已處於昏迷狀態，病得很危重。5 月初，我趕到協和醫院，直奔六樓，找到艾青病房。門上貼著「謝絕探視」的字樣。我毫不猶豫，推開門就進去了，一個中年護士沒有能攔住我。我走向艾青病榻，「艾青，艾青」喚了幾聲，卻沒有一點反應。艾青仰臥著，鼻孔插著膠管，正在打點滴。他的眼睛閉著，面孔赤紅赤紅，有些浮腫，人整個地在抽搐著、顫動著。病房靜靜的，聽不到一點點呻吟。我看見他的頭髮有點亂，用手為他撫平了一下。待護士過來制止我，我已整理好了。艾青的頭髮又直又硬，彷彿細細的頭髮裡長了骨骼似的。他的頭很熱，像冒著火焰。這時，高瑛走進病房，顯然是護士喊她來的。看見是我，對護士說：「是艾青的好朋友。」我坐在病榻旁一把椅子上，目不轉睛地望著艾青。高瑛為艾青和我拍了幾張照片。她傷心地說：「留個紀念吧！」那一天，艾青的病房特別明亮，充滿了奇異的光輝（七年前，我到海軍總院看望彌留中的蕭軍，那間病房也極其明亮）。我覺得那不是太陽的光，說不清是什麼光。艾青的生命不就是一個巨大的發光體嗎？他此刻正在沉落……沉落之前，閃射出最後的強烈而奇異的光焰。我不願把它稱作夕陽的餘暉。回想起來，當時的感覺是很恍惚的，

也許是我的幻覺。

　　艾青生命的最後時刻很不平靜。他抽搐著，顫動著，直到最後一息還在痛苦地燃燒，他用生命寫完了最後一首發光發熱的詩篇。這首詩，赤紅赤紅，沒有字，沒有聲音。我讀到了，而且讀懂了。這首詩，照亮了我，燒透了我，它並無形體，卻讓我感到無比的巨大。

　　艾青一生追求光明，寫了《向太陽》、《火把》、《光的讚歌》等詩篇，在燃燒中耗盡了生命和血液，直到這最後一刻，他還在燃燒，還在發光。他的赤紅赤紅的面孔，多麼像一輪發熱發光的星體啊，他的生命和心靈裡的詩，真正燃燒到了最後一刻。艾青的生命最後不是進入冷凝的狀態，不是飄飄忽忽的寂滅，也不是平平靜靜的安息。艾青真正是燃燒著從人世間輝煌地消失的，也許比作「隕落」才有幾分相似。艾青的生命在隕落中爆發出了他最後的全部的光和熱。艾青 1996 年去世。

　　在我創作的第一個高潮（抗戰勝利前），我是常常把艾青的「詩論」帶在身邊的。後期他對我的影響不大，但他一直關心我，我們是一生的交情。他平反後沒有多大突破，而我比他年輕，就比較活躍。青年詩人對我有衝擊。對我影響大的是現代詩，有分析地、有批評地吸收。我不願讓太多的死結把自己拴住，但痛苦並沒有消失。

　　李又然、蔡其矯和艾青也有終生的友誼。艾青早年的詩還是李又然從監獄中帶出來發表的。但他們懶，沒寫。

　　對艾青、田間，我要理解他們，學習、繼承、超越他們，努力到達他們所沒有到達的境界。

61 田間，他早年樸實的風格，
戰鬥的風采影響了我一生

　　我沒有專門寫過田間，艾青我已寫過幾篇，寫胡風的也有，但田間沒寫。而他對我影響很大。在甘谷……他的抗戰詩，能鼓舞人，像擂響了的戰鼓。抗戰青年特別欣賞他的滿腔熱血的激情。詩語言質樸，我也喜歡。《七月》不止一次發他的詩。胡風肯定田間，但又說田間未完成自己的藝術風格。我同意胡風對田間的看法，但我仍然熱愛田間抗日戰爭時寫的火熱的詩。

　　最初寫詩，我被田間戰鬥的風格震撼，崇拜他的《呈在大風沙裡奔走的崗位們》。詩集中有一幀他的側面照的風姿。1940 年，我在天水雖然沒有多少錢，我還是到寧波人開的照相館去照（寧波人的技術好）。我模仿田間，也照了一張坐在地上的側面像。我模仿得很像。

　　解放後，1953 年我去鼓樓東大街中央文學研究所（今魯迅文學院前身）看他。他是文研所的負責人之一。這是我們第一次見面。後來就不止一次地找他，他早年樸實的風格，戰鬥

▲1940 年，牛漢在甘肅天水國立五中高中部讀書時，模仿田間詩集《呈在大風沙中的崗位們》中田間的一張照片的姿態拍成

的風采影響了我的一生。

1953 年我到人民文學出版社後，向艾青、田間組稿。田間的《給戰鬥者》，有點背離原來的風格。毛澤東強調：「要在古典和民歌的基礎上發展新詩」，他照辦。艾青也受影響。田間按毛的「講話」精神修改《給戰鬥者》，大部分從自由體改成五七言。我不同意這種改法，認為要保留原貌，這首詩已經成為歷史的經典，基本不能改。他開頭不同意，後來才同意，只改了一點點，保持了詩的原貌。1955 年長詩《給戰鬥者》印出來，我是責編。

田間的《趕車傳》，在雪峰看來是帶有了史詩的規模，但沒有怎麼感動我。真正讓我震動的是他的成名作品《給戰鬥者》。雪峰跟我談《趕車傳》是在 1953 年冬天。他不是專門談田間，是由別的話題引出來的。雪峰說《趕車傳》不論對田間本人的創作道路來說，還是在中國當前的詩歌民族形式的探索問題上看，都有積極的意義。雪峰認為，應當引起大家的重視。這首詩，在他看來是帶了史詩的規模。「史詩」，他重複了三次。當時我對他的口音還不大習慣。

田間解放後很謹慎，規矩，和胡風來往不多。1955 年他受「胡風集團」問題的牽連，差點自殺（胡風最肯定田間、艾青）。

1979 年、1980 年我編「史料」，我約他寫回憶錄。我對師輩有回報之心，有報答之情，對胡風、田間、艾青都是這樣。

1979 年平反後我替他編了一本薄薄的《田間詩選》（「文學小叢書」）。

後來，我去看他，約他寫回憶錄。他住後海，自己的一個獨家小院。白天他待在自己的書房（西房，十一二平米）。我找到田間的院門，見有個人正在門口掃煤灰。我仔細看，是多年未見的田間，他的面孔改變不太大。我大聲喊他：「田間，我是牛

漢。」他說每年冬天河北省駐京辦事處會送他一車煤燒鍋爐。他
請我到他的西屋喝綠茶。我見茶垢很厚，要幫他洗。他說有茶垢
好。我說那種宜興壺才不用洗，你用的是瓷杯，不洗不衛生。

　　然後我們談詩。他說他喜歡我的《悼念一棵楓樹》，他脫口
背了幾行。我對他說，我還是喜歡他早年的自由體詩，包括街頭
詩，像擂鼓，沒有技巧的痕跡，有戰鬥的鼓動性，有個性，有血
性。

　　他深思了一陣，說：「我喜歡你新近寫的詩，但是工人、農
民會喜歡嗎？他們會喜歡這種風格嗎？」我說：「不見得，你說
的工農是過去『文革』前的工農，現在工農中也出了不少詩
人。」

　　他好像在沉思，然後突然打開門，說：「我知道你站在這兒
聽呢！」原來是他妻子葛文在門外院子裡聽，怕我們胡說八道，
談什麼政治話題。我有點驚訝。

　　這次談話大約在 82、83 年間，我是作為朋友很真誠地和他
談。他並不像有些詩人，認為寫自由體詩有思想問題。他喜歡我
的詩也是真的，看來他心裡有矛盾。這次談話中間他老去小便，
他說他前列腺有問題，坐公共汽車常尿褲子。

　　他說幾次想去看胡風，因坐公共汽車不方便，怕尿褲子。請
河北省駐京辦事處派車不容易。他的工資由河北發。

　　坦率地說，作為詩人他在藝術上沒有完成自己的風格。1942
年毛澤東在延安「講話」以後，他就極少有獨具個性的作品了。
田間最好的詩作都在 1942 年之前。他是不苟言笑的人，很樸實，
沒有架子，寫文章、做人都如此。聞一多誇讚田間，稱讚他的是
1942 年以前的詩。

　　田間是 1985 年去世的，死在友誼醫院，胡風也大約在這期間
死的。

62 馮至，對中國現代詩有大貢獻的、學者型的詩人

　　馮至，我特別敬仰。在政治上他是學者型的，很嚴謹。關鍵問題上他是很有頭腦很有見解的詩人，思路很開闊。馮至戴近視眼鏡，方臉，不到 1.7 米的中等個，但他的形象在我心裡很高大，很莊嚴，完美。我認為他是對中國現代詩有大貢獻的人，是現當代最優秀的詩人之一。馮至寫得扎實，是很有藝術造就的詩人。綠原對馮至很肯定。《馮至文集》綠原是主編之一。

　　我跟馮至一起參加過幾次詩歌形式討論會，印象很深。1953、1954 年詩歌形式座談會，田間、黃藥眠等都參加了。田間提倡五七言基礎的格律詩。我在會上說，經過幾十年考驗，自由詩已成為有傳統的新詩，成為民族形式的一種。馮至在會上表示贊成我的意見。

　　在動盪的歷史時刻，他很清醒。1956 年，馮至有一篇批艾青的文章，是理性的、講道理的，不像徐遲、沙鷗那些人，幾乎是謾罵。馮至還寫得很長，七八千字。我把馮至發在《文學評論》上的文章（我有勾畫）拿給艾青看。艾青看了說，馮至文章和別人不一樣，有些意見有道理。艾青說，運動高潮中寫文章，幾乎沒人不寫。但馮至的文章不是發在《文藝報》、《人民日報》上，是發在《文學評論》上，是從學術上談。艾青跟馮至一塊兒照相，挺好的。馮至做人做文章都嚴謹，頭腦清醒，所以他和艾青的友誼得以保持長久。

　　魯迅說過馮至是中國最優秀的青年抒情詩人。

　　1989 年 4 月 6 日中國作協、《詩刊》開紀念五四座談會，艾青、卞之琳、臧克家、馮至等到會，我也去了。臧克家宣傳毛澤東思想，對朦朧詩、先鋒詩完全否定。我支持年輕人，認為要理解年輕人的創作。馮至和我認同。他不迴避這個現實，積極支持

群眾運動。

　　馮至去世不久，在追思會上，我回憶以前這些話，強調馮至晚年堅定地相信年輕人，相信他們會在不斷的探索中調整自己。

　　馮至對中國新詩是有貢獻的，寫十四行詩也在嚴謹的同時保有自己的個性。他是學外語的，對西方現代詩確有研究，對古典詩詞也造詣很深。對發展中國新詩確有貢獻，不是形式上的模仿。在我敬佩的老詩人中，他超過卜之琳，更不要說臧克家。臧克家三十年代在聞一多帶動下寫的詩很樸實，有泥土味，《老馬》等還可以。到「文革」中寫五七幹校生活的《憶向陽》就很虛偽、很荒謬。

63　何其芳，我所敬重的、比較複雜的詩人

　　我對何其芳的印象本來很好。我敬重他，把他當老師，前輩。我喜歡他早期的詩，包括散文，嚴謹、秀麗。

　　解放初，他對我有幫助。1944 年我的一個同學給他當助手，在重慶編《現實》，在報紙專欄上發過我的詩（在西北大學寫的）。五十年代初，我在瀋陽部隊時，我將解放初出版的詩集《祖國》、《彩色的生活》寄給他，與他通過三四封信。他給我的信寫得非常懇切，細小的字寫滿幾張稿紙，對我的詩提了許多看法。也從詩創作範疇內肯定、鼓勵我的創作。他鼓勵我好好寫下去。

　　1953 年，在北京飯店馬雅可夫斯基詩朗誦會之後，我們深談過，聊過半天。他熱誠平易近人，還是談詩，他和我都還很欣賞馬雅可夫斯基。我在大學時用俄語背誦過馬雅可夫斯基的詩。馬雅可夫斯基也寫過現代派詩。何其芳的字很秀氣，平時笑眯眯的，讓人感到親切。

　　1953 年我參加抗美援朝回來。1954 年我給他送去我的詩集

《愛與歌》。我家住復興門外，我騎車到他在北大的家，他當時是社科院文學研究所副所長，所長是鄭振鐸。我主要是想聽聽他對我的詩創作的意見。他談得很誠懇，談了一個下午，很親切，還留飯。之後又見過幾回。他的神態總是熱誠坦率的，不像個長者，更像個同齡朋友。

1954 年，我在中國作協詩歌形式問題座談會上發言，強調不能把自由詩排斥在民族詩歌形式之外。後幾年，何其芳列印了一篇題為《中國新詩十年（1949-1959）》的論文，文中引述了我的上述觀點，我見過這個列印文本。何其芳沒寫過歌頌和空洞的民歌體的詩。艾青、卞之琳、田間、徐遲都寫過，何其芳、馮至沒有寫。

1955 年批胡風，我被抄走的信中有他寫給我的四五封。何其芳是處理胡風問題的五人小組成員之一，但和我談話，沒有擺那種架勢。遺憾的是抄家抄走的他寫給我的信以後沒有還給我。

大約 1947 年在香港他寫了長文批胡風，在重慶也寫過批胡風的文章，但我們之間還有交往，這是我的自由。何其芳懂詩，他沒有寫什麼民歌體，還是過去的風格，解放後寫得很少。晚年寫有《毛澤東之歌》一文，一篇較長的遺作，談一些經歷。他去世後，他老婆寄我《毛澤東之歌》，我提了意見，沒有在「史料」發，絕對不應該發。何其芳更深的思想我不瞭解，背景很複雜！看來我不完全瞭解他。

何其芳比較複雜，要好好研究。不少詩選選他的《回答》，這首詩的確很好。如果選解放後的詩選，卞之琳、臧克家一首都選不上。我個人這樣評價。

我多年跟隨過胡風寫詩。何其芳寫過大文章批胡風，胡風也寫過大文章駁何其芳。我不因胡風就不接觸何其芳，大家吃驚：牛漢跟何其芳有關係?! 這不奇怪，這不是背叛，也不是狡猾。

尾聲：從熱血青年到熱血老年，我仍在苦苦跋涉

　　我從小是放羊的孩子，經歷過大災大難。新中國建國以來，也過得很不平靜。我是個很普通的很真實的人。從十五六歲寫詩，到現在八十四歲，沒有動搖，沒有違背人文的精神，堅持寫到現在，真是很難，很難。在當代中國，作家、詩人要保留個性真是很難。

▲1982 年，牛漢攝於海南三亞海濱

　　我是有個性，有脾氣的，一生的經歷與民族命運息息相關。如果沒有抗日戰爭，我可能一輩子活在晉北。我們家較貧困，地裡收的糧食不夠吃，一年缺兩三個月的糧。我只可讀到初中，大了以後也許可以當個鄉村小學教員吧。

　　直到現在，我沒有自己寫的完整的自傳，只有簡歷，只有片斷的回顧，零散，不完整。這是第一次系統地回顧一生是怎麼活過來的。談得膚淺一些，還沒有進行深刻的反思，還需要在交流中再探討。我這長長的、曲折的一生，經歷過哪些不同的事件，是怎麼活過來的，寫詩經歷過哪些變化……這樣好好回顧一下，可以給後人更多的啟發。

　　歷史就是這麼走過來的，有血淚，悲歡，實在太複雜了。

　　我只是詩壇中的一個老人。中國當代詩壇有許多人，有艾青、郭小川、綠原、李瑛、鄭敏、臧克家、賀敬之、鄒荻帆、公

▲21世紀初，《人民文學》雜誌社宴請北京的幾位作者時合影。前排右起：
　鄭敏、牛漢、謝冕；後排右起：韓作榮、吳思敬、史保嘉、陳永春

劉、邵燕祥、穆旦、曾卓……很多很多，各人有各人的道路，都是一生都沒有放下筆的詩人。解放後各人有各人的變化，有些人墮落了，甚至背叛了詩，背叛了人生。

解放後中國的歷史在世界範圍內是悲慘的歷史。雖然現在有變化，但總的體制基本沒變，民主法治還沒有完全建立。

有一個時期（五、六十年代），我認為中國是從半封建變為全封建，沒有體現民主精神，軍隊、官員、政府裡的幹部，都是委派的，連刊物主編都是上邊任命的。民辦刊物只有少數，不能公開發行。生存環境在世界範圍內比起來，是落後的。一黨專政違犯人類進化的規律，發展的規律。本質上，軍隊竟然不屬於國家。黨委凌駕於政府之上。

還沒有基本的民主法治。所有政府首長，有些是明顯的世襲（不是民選），高幹子弟還是高級官員的後備隊。

我是五四運動後不久出生的（1923 年）。我是生於中國最混亂、動盪的年代，我個人的命運和國家的命運是息息相關的。我不逃離，不背叛，從熱血青年到熱血老年。我一直到老，血還是熱的。冷血的人是不會寫詩的。當然，相對來說，我還比較狂躁，還要加強冷靜的思考。沸騰的時候多，沉思冷靜思考不夠，不像馮至，所以我特別敬佩他，但我也特別不認同遊戲人生。我厭惡一些人玩弄人生，昏天黑地的混混。個人享樂我不會。我從來不混，我總是思考國家民族的命運。因為我的命運受國家命運的牽制。我不是很自由、很安靜的人。到現在還是憂國憂民，還是期盼著國家有徹底的、體制上革命性的變革。從基層就是村支部、村支書，縣委大樓、省委大樓……這種生存環境是世界上最落後的少數幾個國家之一。各個國家，美、日都有它的問題。中國是根本的問題，沒有健全的民主法治。推翻滿清是要推翻封建王朝和軍閥的統治。「五四」有革命的意義，也有些過頭。從詩來說，清朝末年已經有自由體詩。胡適、郭沫若都是國學根基深

厚的人，他們提倡白話詩，有過頭之處，把傳統全扔掉了。他們
沒有強調古典詩詞的傳統。

中國詩歌有幾千年的傳統，近百年來中國的詩歌也在各種影
響下發生變化。強調必須為無產階級政治服務，不惜把真正堅持
人文精神寫作的人打成「右派」、「反革命」，幾十萬、幾百萬
人受到戕害、打擊。對此，直到現在，還沒有真正徹底地檢討反
省過。我關心這些，不是為了個人，而是為了國家、民族的興
旺，是關心國家、民族的命運。

我對「六四」毫不含糊。我自己受到衝擊，所以我認為僅僅
直面人生是不夠的，要絕對投入，要不惜個人犧牲，要鬥爭。所
以我自命熱血老年，寫詩不是為了發洩私人憤懣，而是反映時代
的苦悶、希望和夢想。我和詩的激情是一致的，是生命的表現。
我的每首詩都體現了中國人——普通人內心的感受。後人研究我
的詩，也認清了這一段歷史。不僅僅是詩，而是歷史的悲劇，詩
所反映的時代。為什麼苦悶？為什麼痛苦？我是個普普通通的

▲2000 年 12 月，牛漢（右 4）攝於韓國釜山東亞大學詩歌研討會

人，可那個時期就這麼活著，一輩子沒有寫過一首快樂的詩，溫柔甜蜜的詩，不是不喜歡，我活著本來就是為了寫一首快樂的詩，幸福的詩。但沒有，沒有這樣的人生，哪來這樣的詩？!

　　在我而言，很想有這樣的快活和甜蜜，但是沒有。當然，有人勸我超脫個人的苦難，但我做不到。也許就是寫苦難的命，我沒有寫過一首歡快的詩，包括情詩。給第一個愛人王沛（天水國立五中同學）寫過長詩，那也是痛苦的詩。我不抽煙，不喝酒，首先因為見有人窮困中借錢買煙。1944 年冬天去不成延安，我和幾個同學在西安的小館子裡喝過酒，喝三五兩沒問題。小時候跟祖母喝過黃酒（自釀），暖肚子的。但終究還是不喝，啤酒都不喝，說不喝就不喝，你說我什麼都可以。有點怪，不會享樂，活得很簡單。也許片面，但總是和生存環境有關，和時代有關。在咸寧五七幹校，韋君宜唱語錄歌，用洋嗓子唱《五月的鮮花》，她看著我，叫我張嘴，張嘴，叫我唱呀，唱呀！我不唱。我倒是愛歎氣，我的歎氣是多少年養成的，不是悲傷，是生命中有不吐不快的東西，是活的傷疤的呼吸，不歎氣不暢快。

　　作為一個詩人，我沒有寫成很多好詩。我已拼上命寫詩，但還沒有像國外的一些詩人，如歌德、里爾克、萊蒙托夫、茨維塔耶娃……那樣。

　　中國的整個詩壇，就跟我的家譜一樣。百年中國詩歌，有一定成就的，我每個人都仔細看過，讀過。而每個詩人的出現與消失，每個詩人的變化我都理解。歷史的殘酷與個人的軟弱，胡適、郭沫若、卞之琳、田間、艾青……有的人後來為什麼不寫了，我能理解。

　　賀敬之教訓我，你總強調個性，那不過是「小我」，他說他寫的是「大我」。我寧願一生寫「小我」，有血有肉，真正的人的詩。「小我」有遠大的理想。所謂「大我」，是空空洞洞、無血無肉的馴服工具！「大我」不是人！離開個人還有詩嗎？還有

什麼個性？所謂「大我」，是人寫的詩嗎？中國這幾十年不是養育詩人的時代。離開個人的苦難是空洞的，我最恨那種搖身一變，變成「大我」了的人了。包括×××，他受了二十多年委屈，是遭過罪，經歷過大苦大難的人，但在重要關頭那種態度，真是可怕。我不會的。歷史的殘酷和個人的軟弱把人性扼殺了。平反後，像我這樣堅持寫詩的很少，大多數不寫了。有些人還寫，但懂政治的人知道怎麼寫，有人甚至變成了工具。我理解、同情不寫的人。

在現實面前各人有各人的苦難，歷史就這麼殘酷。我特別憎恨的是背叛，是出賣。羅洛沒有表現就不會任命他為某市作協的頭，這是墮落。×××和他哥哥，差不多，活得很聰明，也很不

▲21世紀初，北京豐台某飯店詩人聚會時的合影。前排左起：邵燕祥、蔡其矯、北島的母親、牛漢、謝冕；後排左起：蘇曆銘、吳思敬、北島、徐曉、史保嘉、林莽、張洪波、劉福春、李占剛

簡單。政治傾向、色彩，我看得出來。他絕對不敢支援先鋒派。他和周圍能處得好，但缺乏真誠。當不了大官，但有個人利益。×××，北大畢業，57年來出版社，安排當政治秘書。他跟咱們不一樣。我怕他彙報，他肯定要彙報，教訓太多。告密者，蕭乾算一個。魯煤把材料交給公安部表功。他首先懷疑我，說我是「胡風集團」理論最堅定的執行者，我根本不理他。

　　魯煤2005年見到我，他說，你是現在最能體現胡風主觀戰鬥精神的詩人。他和賀敬之關係很好。1955年，對他處理最輕，他沒有被捕，只是調換了工作，還可以用自己的名字發表作品。他寫的假材料，說我參加過寫「三十萬言書」，還胡說吳平抄過「三十萬言書」。我不信任他。徐放、路翎，我們最好，就說我們是「小集團」，後來徐放也不大寫詩了。我們對魯煤有所懷疑，他後來跟賀敬之比較近。

　　「胡風集團」事實上不存在。「七月」詩人實際上分化了，1955年以後，更是各走各的道路。「四人幫」垮台了，所謂「胡

▲2003年春天牛漢在河北廊坊牛漢詩歌研討會上發言

風集團」並不都是好朋友，胡風家裡有過聚會，並不親熱。

我不是空洞的浪漫主義、理想主義。我的詩單薄，形式上不凝練，這方面的努力還不夠，所以好詩不多。但重要的是自由的表述。固定的形式我是不承認的，十四行詩一首沒寫過。

我讚賞的是真實的人，不要背叛國家，也不要背叛朋友。詩寫得好不好不要緊，詩即使寫得不完美，默默在家待著，但作為人，「以人為本」，要清清白白做人，不去迎合，要堂堂正正地寫詩。

詩，我寫得不完整，不完美，但問心無愧，對得起詩歌，對得起胡風、艾青、田間，對得起祖先。我可以努力完成田間、艾青沒有完成的東西，我從他們那裡得到力量。他們的矛盾、痛苦給我力量，讓我清醒。艾青晚年還是很努力，但各種原因影響了他。過去老一代詩人，包括魯藜，年輕時寫得好，後來寫不下去，但他沒有背叛。

▲20世紀80年代牛漢與彭燕郊（中）、朱健（右）於長沙

　　彭燕郊參加過新四軍，寫了好多近似艾青的詩在《七月》上發，如《戰鬥的江南季節》。他沒有背叛詩，沒有墮落。他住在湖南省博物館，一個人住一間。他在湘潭大學教書時感情出軌，被取消了省人大代表資格。老婆跟他離了婚，他內疚。他待在那房子裡，看書，寫詩，跟流行的絕對不一樣。他個性太孤獨，我非常理解他。他從沒有背叛，很清醒。他跟老婆離婚後並沒有完全分開，還在一起吃飯。我很為他難過，他是真實的。他今年八十六歲，身體還可以，詩還默默地寫。

　　一個人的變化不要簡單地批判，除非他背叛了。大家痛苦地活著，沒有背叛祖國，朋友，詩，就應該受尊敬。

　　應當廣泛地研讀外國詩歌。田間不大看外國詩，艾青是看的。到上個世紀八十年代，我意識到了，要借鑒學習人類文化優秀的遺產，就算是補課吧。世界範圍內優秀的詩歌對我的影響很大。我最後的詩，受國外的詩的觸動很大。

　　《歌德談話錄》，他 81 歲還寫詩，還談戀愛，這對我影響大，對我有啟發。畢卡索也有影響，畢卡索、蒙克我都認真看。我買了不少畫冊，我吸收了其中一些境界、技法。重要的畫展我都去看。

　　最珍愛的是做個真實的人，就像彭燕郊，活得很苦，我還同情他，他有缺點，但沒有背叛朋友，沒有背叛詩。

　　田間跟我談，他感到苦悶、痛苦，對詩有感覺，但好多思想問題沒有解決，所以痛苦。他 1985 年去世了。艾青晚年也痛苦，但沒有背叛詩。

　　艾青、田間都沒有完成一生對詩的追求。但給我的啟發是我不能這樣，整個人生態度要超越他們，決不含糊──田間擺脫不了毛的指示，但很苦惱。他坦率告訴我，他沒有當官，可見沒有投靠。他的晚年很慘澹。我要繼承他們，而他們沒有達到的境界，我要努力達到。心願如此，我要在這方面超越他們。

　　戴望舒一輩子寫了不到一百首詩，但他對中國詩壇的貢獻足以不朽。1949 年華大春節聯歡會他來了，表情苦悶。坐在那裡一言不發，精神不太好。開完會後，成仿吾讓我去看看。我是成仿吾的秘書。我去看戴望舒，他住在現在宣武門的一個王府裡，當時是華大三部的住地。他住南房，只有一間，很暗。我說：「成仿吾讓我來看你。你身體是否不大好，有什麼困難可以提出來。」我還說喜歡他的詩。他不笑，他說想改變工作，想到外文出版社和楊憲益、戴乃迭他們一起搞搞翻譯。我回去後，彙報了，但他很快去世了。他臉上有麻子，但眼睛挺大，並不難看。他的女兒還健在。1998 年在朝陽區文化館，還見到過他的女兒，他女兒還記得我那年去看他爸的事。我永遠忘不了他那發青的面容，陰暗的住房。

　　卞之琳早年，上個世紀三十年代在北大到抗戰初期寫得精美。卞之琳不是猛打猛衝的人。卞之琳的晚年是安安靜靜的。我

▲20 世紀末，牛漢在山東煙臺石島與張志民（左）合影

給他編過詩。

　　施蟄存，魯迅罵他，他從來沒有報復。他是華東師大的教授，是最早搞現代詩的，一直是批判對象。施蟄存晚年時我到過他家，見過兩次，人十分清醒。

　　張志民這人很好，對「六四」天安門事件他不含糊（《詩刊》人語）。「六四」後，邵燕祥從美國趕回來。他說，邵燕祥能回來，表明邵燕祥是愛國的，應該表揚。當時，張志民和邵燕祥都是《詩刊》的負責人，邵燕祥跟我談到這件事，對張志民很感激，但張志民的詩寫不上去了。他的代表作是《死不著》。

　　中國的詩壇發展這麼艱難，沒有誕生的條件。1979 年後至 1985 年前朦朧派詩、新生代的出現是略有恢復，有點復蘇景象。但現在在世界範圍內，中國詩歌的生存狀態是不理想的。現在中國詩歌的生存環境，還不如五四時期軍閥統治下的北平與三十、四十年代的上海，抗戰時期的重慶。解放後，詩的生存條件很壞。詩歌是個人創作，但生存環境沒有交流，寫得很艱苦。

　　為了中國詩歌命運，也可以說為了國家民族命運，我不惜拋頭顱，灑熱血。我不會離開這個國家，還會繼續努力奮鬥。中國詩歌還在艱難跋涉，我是一個跋涉者。不少人比我年輕，也經歷了詩歌之外的打擊。我相信，在跋涉的路上，我不是孤單的。

　　我到日本訪問過。日本有兩千多家詩刊，法國有五六百家詩報刊。中國詩人太難，只有不顧死活地寫，也許能有所作為。

　　我已八十四歲，真的詩不是想有就會有。我寫詩的激情畢竟不如過去了。我還想把歷史上經歷過的重要的事情寫一寫，不會很長，幾萬字吧。寫點隨筆吧。如為馮雪峰辯誣，如關於聶紺弩等等。八十歲到九十歲這個年齡段，畢竟多數人都走了。

　　我從不喝酒，從不抽煙，幾十年來，只歎氣，歎氣真舒服！我年輕時愛唱歌，後來不唱了。歎息就算是我的歌唱吧。

　　大自然，土地，故鄉對我的培育，勞動的親切，我永不會忘

記，我會從中吸取智慧。一草一木的生命都啟發了我，就像門前
階梯縫隙裡的小花小草，那生命的智慧很不簡單。人也一樣，是
地球上的生命。我從它們的姿態吸取了生命的營養。它們不會寫
詩歌唱，但我能從中得到詩意。從蚯蚓、根、蟬……一樣能得到
詩意。我就是這麼個人，不是書呆子，所以不能成為學院派的詩
人。1987 年，《中國》停刊後，我更開闊了一點，所以有《童年
牧歌》中對土地等等的感悟，對土地，對大自然，我感受到它們
給我的智慧，詩意，我和城裡長大的人不一樣。八十年代末有那
樣的感悟，才寫得出《童年牧歌》，回想起來還很懷念。

　　2003 年，我曾經寫過一篇文章：《我仍在苦苦跋涉》。那是
在獲馬其頓共和國「文學節杖獎」之後寫的。我說：「在中國眾
多的詩人之中，在詩歌的創作領域中，我從不認為自己是一個傑
出者，但是我的確是一個不同尋常的虔誠的跋涉者。我雖平凡卻
十分堅毅。」

▲2003 年，上海，辛笛詩歌研討會上的合影。前排左起：辛笛女兒、辛笛、
　邵燕祥、黎煥頤；後排左二起：宮璽、牛漢

　　我就是這樣一個人，一個平凡卻又堅毅、執著的人，一個很
真實的人。

後記一

一部大書的前提和基礎

何啟治

2005 年 6 月 26 日，我和晉西完成了江少社的一部寫航太英雄的約稿。交出書稿後，我除了一些零星雜務，可以有相對完整的時間集中使用了。

做了一輩子文學編輯，身心尚健，不想過早地虛度時光。做些什麼呢？一些閱歷豐富的文學前輩，或者已經遠行，或者不願回憶往事，或者年老病重，不便打擾。有沒有自己相熟，又值得為之立傳傳道的人物呢？

一個個熟悉的身影在眼前閃過。其中很突出、很獨特的一位漸漸清晰起來——

作為老詩人，他在海內外享有崇高的聲譽。

作為老編輯，他同時實際主編過《新文學史料》和《中國》這兩份重要的文學刊物。

解放前，他被國民黨青年軍砸傷了腦袋，成了階下囚；解放後，竟又鬼使神差地成了共產黨的階下囚，被拘捕、隔離審查了整整兩年。

在幾十年來以「左」為特徵的政治運動中，他歷經磨難，備受傷害，卻堅忍不拔，一身正氣，且愈老彌堅，總是憂國憂民，心連祖國命運，胸懷天下蒼生，是我非常尊敬的老大哥。

他秉性剛正不阿，是非分明，直言不諱，毫不含糊。

「文革」中，在五七幹校，他在政治上備受歧視，勞動卻從不含糊，忘不了他領著我們扛著沉沉的麻袋登上高高的糧囤。他健碩的胳膊比我們這些文弱書生的小腿還粗壯。

……

他，就是老詩人牛漢，老編輯牛汀，我十分敬重的老牛、牛大哥。

對，就是他，不找牛漢大哥還找誰呢？

果然，牛大哥在電話裡答應得很痛快。他說，除了小冊子《童年牧歌》寫到故鄉和童年生活，自己並沒有寫過自傳。眼看82歲了，老了，但還不糊塗，你要覺得有意思，就系統地談一次吧。

可是要好好回顧他八十年的人生，談一兩天顯然是不夠的。而且，我的住處比較狹小，牛大哥的住處也只是伯仲之間，何況他畢竟已是八十老人，我怎麼忍心連日打擾？

無奈，只好求助於中國作協的領導。所幸建功兄和有關人士都鼎力相助。這樣，我、晉西便陪同牛大哥，從2005年9月23日至10月3日，來到了河北興隆中國作協霧靈山（又叫花果山）創作基地。在這「山高霧有靈，溝深育詩魂」（牛漢語）的好地方，在不愁吃不愁喝的環境和秋高氣爽的天氣裡，便有了近10天的傾談。

其後，我根據自己的筆記，並參照晉西的記錄和錄音，整理成2006年1月31日的文字稿，是為《牛漢口述歷史實錄》的一稿。

這份文字稿在2006年2月1日年初四交到牛漢兄手裡，由他通讀，訂正，或適當刪減，或略作補充，便是由他在今年3月6日交到我們手裡的文稿，即由牛漢兄授權，「可以公開發表出版」的「改定文本」。

為什麼這中間竟有一年多的時間間隔呢？除了年事已高和需要反覆斟酌這些因素之外，最主要的是牛漢兄在這一年多裡先遭遇了喪妻之痛，後又欣逢新婚之禧。大喜大悲的人生處境，其中的艱辛複雜和耗神費事，當不難想像。

好在，這份我們認為對文學、社會學和文藝編輯學都很有研究價值的文稿，總算已經完成，加上史果提供的珍貴的照片，以及「附錄」中的年譜，家人、摯友的文章等等，當可構成一個相對豐富、完整的「牛漢歷史」文本。

然而，文稿交到三聯編輯部，過了一段時間，卻聽到讓我們做一次比較大的修改補充的意見：為一般讀者著想，對文稿還要充實內容，豐滿血肉。

確實有道理！於是，從 5 月到 8 月，我們對老牛做了六七次補充採訪。然後參照他的有關文章，對全稿重新進行整理、編撰，並請牛漢兄最後複核。這樣，便有了 8 月 5 日由牛漢兄改定的二稿，標題也由《牛漢口述歷史實錄》改為《我仍在苦苦跋涉：牛漢自述》。

誠然，牛漢應視為一本大書，而這本「牛漢自述」只能看作完成這部大書的前提和基礎。大書能否最終完成，有待於許多其他因素的作用，這裡，只好暫時打住了。

三聯書店的李昕兄和其他同業朋友認可這部書稿並支持它的出版，是我們的榮幸。在此，謹致由衷的謝忱。所有不足或需要充實改善之處，則只好待之來日了。

2007 年 8 月 12 日

＊本文原無標題，大標題為編者所加。

後記二

洗　禮

李晉西

　　上個世紀八十年代初，我在大學的一片竹林中讀《白色花》。竹林是校園唯一一處比較隱蔽的地方。我讀的大學坐落在成都東邊的獅子山上，校園外有一眼望不到頭的桃樹和梨樹。不知為什麼，我從不在桃花和梨花下讀詩。

　　二十多年後，跟牛漢先生有了接觸交流，找到了原因。我那小小的詩的精神才發芽，與桃花梨花融為一體的距離還遠得很。

　　跟牛漢先生接觸的時間不長，卻很深入。2005 年 9 月到霧靈山之前，一次在他的書房裡做採訪準備。我說《童年牧歌》裡的人物都是有氣息的。他說：「他們都沒有死。我每天早上醒來，覺得他們也跟我一道醒來了。我的母親，我的奶奶，我的死去的親人都沒有死。」我很羨慕。我不知道自己能不能走到這一步——沒有生死之別。

　　在霧靈山創作基地，每次上下二樓經過一級台階，牛漢先生都會停下來，俯下身說一兩句話，摸摸從水泥縫中擠出來的一株小草。我們去的時候，草頂有花骨朵，臨走時，花已很燦爛了。那是一朵黃色的小花，莖不足三公分，花的直徑僅有一粒黃豆大。

　　牛漢先生常常歎氣。談話間，散步時，他都會深深地長歎一聲。我問是不是心臟有問題？他說沒有，體檢一切正常。他說歎氣就舒服，那是傷疤在呼吸，傷疤也是有生命的。每次回想起他的長歎，我就想到時間的重量，想到歷史深處也許永遠有見不到底的地方。我也學著歎一口氣。

　　整理、修訂牛漢先生在霧靈山的講述，有一種接受洗禮的感覺。我特別喜歡回憶他講五七幹校後期的生活。一天下午，講完這段生活後在二樓平台休息，他說，為了尋找蘭花，會在山裡瘋跑好幾天。「我覺得一草一木都和我的生命相連，相通。我狂喜，爆發的狂喜！沒人管我，我覺得自己就是天地人間的小小的一份子。這是天地人間給我的啟迪，與為什麼服務根本不沾邊。我的生命有再生的感覺。」我喜歡回憶他講這段話時的光亮，那光亮讓我明白為什麼見過他的人都喜歡他的微笑。那是清澈透明的生命本質的微笑，是詩的微笑。我喜歡停留在這樣的微笑裡。

　　我明白我在朝什麼方向去。我的生命中，與天地萬物相融的這一天也許不會降臨，但我已知足。不需抬頭就能看見牛漢先生，看到詩的精神的存在。我知道餘下的路並不太遙遠。

2007 年 3 月 25 日

　　2007 年 5 月至 8 月，重讀牛漢老師的作品，多次到牛漢老師北京東八里莊家裡做補充採訪，對 2005 年在霧靈山的採訪做進一步的增補。我還是想說，感謝再次擁有的聆聽的時光。

2007 年 8 月 12 日補記

附錄一

父　親

史　佳

　　「文革」期間，父親在湖北咸寧文化部系統的五七幹校勞動，母親則下放到武漢鐵路局所屬的襄樊五七幹校，後來又被分配到了漢口鐵中，任校長。我在北京師大女附中高三畢業後，趕上了廢除高考制，於 1968 年投奔了甘肅天水的三叔家，從北京四中初三畢業的弟弟史果在北大荒成了建設兵團的戰士。那時，每年總有一次，在母親的一聲召喚下，我們便從四面八方匯集到一起，或北京，或武漢，實現一年一次的全家團圓。在探親假期間，大家有說有笑，享受著這難得的聚會。尤其是父親異常興奮，他總是得意地述說著他在幹校如何如何的能幹，插秧如何快，吃得如何多，力氣如何大，就是年輕人掰腕子都掰不過他，好像他是一個最重要的、最能幹的大人物，在幹校生活得十分快活。見到父親這麼高興，甚至得意，我也受到感染，完全沉浸在家庭團聚的歡樂中。我這個自幼就因政治迫害背上包袱的青年，居然莫名其妙地相信了父親的話。

　　父親平反後，落實政策，我也於 1983 年回到了北京，就在父親的單位──人民文學出版社工作。時間一長，跟大家混熟了，就不斷地有人向我講到：在幹校時父親如何受欺負，總是讓他幹最重、最累、最髒的活兒，還蠻橫地整他。直到這時我才恍然大悟，知道了父親在幹校時的真實情況。這就是我的父親，一個自信的人，一個堅強的人。

　　也就是在這樣一個雷鳴電閃的交響樂中，風雨的抽打注入了力量，父親像汗血馬一樣狂奔著，像蚯蚓一樣在低吟，像鷹一樣

做著一個個飛翔的夢。於是，誕生了《悼念一棵楓樹》、《華南虎》、《鷹的歸宿》、《根》等一批詩歌。這些詩歌至今都還散發出汗的香味，閃耀著血的亮光，都還鮮活著。

還是在艱苦的勞動中。那是在三年困難時期，父親和社裡的幾個「有問題」的人在出版社的平房農場勞動，養豬，種菜。每逢週末，他總是從農場騎近兩個小時的自行車趕回家中，帶回一串麻雀、一籃雞蛋等，給我們因食物短缺而虛弱的身體補充營養。有一次，他興致勃勃地帶了一副豬肝，夾在自行車後的架子上。誰知由於豬肝濕滑，回到家時才發現豬肝丟了。一向大度的父親竟為此遺憾了多年。我想，大概是他始終為自己牽連了全家而痛苦，就是這點物質補償竟然都沒法實現吧。

這期間，他還在繁重的勞動之餘，利用休息時間創作出了一部長篇小說《分水嶺》，有五十多萬字，講他大學時的學生運動以及和母親的愛情故事，他認為寫得非常認真，不比《青春之歌》差。另外還寫了一部中篇小說，有十幾萬字。我清楚地記得，每次週末父親回來時，利用僅有的一天一夜時間和母親討論作品，總要談到深夜兩三點鐘。只可惜這兩部作品在文化大革命中，被北京鐵道學院（今北方交通大學）的「革命造反派」在抄家時給抄走了，而且一直都沒有歸還，恐怕是徹底丟失了。父親說這是他一生中最大的損失。就這樣，一個小說家夭折了，兩顆通紅的棗子被蟲子咬了心。

想想看，父親在建國後的幾十年的工作中，大半時間都在被監禁和勞動。但我從來沒有聽他說過半句抱怨的話，他沒有悲觀，沒有沉淪，是金子總會發光，是個人就不能虛度。墨水和著汗水，塗滿了身軀，浸泡著心靈。於是，從心底裡湧出了一首首結滿了凝固的淚珠、散發著芬芳的不朽的詩篇，它們像父親手上的老繭一樣的厚重，像父親周身的骨骼一樣的美麗，富於彈性而耐人尋味。父親的眼淚從不含在眼眶中，而是滲透在他的詩中，

他的眼淚不是為乞求憐憫，而是供人欣賞。

父親又是一個善良的人，一個寬厚的人，即使得不到別人的愛心，他也要無償地奉獻自己的愛心。記得那時我還在天水，一次父親來信寫到，舒蕪一家在文化大革命中很慘，他的妻子被紅衛兵小將活活打死，他的老媽媽身體不好，需要照顧。我知道舒蕪曾經做過對不起父親的事，造成父親幾十年的沉冤。但父親似乎早已忘記；他只知道舒蕪一家也是人，而且是需要幫助的一家人。他叮囑我在探親時，一定要帶些天水當地產的中藥材黨參、當歸。後來我帶回來了，父親立即送到舒蕪家，並說舒蕪一家很感動。

在幹校救蕭乾一事，有的文章已報導過。我只補充一點，聽父親說，蕭乾落入水中後，有的革命群眾態度很冷漠，而父親毫不猶豫地跳下水壩，把蕭乾救了上來。當然，這與父親對自己水性的自信也有關係。願天下的人都能互相尊重，寬厚待人，和諧共處。

也許，正是由於父親一生太過苦澀，在他的晚年的生活中卻平添了一種很不合時宜的愛好，就是喜歡甜食，無論是各色糖果，還是各種點心，他身邊總要備上一些，閒時總要吃上一點。有人警告說這是垃圾食品，有人勸說吃多了會發胖，又有人說會導致糖尿病。而父親卻都不怕，他瞭解自己，他太需要甜蜜了，他太渴望甜蜜了，他的體內需要用蜜糖來平衡，他的心靈需要用蜜糖來澆灌。

父親還是一個溫情的人，一個浪漫的人。有一個場景令我感動，發我深思，那是在母親的遺體告別儀式上。那天母親穿了一身紅色的衣服，還化了淡妝——像個美麗的新娘，在靜靜地等待著婚禮，那是父親特意挑選的衣服。要知道，母親的漂亮是天生麗質，一生沒有穿過顏色鮮豔的衣服，一輩子沒有化過哪怕是淡妝。我理解父親的心思。在正式的遺體告別之前，我注意到了一

個細節，父親輕輕地俯身到母親的胸前，臉緊貼在母親的胸上，父親的面頰離母親的面頰越來越近，越來越近，是在「吻別」？那時父親一定在想，他的出身桐城吳門的典雅、美麗的妻了，解放前跟隨他顛沛流離，解放後因他的緣故被「革命造反派」打彎了腰，而從不吭一聲的堅強的妻子真的就要離他而去了嗎？他堅信，總有一天，他也會到那個寧靜的世界，去奔向他那美麗新娘的懷抱。我此時已痛哭不已。事後父親曾深情地對我說：「你媽的體溫始終是熱的。」我說：「人死後就沒有體溫了，就涼了。」父親卻堅持說：「你媽不是，但有的人一死就涼了。」

我家遠祖是成吉思汗的一員驍將，父親的身材偉岸，有著常人兩倍的體魄。他的內心還剩餘著足夠的能量，還可以燃燒發光，他還沒有享受夠人生。他曾自信地跟我說過還可以活十幾年。母親去世後，父親一直感到很孤獨。終於有一天，父親和我談起了一件令我震驚的事。他說，他要再婚了。我當時感到非常的突然，由於我的處境，母親的去世就已令我感到塌了半邊天，父親要是再婚，整個天就塌下來了。我不斷地檢討自己，怪自己沒有很好地安撫父親孤獨的心靈。由於父親受到政治迫害時我還很小，因此受到了驚嚇。在我八歲時就已經有了失眠的經歷，直到今天，這個頑症都還在困擾著我。我覺得當時在我的家裡常有一股陰雲在遊走，籠罩在我們每個人頭上，隔絕著我們之間的親情。過去大家潛意識裡都在迴避著那個話題，因此我很少和父親談心，我並不瞭解父親的心思，我是一個心靈上受到很大傷害的孩子。

後來我的朋友常虹跟我說，她知道父親再婚的決定後，反而更加佩服父親了：這麼大的年紀還有這種追求，對生活還是這麼的積極。我才逐漸擺脫了心裡的自責，接受了眼前的事實。

這就是我的父親，有著一顆年輕的、浪漫的、熾熱的、大膽的詩人的心願父親的晚年生活幸福甜蜜願我們的國家安定團結。

咸寧五七幹校雜憶

史　果

1971 年麥收後，我從黑龍江東北角一個叫「迎春」的小鎮坐上火車，去看身處湖北咸寧文化部五七幹校的父親。

之前我已寫信告訴父親，父親的回信透出了高興之情，信末捎帶了一句，經北京換車時，如能買些熟肉帶來最好。晚點的火車半夜 2 點到了北京，在候車室長椅靠了幾個小時，利用上午的空隙，我到王府井轉了一下。望著空乏的食品櫃檯，買了些熟食、罐頭裝在旅行包內。11 點我踏上南下的列車，已有三夜未睡踏實覺，擠坐在悶熱的車廂內卻熟睡過去。一覺後，車已開過武漢，路旁褚紅色的土地爬滿了紅薯秧，經過一個叫「山坡」的小站後，我在咸寧站下了車。

雖然時序已進入 9 月，午後的縣城仍然暑熱難耐。我依父親信中所寫的方向，走出空落的縣城，順著一條砂石路走了半小時。我這個剛從東北走出的人對於南方潮熱的天氣真有些不適應，不一會兒就已渾身大汗。

路邊一棵大樹下停著幾架板車，幾位赤膊的拉車人散躺著在休息。樹下的幾個人看我過來，先朝我笑了。得知我要去文化部五七幹校，一位中年男子主動自我介紹，說他是北京電影製片廠的導演，另一位是攝影師。從他們黑褲赤膊的上身看上去，與當地農民區別不大，但眼神、言談卻還是透出文化人的氣質。我把旅行包放在車上，一邊幫著拉車，一邊聊著走，過了一個叫「羅家渡」的小河渡口，我們才分了手。

沿著河邊的土路，我很快找到了由人民文學出版社人員編成

的 14 連。

天已近傍晚，坐在屋前的小凳上，看著天漸漸暗下來。遠處傳來高低不齊的歌聲：「日落西山紅霞飛，戰士打靶把營歸……」隨著歌聲漸近，一隊高矮胖瘦不齊的人沿著水田邊的小路走了過來，瘦高的父親扛著鐵鍁很顯眼。

勞作了一天的人將鐵鍁靠在屋外，默默地歸到各自的床前。父親所住是一個裡外屋，外間住著外國文學編輯部的伍孟昌、蔣路、黃愛，裡間是外文部的劉遼逸、古典文學編輯部的黃肅秋和父親。

屋內燈光很暗，大家擦洗過後，父親把我介紹給了諸位先生。得知我是從黑龍江來的，屋中添了些許的笑語。

晚飯間，父親讓我打開旅行包，把熟食悄悄地分給周圍的先生，鄰屋的幾位先生也過來盛取了一些，大家悄悄地來，悄悄地走，只用眼神表示謝意。我清楚，這是違反幹校紀律的行為，是為幹校人員勞動鍛煉、改造思想的大背景所不容的。

父親在文學出版社算是壯勞力，每有重體力活兒，大都少不了他。在咸寧，我和父親一塊兒過了幾天，父親不好因為兒子的到來請假，我也可以與父親多待一些時間。

那幾天的活兒是挖地基。說實話，這種活兒對於剛從黑龍江農場過來的我真不算什麼。炎炎烈日下，勞動的人群中有不少年屆高齡的老人，還有婦女，幾個隨父母來幹校的孩子也在其列。

幹校中每個連都派有軍代表，我經常聽到某事需請示一下軍代表（這樣的說法）。他很少「光臨」這些五七戰士的住所。在這幾天，我從來未見過此人，但他是最高領導，幹校的生產勞動，五七戰士的生活與思想改造都需他的批示。

每晚收工後，暮色中，父親常與我在幹校駐地四周轉轉，順帶也聊一聊，畢竟已有三年沒見了。看著他瘦削的身軀，可以感到勞動強度是不小的。至於勞動，父親已能從容處之，並從中體

味出一種宣洩和解脫。自 1955 年「胡風集團」一案後，他雖仍留在人民文學出版社從事編輯工作，但已入另冊，各類勞動成了常年「功課」，每次安排勞動鍛鍊的機會都少不了他。物以類聚，人以群分，逢重大節慶活動，如「五一」、「十一」，在京文化系統像他這樣在政治上受到特殊對待的人，會被安排到郊區某一處以勞動紀念這些重大節目。他的身體在出版社是數一數二的，又正當壯年，下幹校確有一種我不去誰會去之意，他很平靜地接受了這一現實。

附近山坡邊稻田旁散臥著幾頭水牛，村民的孩子或騎或靠，父親邊走邊指著道邊高大的楓樹說：到了秋天，火紅的楓葉映在藍天中，看了令人精神開闊。面對田野風光，他似乎已經忘記疾風暴雨般的政治運動。當年在北京鬧市，他有一種難言的困惑。他常說：蒙古人逐水草而居，沒有家園。

如今遠離北京，周圍的空氣夾帶著青草的氣息，潮熱的風對於困境中的他，似有親切、回歸之感，使他暫時忘卻政治的冷酷，生活的困頓。

父親談過：在練習寫詩之前，曾長期癡癡地迷戀著畫。

幾十年之後，我在小學高年級後也對繪畫開始癡迷，畫畫成為每日功課之餘的主要活動。日後的文化大革命擊碎了我的升學之夢。來到北大荒農場後，繪畫便成了我唯一的寄託和追求。我在農場經常從事美術宣傳，並開始了最初的版畫創作。

這種帶有「文藝」傾向的追求，在那個年代裡是有一定「風險」的，尤其像我的家庭背景，父母也是有些許的隱憂，但這並不影響他們對我的支持。談到我在東北的生活，父親反覆談到一個人不管遭遇再大的波折、苦難，他的追求不能改變。這是對我的希望，也是他自身的寫照。

在這裡待了幾天後，我感到這裡雖遠離政治風暴中心的北京，但「運動」的色彩還是很濃，氣氛壓抑，人們交談都很謹

慎。一天早飯後，父親指著一位中等身高、乾瘦的老人告訴我，他就是馮雪峰。後來，我經常看見他。他似乎很少與人打招呼、交談，只是低著頭默默地走。一次在廁所中，我看到他便後從上衣袋中掏出一張煙盒紙，香煙的牌子是「葡萄」，兩角多錢就可買一包的那種。用之前他仔細地揉搓了幾下，好讓煙盒紙柔軟一些。這件事給我留下很深的印象——一位大作家，他的沉默，他的古怪的生活方式，都讓人難忘。當時的幹校設有小賣部，還是有手紙供應的。

詩人郭小川的兒子郭小林與我同在黑龍江農場的一個生產隊。郭小川因一些「莫名其妙」的問題，一度在幹校被隔離審查，小林在北大荒結婚的消息是經由父親悄悄告訴郭小川的。

晚飯後，昏黃的燈光下，辛苦了一天的人們洗去了一天的勞頓後，大都開始做著同一件事：寫信。當時的環境，很多人的家庭都已破碎，家庭成員天各一方。我的父親在湖北咸寧，母親正在河南與湖北交界的一個小山溝——「鄧家溝」修戰備鐵路；姐姐靠三叔的努力，在甘肅天水的一所無線電器廠落了戶，我在北大荒。一家四口人，東西南北占全了。

在北大荒時，我每月大概能收到父親的兩封信。這些信中表露的情緒都很樂觀，書寫也很認真。寫信、讀信可以說是當時我們家唯一的家庭生活。我在北大荒生活了八年，這些信累積下來有一個相當大的量，但我在離開北大荒時都處理掉了，真是很可惜。

咸寧雖然遠離政治旋渦的中心北京，但感覺到「運動」還在繼續。我已在黑龍江生活了三年，三年中農場由現役軍人接管，改制為中國人民解放軍瀋陽軍區黑龍江生產建設兵團。農場各級領導由現役軍人幹部擔任，配槍備炮。其時中蘇邊境非常緊張，但農場的政治氣氛還算寬鬆，生活也正常。可是，在湖北咸寧文化部五七幹校這裡，卻處處讓我覺得壓抑。每日的政治學習「雷

打不動」，沒完沒了地揭批交代各種問題，讓我彷彿又回到了五年前「文革」剛剛爆發的時候。出版社有位女性原社領導，因努力改造，被結合進了幹校連隊的領導班子。每天收工都能聽到她尖利的嗓音，不是批評這位唱歌不認真，就是說那人勞動不努力。她這樣做自然也是迫於當時的環境，大家都瞭解她，也理解她，回到宿舍只是歎一口氣：「神經病。」

與父親同住在裡間的黃肅秋先生腿腳有些問題，夜間負責值夜燒開水，白天休息。我在咸寧的這些天，晚上就睡在他的床上。他很熱心地幫我支上蚊帳。悶熱中要鑽進帳中休息，剛從東北過來的我真有些不適應。黃先生勸我睡前先將帳中蚊蟲捉淨，否則一夜下來，留住一隻蚊子，身上就會多一個包。老先生坐在小凳上看著我笨手笨腳地忙，順口溜出一句：小牛帳中捉蚊蟲。

劉遼逸先生的床在屋子最裡角，床邊放著一隻碩大的舊式皮包，皮包裡塞滿了各式雜物、信件、紙張，皮包的口永遠敞開著。這只皮包也成了大夥取笑的話題。老先生似乎永遠丟三落四，手中的東西轉身就會找不著，最後又總會在皮包裡找到。他的忘性是有名的，收工回來，經常有人把他落在地裡的物品捎回來。有一次勞動時熱得出汗，他把毛衣脫下順手放在地邊。待收工時老先生早已將毛衣忘在腦後，被放牛的孩子拾到，捎回連隊。隊列讓他認領，他卻固執地認為那不是他的毛衣，他的毛衣比那件新，也要乾淨些。

伍孟昌先生身體較弱，這些天基本在床上躺著。他人很隨和，周圍同志明知他年高卻戲稱他為「小伍」，他也不惱，還蜷臥床中自嘲：金窩銀窩不如我的狗窩。

據其他人講，老先生在談勞動體會時，把沾在身上的糞漬稱為：糞花花兒。大概想以此表示思想改造很認真並有收穫吧。

我在北大荒時，也曾聽農場一位知青在「講用會」上吟詩一首：

從前看見牛糞髒，
現在聞著牛糞香，
牛糞沾在我身上，
好像戴上花兒一樣。

二位講用者的用心是一致的。

咸寧幹校中像伍老先生這種「老、弱、病、殘」應不會少。文學出版社的女同志中還有一位瘸子，真不知當時的領導者是何居心！

用兩三只鐵皮罐頭盒自製一個簡易的煤油爐子，是幹校人士的一大發明，黃愛先生應是這一發明最先的幾位實踐者之一。收工後，經常看到他坐在門邊的床旁，起勁地擺弄著。小爐子起不了多大的作用，卻讓人體會到一些私人的、游移於幹校環境之外的感覺。

文學出版社從建社伊始，「運動」不斷。這些「老九」們被不斷地整，不斷地批，但家還在，回到家中，還有一個最後的喘息的空間，還多少可以得到精神上的慰藉。現在可好，家都被打碎了，前途渺茫，幾十年下來，人也由青壯年到了老年。談到文化的浩劫，對於年輕人或許只是一個詞，一個概念，而對於親歷文學出版社這幾十年的人來講，這其中卻浸潤著幾代人的血和淚。

一星期後，我告別父親，幾經轉乘，坐上新開通的焦枝線鐵路臨時客車──我還要看望在焦枝鐵路工地勞動的母親。母親比父親年齡大，年輕時因患上類風濕病，上身骨骼的關節都已變形。她是學校的「走資派」，再加上父親一事的牽連，「文革」中飽受摧殘。她也被編入北京鐵道學院的五七幹校中。母親在寄往北大荒的信中說：為照顧像她這樣的老弱者，安排他們去敲碎

鋪設路基的石子。我真難想像，她那一雙變了形的手怎麼能握住鐵錘去打碎石塊。

　　這段經歷已過去近四十年。父親如今已是滿頭白髮八十餘歲的老人，當年他在古雲夢澤勞動五年多所寫下的詩句、文字，有些已被選入中學、大學的課本中。想著這些詩句被半個世紀後的年輕人閱讀，不知他們是否會有隔膜之感。但那個特別的年月，那個年月中人們所承受的苦難，人們的痛苦和人生感悟，是不應該被忘記的。

牛漢：我的親兄弟一般的朋友

我生於 1921 年，比牛漢（小時候叫史承漢，後改名為史成漢）大兩歲。

我們打小在一起上學，是小學、中學同學，是同鄉，也是有一輩子交情的、親兄弟一般的好朋友。

記得在山西定襄縣立第一高級小學上學時，牛漢比較淘氣，喜歡摔跤玩，有的同學便給他起了個「灰瓦」的外號。「灰瓦」是品位最低的一種鴿子的稱呼。牛漢的脾氣倔，叫他「灰瓦」他從來不愛搭理人。我知道他的脾氣，沒有跟著起哄，我們也就比較合得來。因為合得來，有時便會到他家裡去玩兒。他家有幾棵棗樹，棗子剛剛熟，只要我去了，他就會爬到棗樹上去摘棗子，我們便能吃到他家裡現摘的棗子。但更讓我吃驚的是，我在他家裡看到了他父親的整整兩書架藏書。那上面有胡適、魯迅、郭沫若、徐志摩、朱自清、周作人等「五四」時期名家的作品，還有那個年代流行的、比較新潮的一些刊物，如《新青年》、《語絲》、《新月》、《文學》、《中流》等等。那時候我肯定是瞪大了眼睛傻看。我們似懂不懂的，雖然還不可能很好地學習和理解這些大作家、大詩人的作品，但腦子裡已經留下了難忘的印象：原來牛漢是出身在這樣有文化傳統的一個農民家庭，他們家原來是個書香門第呀！我們家卻是做生意的，除了有幾個錢，這些名家的作品卻是一件也沒有！

牛漢念初一是在定襄縣中學，那是在 1936 年的秋天。我那時和他不同校，但因為是好朋友，卻常常到定襄縣中去找他。同時

我也認識了一位比我大好多歲的同學，他十分友好，一見如故。我到縣中找牛漢時，他總是帶我到犧牲救國同盟會去玩。抗日戰爭開始以後，這位同學到閻錫山的軍隊裡做事，常會寄一些宣傳抗日的材料給我們，郵件上寫的就是我們兩個人的名字。但大約兩年之後再也沒有收到這種材料了，我估計寄材料的朋友犧牲了。我後來才知道，寄材料的朋友是犧牲救國同盟會的，在定襄縣立中學讀初一的牛漢也參加了犧盟會——但他當時對我保密，並沒有告訴我。

1938 年春天到秋天，我們一起在天水的國立甘肅五中讀初二。那時候，每個班都辦起了壁報。我們班的壁報不但吸引了許多同學來看，連校長、老師也都會來看，就因為壁報上有牛漢畫的報頭或者是人物畫像——他真的畫得很傳神。

在這裡，牛漢除了繪畫也開始寫詩。我也開始試著寫詩。這是因為在天水國立五中高中二年級有一個寫詩的趙增益是我的很要好的朋友。我和牛漢要好，趙增益也就和牛漢好。趙增益送給我和牛漢兩本小開本的詩集，即田間的《呈在大風沙裡奔走的崗位們》和胡風的《野花與箭》。牛漢尤其喜歡田間那本有著怪怪的名字的小詩集，成天裝在衣兜裡，簡直是愛不釋手。

1938 年秋，我和牛漢從天水步行到甘谷國立五中初中部繼續讀書。到冬天，我和牛漢參加了由李淼為負責人的中共地下組織（三人讀書會）。我們讀毛澤東的《論新階段》，讀《大眾哲學》、《政治經濟學教程》和延安出版的《新中華報》等，還開過座談會。李淼是延安來的地下黨。我們學習的書報有兩個來源，有的從延安來，有的從當地的生活書店得到，比如在這裡看到過《七月》雜誌。

那時，李淼分給我的任務，是借小學校的教室辦夜校，學生是當地的農民。由李淼搞來的教材，但三青團的人老來扔石頭，搗亂，夜校只辦了兩個多月。牛漢沒有參加夜校，李淼分給他的

任務是瞭解國民黨反動學生的動向。經過會考，我們升入國立五中讀高一。1940 年 1 月，由甘谷步行到天水，在國立五中高中部讀書。這時換了個反動校長，是個CC份子（1929 年 11 月，陳果夫、陳立夫兄弟在蔣介石的默許下組成國民黨中央俱樂部。因「陳」字英文拼寫以C開頭，「CC」是二陳的縮寫，也是中央俱樂部的英文縮寫，故此政治勢力亦被稱為「CC 系」），經常罵學生，對牛漢也常常指桑罵槐。牛漢在 1942 年的《詩創作》（桂林出版）發表了長詩《鄂爾多斯草原》，已經小有名氣了。

這期間，經常交談的還有個叫張允聲的同學，後來知道他是去過延安的。但此時白色恐怖已愈益嚴重。同學中，有的被捕，有的逃跑了，還有人被扔進黃河犧牲了。住在城外的張允聲也被搜查了。……

臨畢業時，學校以方便找工作為誘餌，動員大家集體參加國民黨，並宣佈不參加就不發給畢業證書。張允聲表示，都搜查過了，只好領表了。但牛漢和我說，絕不能參加，寧可不要畢業證。我也就和牛漢一起偷偷離開了天水，到陝南城固西北大學去找我堂兄郗藩封。

離開天水國立五中高中部之前，我們參加了高中升大學的會考。後來知道我和牛漢都考了前十名，可以由自己挑選幾個名校。我們兩個人的錢加起來，只夠去一個人所選理想學校的路費，結果他就近去了西北大學，我去了復旦大學，從此不在一個學校讀書。但我們一直保持著聯繫，及時交流著資訊。

1946 年 4、5 月間，我突然在重慶出版的《新華日報》上看到了谷風（即牛漢）被捕的消息，還傳說他腦袋給砸爛了。這真是晴天霹靂！我感同身受，豈能坐視旁觀！我心裡想，一定要去探望他，搭救他！

然而，我連去找他的路費都沒有呀！

真應了天無絕人之路的老話了。這時，抗日戰爭剛剛取得慘

勝。從沿海搬到內地的大學還沒有回遷，但已宣佈自己能走的學
生可以領取路費。我毫不猶豫就領了路費趕快去找牛漢。

　　我趕到漢中後，找到西北大學同學，得悉牛漢剛走不久，叫
我趕快去追，還有可能追上。他們還告訴我，他今天已被保釋出
獄，怕再遭迫害，所以就趕快離去。我很想去追他和吳平，因為
有熟人知道他們要去什麼地方，但熟人也說，如果追的話，容易
暴露他們的行蹤。因此，我只有在得知他們已經到達了開封之
後，才在 6 月初趕到開封，終於見到了他們。見他們相安無事，
還在流徙中迎來了新婚之喜，我心裡的一塊石頭也就落了地。久
別重逢，悲喜交加，我們一起談時局，談詩創作，談今後的打
算，就像親兄弟似的，在一個屋簷下過了幾天快活的日子。

　　我先是崇拜胡風，後來由詩人冀汸帶我去拜訪胡風，才認識
了他。

　　1946 年以後，牛漢有時候給我寄來詩稿，請我轉給胡風；有
時候突然到上海來，到復旦大學找到我，能在學校住就在學校住
一些日子。我感覺到他是地下黨，但他從來沒有告訴我。

　　1947 年 8 月，我曾陪他去找過胡風先生。但不巧的是胡風到
蘇聯駐上海領事館看電影去了。我們只見到了梅志。

　　在胡風周圍的詩人中，阿壠這個人非常好。他在國民黨的最
高軍官學校執教期間，曾為黨多次送過十分機密的軍事資訊，對
黨很忠誠。牛漢對阿壠的好感中可能有受我的影響的成分。

　　牛漢來上海，我們相聚在一起時，我和冀汸、路翎都隨心所
欲地抽煙，喝酒，可牛漢就是不抽煙，也不喝酒。他養成這樣的
好習慣，和他的父親可以說是截然相反的兩個樣子——他父親嗜
酒如命。聽說死後床底下堆滿了空酒瓶子。

　　解放後，我身體一直不好，1949 年臥床不起。1950 年因氣管
擴張切除了右肺的一葉肺。直到 1954 年好一些了，就到北京來，
進了中國曲藝研究會（即中國曲藝家協會的前身）工作。開頭單

位沒有房子安置我，就在鐵道部宿舍牛漢的家裡擠住了幾個月。他和吳平一直對我很照顧。

發生所謂的「胡風反革命集團」事件時，我們都覺得很突然。牛漢和我商量寫不寫檢查，我說還是寫吧，認識到什麼就寫什麼吧。

我自己也是這樣做的。折騰了好久，我的結論大意是：和胡風認識較早，受他的反動文藝思想影響很深，因病沒有參加胡風集團對黨的進攻。這大概是最終沒有把我定為「胡風份子」的原因吧。

接受審查告一段落後，我的左肺又發現了小腫瘤，醫生建議又要切掉一葉肺。我不願意，就觀察治療。我被送到頤和園西北的溫泉療養院，直到 1959 年才恢復工作。

這之前，心裡惦著牛漢一家子，就在 1958 年給他寫了一封信。內容就是表達一起改正，同舟共濟的想法，也說惦念他們，想找他談談。估計到信會被檢查，沒有說更多的話。但是並沒有回音。

1959 年我恢復工作後，有一天終於到鐵道部宿舍去看望他們。劫後餘生，心情沉重，我們都不大願意提過去的事了。我首先關心的是吳平的情況，知道她受了很大的傷害；又問了兩個孩子的情況，希望他們能健康地成長。一家人似的閒聊，到了飯點就在家裡吃飯。還一塊兒照了相，留個紀念吧。

大約在 1960 年困難時期，我看當時不少人在院子裡養雞，便利用碎磚、木板和爛泥主動幫他們家也在院子裡搭了個小雞窩。小史果那時已是十來歲的小學生，他很欣賞我搭的小雞窩，更高興他們家的母雞會跑回二樓廁所的小角落裡去下蛋。

「四人幫」垮台之前，大家心裡有數，覺得日子慢慢會好過一些了。我雖然已經成了家，卻幾乎每個星期天都會到他們家去過週末。1975 年，史果從北大荒回來，已是個學會繪畫的大小夥

子。他老把我當模特，沒有少給我畫人物速寫。

　　我和他們一家很親近，我和老牛真的就像親兄弟一般。對他們這麼些年所受的委屈和磨難，我當然很難過，很同情他們。但老牛、吳平都很堅強，讓我十分敬佩。吳平是一個很堅強、很了不起的女性。牛漢歷經坎坷，她始終以博大的母愛陪伴著他，呵護著孩子，維護著家庭。到了晚年，卻一病不起。2005 年 12 月 3 日，在吳平的遺體告別儀式上，我送給她的輓聯是：念君一生多坎坷，令我別時淚滂沱。真是流不盡的淚水呵⋯⋯

一個被詩神看中的誠實的孩子

——我心目中的牛漢

壽孝鶴

1943-1944 年，牛漢和西北大學的一些年輕人經常在城固縣大學巷我租的一間房子裡聚會，海闊天空地談論當時的戰爭、時局、文學、藝術，無話不談。有一次印象特別深，牛漢談起了俄國詩人涅克拉索夫和他的《嚴寒，通紅的鼻子》，說這是一首好詩。

1944 年夏，我離開城固縣來到西安。大約是年末，在西安書店裡我驚喜地發現真有一本《嚴寒，通紅的鼻子》陳列在書架上。孟十還譯的，文化生活出版社 1944 年 9 月重慶出版，綿竹土紙印刷，薄薄的只有110頁的一本小冊子。買來以後仔細地讀了，我的心受到了強烈的震撼。這是一首長篇敘事詩，描寫了俄羅斯農婦達利雅誠實、勤勞、貧窮、苦澀的一生，她最後凍死在山林裡。詩裡有這樣的句子：

> 命運有三條艱苦的道路——
> 第一條道路，同奴隸結婚，
> 第二條道路，做奴隸兒子的母親，
> 第三條道路，直到死時做個奴隸之身，
> 所有這些嚴酷的命運
> 罩住俄羅斯土地上的女人。
> 可憐可憐貧窮的農人吧，

上帝！一切都奉獻給你

無論一分錢，無論二分錢

我們辛苦所賺得的！

看哪！濃密的霰雹正沖向大地！

親愛的朋友，你早已明白——

這裡只有石頭才不哭泣……

…………

　　這本詩集，我至今珍藏著。六十多年過去了，它隨同我漂泊過許多地方，從西安到開封，從開封到北京，從北京到廣元，以後又去過遙遠的拉薩。我隨時都可以打開這本詩集，每讀一遍，我的心都被感動得顫慄。

　　正如詩集「後記」所說：「俄國人民，尤其是農人和他們的苦痛，就是涅克拉索夫詩歌的主要題材。他對下層人民的愛，好像一條繩子拴繫在他的全部作品；他一生對這種愛始終是忠實的。」

　　涅克拉索夫的情愫，也深深地埋藏在牛漢的心裡，流淌在他的血液中。早在 1942 年，牛漢就說涅克拉索夫是「悲哀的詩神的琴」。

　　1944 年 10 月，牛漢的貸金（發給戰區學生的伙食費）被學校當局取消了。牛漢被迫離校，從城固來到西安，打算奔赴延安。但因路線暫時不通，就停留在西安，住在一所停辦了的小學校的一間破舊房子裡，生活很艱苦。我們常常到附近一條巷子裡，坐在路邊小板凳上，買粥攤兒的小米粥喝，粗瓷大碗公盛著，熱氣騰騰的。也常買些鍋盔一類的乾糧回來吃。牛漢不在乎這些。他說：「我從來沒有吃飽過。」我相信這是真的。他一米九的大個子，吃這些東西，能不讓人傷心嗎？他都挺過來了。就在這樣的生存環境裡，他給社會貢獻了一本《流火》。

　　根據中共西安地下黨的安排，牛漢主編的文藝刊物《流火》第一期在 1945 年 3 月出版了。在胡宗南白色恐怖統治下的西安，在荒涼的中國大西北文壇，出現這樣一本刊物，可以說是一個奇蹟。這一期《流火》發表了詩歌、散文、小說、論文，共十四篇，作者有鄭伯奇、蘇金傘、魏荒弩、余振、馮振乾、何劍薰、白莎、朱健、青苗、林軍等人，稿件都是牛漢組來的。版面是牛漢編排的。就連雜誌封面也是牛漢設計的，「流火」兩個字，是他戴著近視眼鏡，在昏暗的西安碑林館裡，從千百塊石碑上辛辛苦苦找到拓下來的。十四篇作品的內容，用今天的眼光來審視，儘管有些稚嫩甚至不正確的地方，但是整體來說是站得住的。它沒有枯死，仍然保持著綠色，仍然有生命。

　　牛漢為《流火》寫的發刊詞《人的道路》這樣寫著：「人的世界上，需要有一條屬於人的道路，然後，世界的內容才能演進下去。道路是最完美的人的勞動力與社會機體發展的具體表現」，「道路，使土地自由開闊，使生命通過好的生活引進到理想的高峰，使世紀踱到新的領域，使智慧如旗幟似的飛揚在人的行列與社會發展路線的前端。道路是屬於人亦為人所開拓的」，「我們的認識是：藝術的道路，就是人的道路。因為歷史會證明：未來的世界是民主與正義高度發展的世界，而一切的決定與演變，均將是為了服務廣大的人民」。

　　我不能忘記一件事。我為《流火》寫了「編校小記」，其中有這樣一段話：「半年以來，世界的戰局有了決定性的轉變，納粹軸心最後的時刻到來了，每一個國家都高高擎起反暴政反專制的大纛，所有的民族為了爭取自己的生存和解放，為了全世界的和平與繁榮，都在從事一個極艱苦的試驗，都獻身於武力的或政治的爭取民主的鬥爭中，而希望爭取到一個合理的良好的社會制度，這就是全世界人民的要求，因為 20 世紀是人民世紀的開始。使《流火》參與這個廣大的鬥爭，就是我們的工作和責任。」牛

漢在這段話的後邊加上了一句：「我們的艱苦，是整個歷史胎動的痛楚，我們喜愛這種崇高的艱苦的工作。」直到今天，「歷史胎動的痛楚」這幾個活生生熠熠發光的字，還不時閃現在我的心中。

《流火》只出了一期，由於時局的迅速發展，不能再繼續辦下去了。

1945 年 5 月 1 日，牛漢又從西安回到城固，繼續西北大學學生生活，並且開始組建「流火」社，和進步同學一起開展學生運動，掀起了轟動全國的「西北大學學潮」。1946 年 3 月 4 日，牛漢等人組織了西北大學師生愛國大遊行，在城固街頭喊出了「維護政協決議」、「實現四項諾言」、「反對美帝國主義」、「所有外國軍隊撤出中國去」等口號。這些正義的聲音已經鏤刻到中國歷史中。不久，學生運動遭到國民黨軍警鎮壓，牛漢和西大許多學生被捕，關進了漢中第二監獄。在西大師生和當地名流積極營救下，牛漢等人於 1946 年 6 月初以所謂妨害公務罪各判徒刑兩年，緩刑一年執行，分別取保釋放。牛漢的保人是吳海華。

吳海華，安徽省桐城大家女子，西北大學英語系高材生，從不顯山不露水，不用外來物粉飾、裝扮自己的恬靜的她，獨具慧眼，跟隨出獄後的牛漢，乘船沿漢江東下，轉道來到開封，同牛漢結為夫婦。她一生一世陪著牛漢四處漂泊，顛沛流離；一生一世呵護著牛漢，相濡以沫，情篤義深。

牛漢這一時期寫的詩，屬早期的詩。我喜歡讀牛漢早期寫的詩：

　　　我愛綠色的無花果
　　　不開花
　　　沉默地結出拳頭一樣倔強的果實
　　　果實是誠實而莊嚴的

　　我看比花朵美麗

　　　　　　　　（《無花果》，1945 年）

　　假如
　　死，
　　帶著祖國底
　　最後一次災難；
　　假如
　　我一個人
　　可以同垂死的敵人同歸於盡，
　　讓千萬人
　　踩著我的屍體前進；
　　假如
　　死了，
　　是倒在勝利的
　　群眾底狂歡的懷抱裡，
　　倒在一片嶄新的土地上；
　　那麼，
　　讓我去死！
　　我有世紀誕生時的
　　最初的喜悅。
　　　　　　（《死》，1946 年春，漢中第二監獄）

沒有花嗎？
花在積雪的樹枝和草根裡成長。
沒有歌嗎？歌聲微小嗎？
聲音響在生命內部。
沒有火嗎？
火在冰凍的岩石裡。

沒有熱風嗎？

熱風正在由南方向北吹來。

不是沒有春天，

春天在冬天裡，

冬天，還沒有潰退。

　　　　　　　　（《春天》，1947 年春，開封）

　　我喜愛牛漢早期的詩，那些詩是我想吐露卻吐露不出來的心聲。那時候我們的生活環境、思想感情是相同或相似的。

　　1955 年開始，噩運向牛漢襲來，批判、查抄、逮捕、監禁、牛棚、重體力勞動……惡浪滔天。牛漢直直地站立著，沒有倒下。度過這被污辱、被損害、才思荒蕪的二十年。70 年代開始，硬漢牛漢寫出了《鷹的誕生》、《毛竹的根》、《半棵樹》、《華南虎》、《悼念一棵楓樹》、《根》、《巨大的根塊》、《貝多芬的晚年》、《抄詩》等光輝詩篇。其中有一些短詩，我特別喜歡，甚至能背誦：

該笑時你哭。

該哭時你笑。

該唱時你沉默。

該下跪時你孤獨地站著。

　　　　　　（《傻相》或《苦相》，「文革」時期）

多少年

沒有寫過日記

多少年

沒有寄過信

多少年

沒有叩過別家的門
多少年
沒有回過故鄉
多少年
沒有同誰握過手
多少年
沒有流過一滴淚
（《多少年……》）

我是根。
一生一世在地下
默默地生長，
向下，向下……
我相信地心有一個太陽。
開花的季節，
我跟枝葉同樣幸福
沉甸甸的果實，
注滿了我的全部心血。

（《根》，1973 年）

　　1975 年初，牛漢從咸寧回北京。後來恢復黨籍，恢復工作。
1979 年平反，恢復黨籍。從此，他投入巨大精力主編《新文學史
料》和大型文學期刊《中國》。牛漢的詩集、散文集、詩話《溫
泉》、《海上蝴蝶》、《蚯蚓和羽毛》、《沉默的懸崖》、《學
詩手記》、《牛漢抒情詩選》、《滹沱河和我》、《螢火集》、
《牛漢散文精選》、《中華散文珍藏本·牛漢卷》、《童年牧
歌》、《散生漫筆》、《命運的檔案》、《牛漢詩文補編》、
《夢遊人說詩》、《牛漢短詩選》、《空曠在遠方》……一本接

一本出版。中小學語文課本一冊接一冊收入牛漢的作品，千百萬少年兒童、青年學子讀到了《華南虎》、《我的第一本書》這樣一些名篇。他奔走國內國外許多地方，參加詩歌研討會、世界詩人筆會。2003 年他榮獲馬其頓共和國文學節杖獎，2004 年榮獲首屆「新詩界國際詩歌獎‧北斗星獎」。俄國、英國、法國、日本、義大利、德國、韓國接連有牛漢詩文的譯本、譯文問世。不少專家、學者到牛漢的家和工作場所進行採訪，寫出多本牛漢詩歌研究專集。

　　2003 年 6 月 25 日《北京青年報》以「中外詩人同台朗誦」為題作了報導：「『我是根／一生一世在地下／默默地生長／向下向下……／我相信地心有一個太陽』。這是著名詩人牛漢的一首舊作。首都師範大學教授吳思敬前天晚上朗誦該詩時，當最後一句『沉甸甸的果實／注滿了我的全部心血』落音後，全場響起了雷鳴般的掌聲、喝彩聲。八十歲的牛漢坐在台下，因嗓子不好未能登台。6 月 22 日晚 8 點，海澱購書中心舉辦了一場名為『睜開眼睛──SARS 之後的中國詩歌』專場朗誦會，各個時期、各個派別的二十多位詩人和近千名讀者一起被詩歌喚醒，睜開了眼睛……」

　　2004 年 4 月到 9 月，《詩選刊》與搜狐網聯合主辦了一次中國首次詩歌讀者普查活動，評選 20 世紀以來最有影響力的詩人，六十八萬人參與投票，選出了十位詩人，牛漢名列其中。

　　2007 年 1 月 1 日《人民日報》以「一台『2007 新年新詩會』亮相螢屏」為題，做了報導：「此次新年詩會仍舊推出了一位『年度推薦詩人』，這是對漢語詩歌寫作優秀者的嘉獎，也是對當代詩歌的一種關注。……經過組織者和評委的慎重推選，2006 年度詩人將頒給詩人牛漢，以褒獎他在中國詩歌及詩歌理論方面的卓越貢獻。」

　　中國看到了牛漢，世界看到了牛漢。

　　二十多年來，著作、獎章、榮譽、掌聲、喝彩聲代替了批判、查抄、逮捕、監禁、牛棚。在這天翻地覆的變化中，牛漢依然故我，堅定地繼續開拓著，走他自己的路。牛漢還是牛漢，從本源上說，他是不會變的。他說：

　　　　我牛漢在晉北鄉村土生土長了十四年，寫了大半輩子詩，從表面上看，很少有直接寫鄉土鄉情的詩，可是當我寫出自己認為具有現代精神的詩，從來不認為我背離了養育過我的鄉土，一天也沒有背離過！我的詩裡，仍汨汨地流著鄉土的淳樸素質和頑強的民族性格。

　　　　我深深地感悟到，童年和童貞是生命天然的素質，它具有萌發生機的天性，永不衰老，堪稱是人類大詩的境界。

　　　　啊，童年，啊，童年世界裡所有的親人和夥伴，還有我們的村子，那個貧窮而野性的我的誕生地，我永遠不會向你們告別的。我今生今世感激你們對我的哺育和塑造。

　　但是，牛漢也不是原來的牛漢了，他有了本質的變化，他發展了，新生了。他說：

　　　　在大千世界中，我渺小得如一粒游動的塵埃，但它是一粒蘊含著巨大痛苦的塵埃。也許從傷疤深處才能讀到歷史真實的隱秘的語言。我多麼希望每一個人都活得完美，沒有悲痛，沒有災難，沒有傷疤，為此，我情願消滅了我的這些傷殘的詩。我和我的詩所以頑強地活著，絕不是為了咀嚼痛苦，更不是為了對歷史進行報復。我的詩只是讓歷史從災難中走出來。

　　我這個人太野，拒絕定型，無法規範我。是的，我不屬於任何「主義」，我不在什麼圈子裡。我永遠不依賴文化知識和理論導向寫詩或其他文體的作品。我是以生命的體驗和對人生感悟構思詩的。

　　在過去的半個多世紀動盪嚴酷的生涯之中，曾渴望為理想世界的創舉全身心地將自己燃燒乾淨：血漿、淚水、筋骨，還有不甘寂滅的靈魂，都無怨無悔地為之奉獻。或許就是由於這點執著而且癡情的精神，得到讀者的理解和信任；也可以說正因為個人多災多難的命運始終與國家的安危和民族不滅的信念息息相關，才熔鑄成我的真實的人和詩的氣質。我不是一個旁觀者，更不做逃亡者。

‥‥‥‥‥‥

　　哦，偉大的詩神，如果我會對詩歌有一點不忠，跋涉時，有一點退縮，你就揮起手中的節杖，狠狠地鞭策我吧！

　　在「人類詩歌聖境」中，向著「人類精神的峰巔」不知疲倦地跋涉和攀登著的牛漢，並沒有「超凡脫俗」，他還是那個純樸敦厚、和藹可親的人。

　　1997 年以前我住在東城區東四十條宿舍的時候，牛漢每出版一本書，都興致勃勃地騎著他那輛老舊的自行車，跑老遠給我送來一本；在送來的每一本書的扉頁上，還要鄭重其事地寫上題贈的話，簽上他的名字。我捧著這些書，就像接到戰場的捷報一樣，從心底湧出無限的喜悅。1997 年以後，我搬到建國門外光華里宿舍。牛漢改乘公車和地鐵，依舊把新出版的書送給我，臉上依然綻放著青年學生時代那憨直的動人的笑容。

　　牛漢沒有變。他就是這樣走過來，並且一直要走下去的：在

噩運面前，他直直地站著，拳頭攥得嘎巴嘎巴響；在鄉親鄉土面前，在詩神面前，他總是低低地垂下他沉重的頭顱，表示一個遊子的感激和思念，表示一個詩人的愧疚和虔誠。

　　牛漢，就是這樣一個人。

2007 年 3 月 20 日於北京

附錄二

年　譜

史佳、李晉西整理

1923 年

10 月 23 日（農曆九月十四日）黎明，出生於晉東北定襄縣西關一個清貧而有文化傳統的農民家庭，起名史承汗（後改為「成漢」）。蒙古族。父親史步蟾是鄉村小學教師。

1936 年

秋，考入縣立中學。

冬，加入尚未公開活動的犧牲救國同盟會，定期聽犧盟會縣特派員講述時勢，做了一些抗日救亡工作，參加演出話劇《黃浦江上》。

1937 年

10 月，日本侵略軍逼近家鄉，在隆隆炮聲中隨父逃難到太原。

11 月，經介休、臨汾抵達風陵渡。在渡黃河時船翻，險遭溺亡。

1938 年

1 月至 4 月，流寓西安。其父去醴泉縣謀職。牛漢生活無著，叫賣報紙謀生。曾到西安民眾教育館學畫，教師中有艾青、段幹青等。

4 月初，在西安考入國立甘肅中學。由鳳翔徒步翻越隴山抵達天水。一路上參加《放下你的鞭子》的演出。

冬，加入中共地下組織（三人小組）。翌年黨組織遭破壞，失去聯繫。

1939 年

7 月 7 日，習作第一首詩歌，近一百行，歌讚抗日戰爭，刊於本校壁報，首次用「谷風」作為筆名。

獲甘肅省初中畢業會考第一名。

1940 年

1 月，由甘谷步行到天水，升入國立五中高中部，讀文科班。

開始向《隴南日報》文藝副刊投稿，多為散文，筆名有牧童、谷風等。向蘭州《民國日報》文藝副刊《草原》（沙蕾、陳敬容主編）投寄詩稿。冬，在蘭州《現代詩壇》發表詩《北中國歌》。投稿西安《黃河》（謝冰瑩主編），先後刊出詩《沙漠散歌》和散文詩《沙漠》。

1941 年

1 月，創作詩《走向山野》。

經蘭州詩人馮振乾（紅林）介紹，加入成都海星詩社（主持人牧丁），在社刊《詩星》發表《山城和鷹》與詩劇《智慧的悲哀》（五百行）等，詩劇曾在重慶藝專演出。

下半年，創作長詩《草原牧歌》，刊於西安《匆匆詩刊》。

1942 年

蟄居於天水玉泉觀西側萬壽庵。這一年是牛漢創作的第一個高潮。

在桂林《詩創作》（胡危舟、陽太陽主編）第十四期發表長詩《鄂爾多斯草原》，後又在該刊發表《九月的歌弦》和《生活的花朵》（詩輯）；重慶《詩墾地》（鄒荻帆、姚奔主編）刊出詩輯《高原的音息》；綏遠陝壩《文藝》（肖離、肖鳳編）發表修改過的《九月的歌弦》；桂林《詩》雜誌刊出《走向山野》；重慶《國民公報·詩墾地》刊出《眸子，我的手杖》。還分別在西安《青年日報》和重慶《火之源》、《詩叢》等報刊發表《果樹園》等詩。

　　與同班好友郗潭封編《隴南日報》詩副刊《綠新地》，發表短詩多首。

　　獲全省高中會考第二名。

　　拒絕在畢業典禮上集體加入國民黨，偕同好友郗潭封深夜秘密出走，奔赴陝南城固。

1943 年

　　入西北師範學院（即內遷的北京師範大學）先修班讀書。在該院新詩社壁報發表長詩《野性的脈搏》等。

　　7 月，考入西北大學外文系。入學前寫出長詩《老哥薩克劉果夫》等。

　　入學前，創作一千二百行長詩《走向太行山》，憶述抗日戰爭初期所見八路軍路過牛漢家鄉開赴前線的景象和故事。投寄《詩創作》，未得到回音。後知該刊已停。這是牛漢一生所寫最長的一首詩，原稿下落不明。

　　9 月，入學不久寫《長劍，留給我們》，悼念西大已逝詩人李滿紅，刊于昆明《楓林文藝》（魏荒弩、邱曉崧主編）。

　　參加西北大學學生社團星社。與星社詩友馬藍、豐野等出版詩合集《待宵草》，收入牛漢短詩輯《哭泣的江城》。

　　詩輯《綠色的詩草》在四川樂山武漢大學《詩月報》（蒂克主編）刊出。

1944 年

　　編詩集《野性的脈搏》，收入 1941 年至 1943 年的主要詩作。寄重慶北碚復旦大學郗潭封。後知前輩章靳以答應作序，並介紹出版。不久章靳以被迫離校，書稿遺失。

　　10 月底，校方脅迫牛漢參加青年軍，被拒絕，遭取消公費待遇。決意與西大齊越等幾位好友奔赴延安，牛漢作為探路者先行抵西安。中共西安辦事處指示牛漢最好留在西安從事文化工作。

　　11 月，在中共西安辦事處的領導下，與張禹良、壽孝鶴等籌

辦《流火》文學雜誌，撰寫發刊辭《人的道路》，並在創刊號發表《老哥薩克劉果夫》。

12 月，寫長詩《地下的聲音》，刊於《西京日報》。創作散文《沒有陽光的旅途》，刊西安《高原》文藝雜誌。

1945 年

1 月至 4 月，協助鄭伯奇編《秦風工商聯合報》副刊《每週文藝》。

5 月，接受地下黨指示，返回西北大學，發動民主學運。

開學不久，籌建並加入西大共產黨的週邊組織「真理衛隊」。

秋，創作長詩《悼念，也疾呼》，揭露國民黨陷害復旦大學學生、作家石懷池的罪行。此詩已佚。

1946 年

4 月 24 日，在學運中以「妨礙公務」、「殺人未遂」罪被捕。關押在漢中陝西省第二監獄，判兩年徒刑。被捕時奮力反抗，被槍托砸傷右額和胸膛，留下了顱腦傷後遺症。

獄中，創作《在牢獄》、《控訴上帝》、《我憎惡的聲音》等詩。

5 月底，經組織營救，以「因病取保」為由獲釋放。

7 月中旬，與妻子吳平一起加入了中國共產黨，牛漢係重新入黨，無候補期。

9 月至 12 月，由黨組織派赴嵩縣伏牛山區從事機密工作，險遭殺害。

12 月下旬，避國民黨追捕，赴上海，與詩人冀汸等相處半月。

1947 年

8 月，隻身到上海。訪仰慕多年的胡風，未遇。

入冬後，寄寓上海交通大學，趴在學生會地鋪上，創作《我

的家》、《悼念魯迅先生》等詩。

1948 年

2月至6月創作長詩《彩色的生活》和短詩《我和小河》等。2月29日，給胡風寫了第一封信。

7月，偕妻子女兒離開天台北上。長詩《彩色的生活》由胡風推薦，發表在北平出版的文藝雜誌《泥土》第五期。第一次用牛漢的筆名。

8月中旬，由摯友壽孝鶴陪送牛漢一家由北平抵天津。次日，進入華北解放區。將原姓名史成漢改為牛汀，沿用至今。

8月末，主動申請到華北大學一部學習，由泊頭鎮赴正定縣。

1949 年

1月末，隨華大校部徒步進京。

2月2日，抵北京城。擔任華大招生委員會的秘書兼招生組組長。

入城第三天，尹達遣牛漢到魯迅故居察看情況。

1950 年

年初，在東四頭條胡同文化部招待所與胡風第一次見面。

11月，參加抗美援朝。分配到瀋陽東北空軍政治部文藝科，編《空軍衛士報》文藝副刊。

1951 年

1月，詩集《彩色的生活》由上海泥土社出版；詩集《祖國》作為《現實詩叢》（嚴辰、徐放主編）的一種，由北京五十年代出版社出版。

10月，詩集《在祖國的面前》由北京天下出版社出版。

1952 年

先後擔任東北空軍直屬部隊文化學校教務主任，直屬政治部黨委文教委員兼文教辦公室主任。

兩年來就文藝問題與胡風通信近二十封。

1953 年

3 月初，由部隊調回北京，轉業到人民文學出版社現代部做編輯工作，擔任出版社黨支部（黨委尚未成立）委員兼團支部書記。

編選《朱自清詩文選》、《殷夫詩文選》等書；訪阿英、王瑤等；擔任杜鵬程長篇小說《保衛延安》與田間詩選《給戰鬥者》的責編。

9 月，出席第二屆全國文代會。

10 月，《祖國》、《真理》兩首詩譯成俄文，收入由蘇聯青年近衛軍出版社出版的《新中國詩人》一書。

1954 年

5 月，詩集《愛與歌》由作家出版社出版。

擔任《艾青詩選》和蕭軍的長篇小說《過去的年代》等書的責編。

1955 年

2 月至 4 月，與端木蕻良、吳天等到北京石景山鋼鐵廠體驗生活，創作短詩多首。

5 月 14 日，在全國範圍內因「胡風反革命集團」一案第一個遭到拘捕。

1956 年

上半年，奉命寫自傳，成十五萬字。平反後未退還牛漢。

1957 年

5 月，被釋放回家，由街道派出所看管。

8 月，參加人民文學出版社黨支部會，宣佈被開除黨籍。聽到此決定後，牛漢只大聲說了七個字：「犧牲個人完成黨。」

1958 年

2 月，公安部對牛漢的問題作出結論：定為胡風反革命份子，降級任用。回人民文學出版社，仍從事編輯工作。

3 月，編選《十月的歌》（陳輝），並撰寫編後記。

受王任叔（巴人）個人委託，編選他的雜文選。

擔任《上海的早晨》（周而復）、《山鄉巨變》（周立波）等書的責編。

1959 年

擔任「建國十年獻禮書」全部詩集的責編，計有《駱駝集》（郭沫若）、《十年詩抄》（馮至）、《歡呼集》（臧克家）、《月下集》（郭小川）等十多本。其中的《駱駝集》是牛漢代作者編選的。

1960 年-1964 年

調到人民文學出版社編譯所。

1960-1962 年在人民文學出版社東郊平房農場勞動、養豬。

業餘時間寫反映建國前民主學運的長篇小說《分水嶺》。

1963、1964 年在編譯所協助馮雪峰編選《中國現代小說選》。業餘繼續寫《分水嶺》。

1965 年

12 月，參加北京中級人民法院審判胡風大會，指定在會上發言。由於在發言中為胡風辯誣，被中止發言。

寫完《分水嶺》初稿，約六十萬字。還寫了一部中篇小說《趙鐵柱》，約十二萬字。「文革」中這兩部書稿被北京鐵道學院（現改名為北方交通大學）造反派抄走，至今下落不明。

冬，去河南林縣參加四清。

1966 年-1968 年

「文革」中，被關進「牛棚」，除挨批鬥寫交代材料外，每日從事強制性勞動。

1969 年

9 月末，去湖北咸寧文化部五七幹校勞動。

1970 年-1974 年

勞動之餘，創作詩《鷹的誕生》等。後於《哈爾濱文藝》1980 年第五期刊出，恢復使用筆名「牛漢」。

勞動之餘創作詩《毛竹的根》（1971）、《半棵樹》（1972）、《華南虎》、《悼念一棵楓樹》、《根》、《巨大的根塊》、《把生命化入大地》（1973）、《麂子》、《蚯蚓的血》、《星夜遐想》（1974）等。

1974 年 12 月末，結束幹校生涯，回京。歷時五年零三個月。

1975 年

回人民文學出版社，分配到資料室抄卡片。

1976 年

創作《改不掉的習慣》、《貝多芬的晚年》等詩。

1977 年

調魯迅編輯室工作，每日到虎坊橋上班。

多次走訪蟄居於北京西城王府倉胡同的艾青。

1978 年

夏，參加籌備《新文學史料》工作。多次走訪蕭軍，得知胡風在成都通訊處。

初冬，相隔二十四年後第一次去看望路翎，並把家裡能找到的路翎的作品送給他。

1979 年

給胡風寄去一本《新文學史料》的第二期，不附信。很快就收到了胡風 8 月 16 日寄自成都的信。

8 月，創作長詩《一圈帶血的年輪》（初稿）。

9 月，恢復黨籍。胡風一案尚未全面平反。參加第四屆文代會。

1980 年

夏，到國務院第二招待所看望胡風。

9 月 29 日，中共中央發佈（76）號檔，「胡風反革命集團」一案得到平反。

1981 年

8 月，由綠原、牛漢編選的二十人集《白色花》由人民文學出版社出版，收入牛漢的《鄂爾多斯草原》等八首詩。

《悼念一棵楓樹》獲 1981 年《長安》文學雜誌詩歌獎。

1982 年

《詩刊》第二期發表《華南虎》，並獲 1981-1982 年詩刊優秀作品獎。

1983 年

夏，參加在北京召開的中國現代文學思潮流派學術交流會，在會上作《關於「七月派」的幾個「問題」》的發言。此發言後收入牛漢詩話集《學詩手記》。

評為編審，並擔任《新文學史料》主編至 1997 年，自 1998 年起改任顧問。

1984 年

5 月，詩集《溫泉》由上海文藝出版社出版。此書獲 1983-1984 年中國作家協會全國優秀新詩集獎。

6 月，出席中國作家協會第四次會員代表大會，被選為理事和創作委員會詩歌組成員。

夏，受丁玲之邀參加籌備大型文學刊物《中國》。

1985 年

1 月，《中國》創刊，牛漢擔任執行副主編兼編輯部主任。發表北島、舒婷、江河等青年詩人的詩。

《詩神》第二期發表《海鷗墳》、《小溪》兩首詩。獲 1985 年《詩神》優秀作品獎。

5 月，詩集《海上蝴蝶》由四川文藝出版社出版。

《長跑》獲 1984-1985 年《星星》詩歌創作獎。

1986 年

4 月，詩選集《蚯蚓和羽毛》由人民文學出版社出版。

8 月至 10 月，與屠岸、王景山等去新疆天山南北訪問。創作詩《汗血馬》、《一隻跋涉的雄鷹》、《為荒原牛塑像》等。

10 月 16 日，中國作協黨組作出「關於調整《中國》文學月刊的決定」。《中國》將宣告停刊。在《中國》出版的兩年中，推出殘雪、格非、劉恆、龐天舒、方方、西川、翟永明、唐亞平、廖亦武等青年作家詩人，以及評論家高爾泰、王富仁的重要作品。

11 月，主編胡風的詩選《為祖國而歌》，由天津百花文藝出版社出版。

12 月，詩集《沉默的懸崖》由北京十月文藝出版社出版。詩話集《學詩手記》由三聯書店出版。

《中國》1986 年第 12 期（終刊號出版），主持撰寫了《〈中國〉備忘錄》一文，沉痛而悲憤地向廣大讀者告別。

1987 年

獲中國作協頒發的從事文學編輯工作二十五年榮譽證書。

獲新聞出版署、中國出版工作者協會頒發的長期從事出版工作榮譽證書。

1988 年

《外國文學評論》第二期刊出回憶性隨筆《探求夢境的歷程》，記述了牛漢半個多世紀以來在創作上與外國詩歌的關係。

1989 年

《中國作家》第三期發表《海潮》、《幻聽》等十一首詩，總題為《摘自心靈的冊頁》，是接受詩人蔡其矯的「寫短點」的意見之後創作的一組小詩。

1990 年

《中國新文學大系》（1937-1949）詩歌卷收入牛漢的《鄂爾

多斯草原》、《石像》、《我的家》三首詩。
1991 年

《上海文學》第十一期發表散文《童年詩情二題》：《父親和樹林和鳥》、《早熟的棗子》，獲 1990-1991 年「吳寧懷」上海文學獎。

1992 年

7 月，浙江文藝出版社出版牛漢與綠原合編的《胡風詩全編》。本書後記《編餘對話錄》同年由《文學評論》發表。

德國雷克拉姆出版社，斯圖加特 1992 年版的《當代中國抒情詩》（德漢對照）收入牛漢的《麂子》、《吶喊》兩首詩。

1993 年

3 月，《滹沱河和我》由花城出版社出版，是牛漢的第一本散文集。此書是《霜葉小叢書》之一。

6 月，與郭寶臣主編《艾青名作欣賞》一書，牛漢為本書撰寫序言及賞析文章十四篇。

1994 年

3 月，日本土曜美術社出版《中國現代詩集》（秋吉久紀夫譯），收牛漢詩《落雪的夜》和《蛇的蛋》。

8 月 31 日，香港《星島日報》發表署名 W.D.的文章《中國文學的「老生代」——訪詩人牛漢》，國內數家報紙轉載。

9 月，散文集《螢火集》由中國華僑出版社出版。

1995 年

5 月，西班牙費爾南多·列洛基金會出版社出版的《國際詩刊·中國當代詩選》專號，收入牛漢三首詩。

8 月，獲中國作協頒發「抗日戰爭老作家」紀念銅牌。

1996 年

3 月，為台灣爾雅叢書《詩是什麼》（沈奇編）撰寫詩話十則。

《收穫》第四期發表牛漢回憶悼念艾青的長文《一顆不滅的詩星》；《中華文學選刊》第五期轉載此文。

5月6日，艾青逝世後一日凌晨寫《我愛這土地──痛悼尊師艾青》，發表在《詩刊》第六期。《香港作家報》8月1日轉載。

8月22日至27日，參加在日本前橋市舉行的「第十六屆世界詩人會」，並在開幕式上發言，題為《談談我這個人，以及我的詩》。會議期間接受日本《上毛新聞》、《產經新聞》等報紙記者的訪問。

為人民文學出版社出版的世界文學名著文庫之一《艾青詩選》撰寫前言。

夏，當選為中國詩歌協會副會長。

11月，《牛漢散文精選》由台灣金安出版社出版，收入散文五十九篇。

12月6日，參加首屆中國葡萄牙文學研討會，在會上作了題為《遠方的知音》的發言，評述葡萄牙詩人奧·德·安德拉德詩集《新生》。

12月中旬，參加作協理事會和第五次全國作家代表大會，任中國作家協會名譽委員。

1997 年

8月1日，香港《詩雙月刊》總第35期刊出《牛漢特輯》。

8月1日，《東方文化》1997年第4期發表魯貞銀（韓國）的訪問錄《牛漢先生談胡風》。

11月，上海文藝出版社出版的《中國新文學大系（1949-1976）·詩卷》（鄒荻帆、謝冕主編）選入牛漢新詩八首。

1998 年

2月，《牛漢詩選》由人民文學出版社出版。

3月，日本漢學家秋吉久紀夫編譯的《現代中國的詩人·牛

漢詩集》由日本土曜美術出版社出版。

1999 年

9 月，日本《風信子》（文學季刊）秋季號選入《夢遊》新詩一首。

11 月 10 日，《詩潮》1999 年 11-12 月號發表新詩《我的手相》。

2000 年

11 月 30 日-12 月 4 日，前往韓國釜山參加由東亞大學石堂傳統文化研究院主辦的「中國新詩的世界性與民族性研討會」。會議期間，還舉行了牛漢韓譯詩選《夢遊》首發式。

12 月，《牛漢詩文補編》由作家出版社出版。

2001 年

1 月，詩論集《夢遊人說詩》由華文出版社出版。

2 月，《北京文學》2 月號發表《牛漢散文詩歌精選》專輯，其中五首詩獲 2003 年頒發的《北京文學》新世紀文學獎一等獎。

8 月，《牛漢短詩選》由銀河出版社出版。

2002 年

1 月 1 日，《香港文學》2002 年 1 月號發表新詩《火化聶紺弩》。

10 月 11-13 日，參加由上海復旦大學和蘇州大學聯合主辦的「第二屆胡風研究學術討論會」並發言。

2003 年

4 月 19-20 日，由首都師範大學中國詩歌研究中心、人民文學出版社、中國當代文學研究會、廊坊師範學院聯合主辦「牛漢詩歌創作研討會」。高洪波、劉玉山、屠岸、邵燕祥、孫玉石、洪子誠、張炯、楊匡漢、吳思敬、吳開晉、任洪淵、程光煒、唐曉渡、李小雨、林莽、張洪波、姚振函、方甯、朱竸、馬東林、孫曉婭等人參加，牛漢出席會議並發言。

9 月 8 日，馬其頓作協主席斯米列夫斯基等人在中國作協向牛漢頒發了馬其頓「文學節杖獎」。會後，牛漢將獲獎感言整理成《我仍在苦苦跋涉》一文，刊發於《北京文學》2003 年第 9 期。

馬其頓出版的《牛漢短詩選》選入新詩十五首。

2004 年

4 月 30 日，參加北大教授張岱年追悼會。近三十年，牛漢與之有交往，互送著作。

5 月，獲中國首屆「新詩界國際詩歌獎・北斗星」獎。（獲此獎的另外兩位是旅居加拿大的華人洛夫和瑞典的特朗斯特羅姆）

2005 年

5 月 20 日，《詩選刊》公佈《詩選刊》和搜狐網聯合進行的中國首次詩歌讀者普查（六十萬人參加）結果。在「20 世紀以來最有影響力的詩人」的評選中，牛漢獲票 55433 票，在舒婷、北島、徐志摩、艾青之後榮獲第五名。

11 月 29 日，老伴吳平病逝，享年八十八歲。

2007 年

1 月，中央電視台新年新詩會將「年度推薦詩人」頒給牛漢，以褒獎他對中國詩歌及詩歌理論方面作出的卓越貢獻。中央電視台對牛漢進行訪問及報導。

附錄三

悼念一棵楓樹

我想寫幾頁小詩，把你最後的綠葉保留下幾片來。

——摘自日記

湖邊山丘上
那棵最高大的楓樹
被伐倒了……
在秋天的一個早晨

幾個村莊
和這一片山野
都聽到了，感覺到了
楓樹倒下的聲響

家家的門窗和屋瓦
每棵樹，每根草
每一朵野花
樹上的鳥，花上的蜂
湖邊停泊的小船

---

* 此詩初刊 1981 年 1 月 15 日《長安》1981 年第 1 期，為《你打開了自己的書》外一首；初收《溫泉》，後收《蚯蚓和羽毛》；收《牛漢抒情詩選》改二字，收《牛漢詩選》節有變動；又收《空曠在遠方》。據《空曠在遠方》編入。

都顫顫地哆嗦起來……
是由於悲哀嗎？
這一天
整個村莊
和這一片山野上
飄著濃郁的清香

清香
落在人的心靈上
比秋雨還要陰冷

想不到
一棵楓樹
表皮灰暗而粗獷
發著苦澀氣息
但它的生命內部
卻貯蓄了這麼多的芬芳

芬芳
使人悲傷

楓樹直挺挺地
躺在草叢和荊棘上
那麼龐大，那麼青翠
看上去比它站立的時候
還要雄偉和美麗

伐倒三天之後

枝葉還在微風中
簌簌地搖動
葉片上還掛著明亮的露水
仿佛億萬隻含淚的眼睛
向大自然告別

哦，湖邊的白鶴
哦，遠方來的老鷹
還朝著楓樹這裡飛翔呢

楓樹
被解成寬闊的木板
一圈圈年輪
湧出了一圈圈的
凝固的淚珠
淚珠
也發著芬芳

不是淚珠吧
它是楓樹的生命
還沒有死亡的血球

村邊的山丘
縮小了許多
仿佛低下了頭顱

伐倒了
一棵楓樹

伐倒了
一個與大地相連的生命

麂子

遠遠的
遠遠的
一隻棕紅色的麂子
在望不到邊的
金黃的麥海裡
一躍一躍地
似飛似飄
朝這裡奔跑

四面八方的人
都看見了它
用驚喜的目光
用讚嘆的目光
用擔憂的目光

麂子
遠方來的麂子
你為什麼生得這麼靈巧美麗

---

* 此詩初刊 1980 年 11 月 10 日《文匯增刊》1980 年第 7 期，為詩輯《山野
小集》第 3 首，題為《麂子，不要朝這裡跑》。初收《溫泉》，改為此
題；後收《蚯蚓和羽毛》、《牛漢抒情詩選》、《牛漢詩選》、《牛漢短
詩選》、《空曠在遠方》。據《空曠在遠方》編入。

你為什麼這麼天真無邪
你為什麼莽撞地離開高高的山林

五六個獵人
正伏在叢草裡
正伏在山丘上
槍口全盯著你

哦，麂子
不要朝這裡奔跑

——1974 年初夏，咸寧

傷疤

路邊
一棵幾百年的大樹
已被伐去三年

地面上
留下了一個
消失不了的
圓形的傷疤

傷疤上
積了一層
泥沙與灰塵
它的顏色
漸漸地跟大地一樣

大樹的根
還留在地底下
誰也不知道

---

* 此詩初刊《北方文學》增刊《詩》1982 年第 1 期，為詩輯《在深夜裡……》第 1 首；初收《溫泉》，略有改動；後收《蚯蚓和羽毛》、《牛漢抒情詩選》、《牛漢詩選》。據《牛漢詩選》編入。

它有多長多深
哦，是不是
所有的傷疤下面
都有深深的根啊？

──1974 年

我的第一本書

　　前幾天詩人蔡其矯來訪，看見我在稿紙上寫的這個題目，以為是寫我出版的第一本詩集，我說：「不是，是六十年前小學一年級的國語課本。」他笑著說：「課本有什麼好寫的？」我向他解釋說：「可是這一本卻讓我一生難以忘懷，它酷似德國卜勞恩的《父與子》中的一組畫，不過看了很難笑起來。」我的童年沒有幽默，只有從荒寒的大自然間感應到的一點生命最初的快樂和幻夢。

　　我們家有不少的書，那是父親的，不屬於我。父親在北京大學旁聽過，大革命失敗後返回家鄉，帶回一箱子書和一大麻袋紅薯。書和紅薯在我們村裡都是稀奇東西。父親的藏書裡有魯迅、周作人、朱自清的，還有《新青年》、《語絲》、《北新》、《新月》等雜志。我常常好奇地翻看，不認字，認畫。祖母嘲笑我，說：「你這叫做瞎狗看星星。」那些本頭大的雜誌裡面，夾著我們全家人的「鞋樣子」和花花綠綠的窗花。書裡有很多奇妙的東西。我父親在離我家十幾里地的崔家莊教小學，不常回家。

　　我是開春上的小學，放暑假的第二天，父親回來了。我正在院子裡看著晾曬的小麥，不停地轟趕麻雀，祖母最討厭麥子裡摻和上麻雀糞。新打的小麥經陽光曬透得發出甜蜜蜜的味道，非常

---

* 此文初收《滹沱河和我》，寫作日期為 1989 年 10 月；後收《牛漢散文精選》、《牛漢散文珍藏本·牛漢卷》、《童年牧歌》、《空曠在遠方》、《牛漢人生漫筆》。據《牛漢人生漫筆》編入。

容易催眠和催夢。父親把我喊醒，我見他用手翻著金黃的麥粒，回過頭問我：「你考的第幾名？」我說：「第二名。」父親摸摸我額頭上的「馬鬃」，欣慰地誇獎了我一句：「不錯。」祖母在房子裡聽著我們說話，大聲說：「他們班一共才三個學生。」父親問：「第三名是誰？」我低頭不語，祖母替我回答：「第三名是二黃毛。」二黃毛一隻手幾個指頭都說不上來，村裡人誰都知道。父親扳起了面孔，對我說：「把書本拿來，我考考你。」他就地坐下，我磨磨蹭蹭，不想去拿，背書認字難不住我，我怕他看見那本淒慘的課本生氣。父親是一個十分溫厚的人，我以為可以賴過去。他覺出其中有什麼奧秘，逼我立即拿來，我只好進家屋把書拿了出來。父親看著我拿來的所謂小學一年級國語第一冊，他愣了半天，翻來覆去地看。我垂頭立在他的面前。

我的課本哪裡還像本書！簡直是一團紙。書是攔腰斷的，只有下半部分，沒有封面，沒有頭尾。我以為父親要揍我了，沒有。他愁苦地望著我淚水盈眶的眼睛，問：「那一半呢？」我說：「那一半送給喬元貞了。」父親問：「為什麼送給他？」我回答說：「他們家買不起書，教師規定，每人要有一本，而且得擺在課桌上，我只好把書用刀砍成兩半，他一半我一半。」父親問我：「你兩人怎麼讀書？」我說：「我早已把書從頭到尾背熟了。喬元貞所以考第一，是因為我把自己的名字寫錯了，把『史承漢』的『承』字中間少寫了一橫。」父親深深嘆著氣。他很了解喬元貞的苦楚，說：「元貞比你有出息。」為了好寫，後來父親把我的名字中的「承」改作「成」。

父親讓我背書，我一口氣背完了。「狗，大狗，小狗，大狗跳，小狗也跳，大狗叫，小狗也叫……」背得一字不差。

父親跟喬元貞他爹喬海自小是好朋友，喬家極貧窮，喬海隔兩三年從靜樂縣回家住一陣子，他在靜樂縣的山溝裡當塾師，臉又黑又皺，脊背弓得像個「馱燈獅子」（陶瓷燈具）。

　　父親對我說：「你從元貞那裡把那半本書拿來。」我不懂父親為什麼要這樣，送給人家的書怎麼好意思要回來？元貞把半本書交給我時，哭著說：「我媽不讓我上學了。」

　　晚上，我看見父親在昏黃的麻油燈下裁了好多白紙。第二天早晨，父親把我叫到他的房子裡，把兩本裝訂成冊的課本遞給我。父親的手真巧，他居然把兩半本書修修補補，裝訂成了兩本完完整整的書，補寫的字跟印上去的一樣好看。父親把兩本課本用牛皮紙包了皮，在封皮上寫上名字。元貞不再上學了，但我還是把父親補全的裝訂好的課本送給他。

　　這就是我的第一本書。對於元貞來說，是他一生唯一的一本書。

　　父親這次回家給我帶回一個書包，還買了石板石筆。臨到開學時，父親跟我媽媽商量，覺得我們村裡的書房不是個念書的地方。老師「弄不成」（本名馮百成，因為他幹什麼都辦不成，村裡給他取了個這外號），我父親很清楚，他，人忠厚卻沒有本事。父親讓我隨他到崔家莊小學念書。我把這本完整的不同尋常的課本帶了去。到崔家莊之後，才知道除了《國語》之外，本來還應該有《算術》和《常識》，因為「弄不成」弄不到這兩本書，我們就只念一本《國語》。

　　還應當回過頭來說說我的第一本書，我真應當為它寫一本比它還厚的書，它值得我用崇敬的心靈去讚美。

　　我們那裡管「上學」叫「上書房」。每天上書房，我家的兩條狗（一大一小）跟著我。課本上的第一個字是「狗」，我有意把狗帶上。兩條狗小學生一般規規矩矩地在教室的窗戶外面等我。我早已經把狗調教好了，當我說「大狗叫」，大狗就汪汪叫幾聲，當我說「小狗叫」，小狗也立即叫幾聲。「弄不成」在教室裡朗讀課文時，我的狗卻不叫，它們聽不慣「弄不成」的聲調，拖得很長，而且沙啞。我提醒我的狗，輕輕喊一聲「大

狗」，它就在窗外叫了起來。我們是四個年級十幾個學生在同一
教室上課，引得哄堂大笑。課沒法上了。下課後，「弄不成」把
我叫去，狠狠地訓斥了一頓，說：「看在你那知書達禮的父親的
面子上，我今天不打你手板了。」他罰我立在院當中背書，我大
聲地從頭到尾地背了出來。兩隻狗蹲在我的身邊，陪我背書，汪
汪地叫著。後來老師「弄不成」還誇我的狗聰明，說比二黃毛會
念書。

　　抗日戰爭期間，二黃毛打仗不怕死，負了幾回傷。他其實並
不真傻，只是心眼有點死，前幾年去世了。他的一生受到鄉里幾
代人的尊敬。聽說喬元貞現在還活著，他一輩子挎著籃子在附近
幾個村子裡叫賣紙煙、花生、火柴等小東小西。

　　詩人蔡其矯再來我這裡時，一定請他看看這篇小文，我將對
他說：「現在你該理解我的心情了吧！」我的第一本書實在應當
寫寫，如果不寫，我就枉讀了這幾十年的書，更枉寫了這幾十年
的詩。人不能忘本。

祖母的呼喚

在一篇文章裡，我說過「鼻子有記憶」的話，現在仍確信無疑。我還認為耳朵也能記憶，具體說，耳朵深深的洞穴裡，天然地貯存著許多經久不滅的聲音。這些聲音，似乎不是心靈的憶念，更不是什麼幻聽，它是直接從耳朵秘密的深處飄響出來的，就像幽谷的峰巒縫隙處滲出的一絲一滴叮咚作響的水，這水珠或水線永不枯竭，常常就是一條河的源頭。耳朵幽深的洞穴是童年牧歌的一個源頭。

我十四歲離開家鄉以後，有幾年十分想家，常在睡夢中被故鄉的聲音喚醒，有母親急促而沉重的腳步聲，有祖母深夜在炕頭因胃痛發出的壓抑的呻吟。幾十年之後，在生命承受著不斷的寂悶與苦難時，常常能聽見祖母殷切的呼喚。她的呼喚似乎可以穿透幾千里的風塵與雲霧，越過時間的溝壑與迷障：「成漢，快快回家，狼下山了！」

童年時，每當黃昏，特別是冬天，天昏黑得很突然，隨著田野上冷峭的風，從我們村裡許多家的門口，響起呼喚兒孫回家吃飯的聲音。男人的聲音極少，總是母親和祖母的聲音。喊我回家的是我的祖母。祖母身體病弱，在許多呼喚聲中，她的聲音最細最弱，但不論在河邊，在樹林裡，還是在村裡哪個角落，我一下

---

* 此文初收《滹沱河和我》，後收《牛漢散文精選》、《中華散文珍藏本·牛漢卷》、《童年牧歌》、《牛漢散文》、《空曠在遠方》。據《空曠在遠方》編入。

子就能在幾十個聲調不同的呼喚聲中分辨出來。她的聲音發顫，發抖，但並不沙啞，聽起來很清晰。

有時候，我在很遠很遠的田野上和一群孩子們逮田鼠，追兔子，用鍬挖甜根苗，祖母喊出第一聲，只憑感覺，我就能聽見，立刻回一聲：「奶奶，我聽見了。」挖甜根苗，有的挖到一米深，挖完後還要填起來，否則大人要追查，因為甜根苗多半長在地邊上。時間耽誤一會，祖母又喊了起來：「狼下山了，狼過河了，成漢，快回來！」偶爾有幾次，聽到母親急促而忿怒的呼吼：「你再不回來，不准進門！」祖母的聲音拉得很長，充滿韌性，就像她擀的雜面條那麼細那麼有彈力。有時全村的呼喚都停息了，只要耍野成性的我還沒回去，祖母焦急地一聲接一聲喊我，聲音格外高，像擴大了幾十倍，小河、樹林、小草都幫著她喊。

大人們喊孩子們回家，不是沒有道理。我們那一帶，狼叼走孩子的事不只發生過一次。前幾年，從家鄉來的妹妹告訴我，我離家後，我們家大門口，大白天，狼就叼走一個兩三歲的孩子。狼叼孩子非常狡猾，它從隱秘的遠處一顛一顛不出一點聲息地跑來，據說它有一隻前爪總是貼著肚皮不讓沾地，以保存這個趾爪的銳利，所以人們叫它瘸腿狼。狼奔跑時背部就像波浪似的一起一伏，遠遠望去，異常恐怖。它悄悄在你背後停下來，你幾乎沒有感覺。它像人一般站立起來，用一隻前爪輕輕拍拍你的後背，你以為是熟人跟你打招呼，一回頭，狼就用保存得很好的那個趾爪深深刺入你的喉部。因此，祖母常常警戒我：在野地走路，有誰拍你的背，千萬不能回頭。

祖母最後的呼喚聲，帶著擔憂和焦急，我聽得出來，她是一邊吁喘，一邊使盡力氣在呼喚我啊！她的腳纏得很小，個子又瘦又高，總在一米七以上，走路時顫顫巍巍的，她只有托著我家的大門框才能站穩。久而久之，我家大門的一邊門框，由於她幾乎

天天呼喚我回家，手托著的那個部位變得光滑而發暗。祖母如果不用手托著門框，不僅站不穩，呼喚聲也無法持久。天寒地凍，為了不至於凍壞，祖母奇小的雙腳不時在原地蹬踏，她站立的那地方漸漸形成兩塊凹處，像牛皮鼓面的中央，因為不斷敲擊而出現的斑駁痕跡。

我風風火火地一到大門口，祖母的手便離開門框扶著我的肩頭。她從不罵人，至多說一句：「你也不知道肚子餓。」

半個世紀來，或許是命運對我的賜予，我仍在風風雨雨的曠野上奔跑著，求索著；寫詩，依我的體驗，跟童年時入迷地逮田鼠、兔子，挖掘甜根苗的心態異常地相似。

祖母離開人世已有半個世紀之久了，但她那立在家門口焦急而擔憂地呼喚我的聲音，仍然一聲接一聲地在遠方飄蕩著：

「成漢，快回家來，狼下山了……」

我仿佛聽見了狼的淒厲的叫聲。

由於童年時心靈上感觸到的對狼的那種恐怖，在人生道路上跋涉時我從不回頭，生怕有一個趾爪輕輕地拍我的後背。

「曠野上走路，千萬不能回頭！」祖母對我的這句叮嚀，像警鐘在我的心靈上響著。

寶大娘

一

　　一直沒有動筆寫寶大娘，一個字也沒有寫。但是寶大娘這個我童年世界裡的美好人物卻已經使我深深地困擾了好幾年。從寫童年的第一篇《綿綿土》起，就想到寫寶大娘，但不敢輕易觸動她，就像苦苦地寫一首詩的那種心情。我幾乎沒有勇氣記述她的孤獨的生活境況和悲傷的命運。我很怕這些粗礪的文字，哪怕一個字，刺痛或擦傷了她那已經是傷痕累累的心靈。

　　60年前，童稚的我當然不可能真正地理解她，儘管她跟我家居住在一個院子裡，天天見面，我的哭聲笑聲和腳步聲她都聽得見，辨得清，甚至比我家的人還聽得真些，祖母說她的心最細。我生下來的第一天，她就以渴望和淳厚的心（她沒有生育過）關懷我，並且用她靈巧的手撫摸過黑灰色的我。她對祖母說：「這娃娃命不好。」（她這句話得到應驗），在我的童年世界裡，寶大娘似乎離我很遠很遠，她能看清我，我看不清她，她活在我的世界之外。她彷彿是一脈青色的遠山，一個古老故事模糊的無法抓住的回聲。她的隱密的生活境域我一步也進不去，夢都夢不了

---

* 此文初刊 1996 年 5 月 15 日《大家》1996 年第 3 期，總題《牛漢散文一組》；初收《牛漢散文精選》，後收《童年牧歌》、《空曠在遠方》、《牛漢人生漫筆》。據《牛漢人生漫筆》編入。

那麼遠那那麼深。

　　寶大娘住的一間小小的土屋，在我家院裡最安靜的一個角落。我們一家人住一排正房，因此立在我家門口，能望見十里之外的南山，卻望不見寶大娘家的門。

　　人生的時空騷動地散遠了，淡化了……

　　我離開故鄉和所有的家人（包括寶大娘）快 60 個年頭了。想不到經過漫長而渾濁的人生滄海的衝蕩，寶大娘奇蹟似的顯露出了她真切的豐滿的形象，附著在她身上的令人迷茫的雜物已經漸漸消失。她的形象清晰了，我找到了寶大娘的真身，我看見她從遠遠的那個我童年進不去的世界朝我走過來。我認出了她，她也認出了我。我們似乎都成為面目依舊的「二世人」，真的隔了一個人世。

　　當年童稚的我如今已是 72 歲的老漢，寶大娘多半已不在人世間了。

　　可我不但仍然把她視為我心靈世界的倖存者，而且竟然對她有了前所未有的理解。她並沒死。有好長時間，我常常在冥冥之中與她不停地說話，有說有笑，有時還一塊唱口外草地的民歌。記得當年我和姊妹們跟著寶大娘在滹沱河邊唱，寶大娘不是向寶伯伯學的，寶伯伯不唱歌。我聽見了她柔和而略帶苦澀的聲音，我看見她那明亮中透著焦渴的目光，我第一次聽懂了她說的每一句話。童年時，記得只有祖母，還有出嫁的姊姊有時走進寶大娘小屋和她的世界，寶大娘和她們坐在炕頭，有說不完的悄悄話，有許多次我看見她們一起默默地哭泣。祖母與寶大娘的爹娘自小就很熟，可是祖母娘家與寶大娘娘家的親人們我自小不認得一個。寶大娘在人世上活得比我祖母還孤單，她一個人活著，寶伯伯回來，她彷彿仍然是一個人。她像一棵不走動的樹。

二

近四五年來，我斷斷續續寫了不少有關童年的散文，還要寫下去，我的童年世界在不斷拓展著。我尋回了童年和童年世界的親人，以及他們沒有完成的生命和夢。我的這種心情，很像馬爾克斯談《百年孤獨》所說的那段話：「我要為童年時代所經受的全部體驗尋找一個完美無缺的文學歸宿。」但是對我來說，「歸宿」似乎並不恰當，我的童年或童話世界展現在生命前面的境域，不是終點，它近似一片我第一次進入的遠遠的夢境。

寶大娘在我的散文裡已經出現過不少次，但她只是做為一個親切的影子一閃而過，沒有面孔，沒有形象，除了名字，誰也看不清楚她是誰，這是由於我難以看清楚她的緣故。對我來說，她的一生一直是非常模糊與困苦的。

令我驚訝不已的是，當我入迷地一篇篇地寫童年，一直不成熟的我（沒有從童年的稚拙中走出來），彷彿突然地成熟了，壯實了，不是成熟地墜入老境，而是產生出了上升和再生的生命感。我此刻就是憑藉著這點新的生命力，找到了隱藏了 60 年的寶大娘。我沒有回歸故土的那種蒼涼感或幸福感，而是深深覺得（也可以說是發現）我這一生其實沒有離開過童年，童年是一次完整而永恆的人生，一直延伸到現在。我這幾年已寫的或即將寫的有關童年的散文，不是重現和恢復遠去的歷史，把模糊的人和事記述得更完美一些，把寶大娘等的面孔讓人看個清楚，使童年「入土為安」，而是寫我的新發現和隱沒已久的童年世界，它本應屬於我，我是它的一個永久居民。

在我的童年或童年世界裡，我愛過的人全都是不朽的，他們現在還活著，我與他們仍真實地在一塊兒。不是靠回憶能找到他們，我們是重逢，重新活在一起。他們的形象是他們自己顯現和創造出來的，而我只是重新找到了自己和失卻已久的童年。

　　我與寶大娘又相見了，我第一次敢於下筆寫她。此刻她就站在我的面前。

三

　　寶大娘是我父親的奶哥哥喬寶的老婆。她當然有名有姓，但是從來沒有聽誰叫過她的名和姓。我們家的小輩們有時親熱地叫她「奶大娘」。父親出生後，祖母的身體不好，奶水又少又淡，餓得直哭，幾乎養不活了。後來由喬寶媽奶了一年多，才好歹活下來。

　　喬寶的雙親死得早，我沒有見過。他家是赤貧，房無一間，地無一壟，喬寶很小就隨村裡人到很遠很遠的口外草地謀生。後來喬寶夫婦在我家院子裡的一間小土屋安了家。從我記事時起直到 1937 年 10 月離開故鄉的這十多年間，寶大娘一直跟我家住在一起。奶伯伯喬寶隔五六年從遙遠的草地回來一趟，我只記得他回來過兩回，臘月回來，破五後不幾天就走人。他從口外帶回的銀錢很少。回家第二天，給我家送來一些酸得倒牙的奶渣子，從形狀到色澤都像乾牛糞，他從幾千里外把它們背回家。回來時，一身破舊棉衣，走時還是那一身，只不過補丁更多更密一些罷了。聽說一次要帶走十幾雙布襪子，他在口外草地一定成天幹跑路的重活兒，我沒見過寶大娘穿過花衣裳，總是一身粗布衣裳，不是藍的就是黑的，乾乾淨淨的，祖母說她補的補丁都讓人瞅不出一點破綻。

　　他們家那間小屋，我們都叫它「寶大娘家」，從不說「喬寶家」，連喬寶回來也對我說：「成漢，到你寶大娘家來玩。」

　　十四五年裡，寶伯伯在家的日子，總共不到一百天。在我們村裡，走草地的男人十年八年不回家不算稀奇，但家裡大都有一兩個孩子，還有個「窩」的感覺。寶伯伯一走，家裡只寶大娘孤

身一人，不像個窩。俗話說：「一隻鳥成不了窩。」

　　記得有一年冬天的一個黃昏，我在街上玩，聽見有人打聽「喬寶家在哪兒？」，我一聽高興極了，以為是我沒見過面的寶伯伯回來不認得自己家門了，我朝那個晃晃悠悠走過來的陌生人喊：「跟我來！」我跑在前面，又回頭朝那人喊：「喂，進這個大門！」我飛一般跑到寶大娘家門口，快活地大聲呼叫：「寶伯伯回來了！」寶大娘衝出家門，兩眼淚花花的，問我：「見到人了？」「見到了！」寶大娘一聽當著我的面就嚎啕大哭起來。「他為什麼不捎個口訊回來？」可是來的人並不是寶伯伯，是寶伯伯托這個人給寶大娘捎回一點銀錢。寶大娘知道寶伯伯沒回來，哭得更傷心，我從來沒有見過誰這麼傷心地嚎哭。那人見此傷感的情景，把錢交給寶大娘就走了，一句話沒有說。寶大娘哭得收不住腔，「喬寶，你死在草地好了。」我不由得跟寶大娘一塊哭了起來，哭得也很傷慟。小時候我愛哭，彷彿有一肚子的淚，長大之後卻不哭了。不是淚流盡了，而是白淚變成紅血。記得祖母說：「不流淚的人身上多半沒有血。」血和淚同源，都是從人的心靈流出來的。寶大娘的淚真多。

　　冬天夜長，寶大娘常來我家跟祖母談心說話，有時陪祖母過夜。我聽見寶大娘說：「成漢這個冒失鬼，也不問個明白，我真以為喬寶他回來了。」但寶大娘當我的面卻感激地說我是個小好人，問我：「你為什麼跟我一塊哭？」我答不上來，寶大娘說我心太軟，又對我說：「以後，心可要硬些，不能流淚。」

　　大約又過兩年，寶伯伯真的回來了，是後半夜回到家的。我家的二道門上栓，寶伯伯不敢大聲喊寶大娘，怕驚動四鄰。其實他家就在二道門裡，離門不過一丈來遠，只要聲音稍大些，寶大娘準能聽見。寶伯伯聲音再小再低，寶大娘也一定能聽清楚。寶伯伯寒冬臘月，在門外一直等到天明，到祖母開門時才曉得喬寶回來了，喬寶凍得連話都說不出來了。喬寶就是這麼個老實人。

第二天，寶伯伯特意找到我，說：「認認你奶伯伯，以後就不會把人認錯了。」他一定聽說過我認錯人讓寶大娘傷心大哭的事。寶伯伯回家第二天，把院子的角角落落都掃乾淨，起了羊圈，清掃了磨坊，天天為我家挑滿水甕。寶大娘白天黑夜為丈夫縫縫補補，預備行裝。有一天，我看到他們一道去上墳，寶伯伯扛著鍬，寶大娘走在前面，寶伯伯跟在後面。寶伯伯離家回口外的前夕，向我祖母磕了頭。

第二天清晨，寶伯伯還為我家水甕挑滿了水。我跟在寶大娘身後送寶伯伯走。我們送他到滹沱河岸邊，田野上的積雪還沒消，河道裡的雪很厚，我們望著寶伯伯走上河的對岸，他沒有回頭。回村一路上，我看見寶伯伯走留下的完完整整的腳跡，新鞋踏的，十分清晰，又大又深，幾乎比寶大娘的大一倍。我一生記得雪地上這些深深的命運的蹤跡。

四

冬天的故事特別多，記得我離開故鄉那年的開春前，聽見大人們在炕頭上低聲交談，說佩珍伯伯跟寶大娘相好。男女之間交往到了相好的程度，常常被人添枝加葉傳來傳去。我聽了很難過，不相信。但心裡也為她有點高興，因為她確實太孤單了。

寶大娘面目周正，兩眼炯炯有神，但從不打扮，是一個孤苦而安生認命的女人。佩珍伯伯跟我父親親如兄弟，他老婆個子極小，比炕沿高一點，但人緣十分可親，有一雙晶亮的大眼。佩珍伯伯是全村男人中形象最英武的，個頭足有一米九，身材長得粗粗壯壯，走路步子邁得很大，為人豪俠正氣，很受人尊敬。20來歲時在全縣摔角場上「捐過羊」（奪得冠軍）。當年在鄉間廟會戲台的明柱上拴一頭咩咩叫的大綿羊，插一面三角小旗，只有摔角好手才敢跳到戲台上拔旗。誰摔角得第一，誰把羊捐回家。佩

珍伯伯拔過幾次旗，在幾次盛大摔角場上一連摔倒六個對手。他一擔能挑走一兩畦大白菜，人們給他取了個美號「兩畦菜」。佩珍伯伯從廟會上捐羊回來，當夜全村大後生聚在他家有酒有肉地吃喝一頓，我隨父親去吃過一回。佩珍伯伯說我骨架長得勻稱，能練成一個好摔角手。

每天在小文昌廟前我們孩子們排隊摔角，佩珍伯伯常常親臨指導，他立在地上，讓我們三四個孩子一齊扳他的腿，他紋絲不動，雙腿如戲台上的兩根明柱，無法撼動它。

佩珍伯伯是個貨郎，挑著擔子隔三差五地到外鄉去趕廟會，挑擔和走路的姿勢非常優美。他是我童年時崇拜的英雄。他怎麼會跟寶大娘相好？我可從來沒有看見他踏進寶大娘的家門，只記得有一次，我替他帶給寶大娘一塊白蘭牌香皂。每年臘月，佩珍伯伯在城裡南門甕城口擺貨攤，他讓我當一個月小幫手，立在貨攤邊，招呼顧客。為做酬謝，他送我家每人一條紅褲腰帶和一條黑色腿帶，另外給我一頂帽子。

時間已過了半個多世紀，幾年前，姊姊從家鄉來北京，我問她：「佩珍伯伯跟寶大娘過去真相好過一陣？」姐姐說：「相好過。」我沒有再追問一句。不是好奇，是懷著深深的哀傷，我久久地想這件事。姐姐是最不會編故事的人，更不會說一句假話。如果我現在想寫一部小說，完全能以合乎情理地虛構一個完美的故事，因為我太熟悉當年村裡大大小小的人和事，誰家院子有幾棵樹，我都一清二楚。哪些人家男人走口外一直不回來，家裡老小過苦日子的可憐情形我全知道。誰家年輕妻子在家裡孤孤單單地活著十年八年守著空空洞洞的家，我全知道。因此，我不僅同情可憐的寶大娘，而且十分理解她內心的苦楚，她渴望人間的溫暖。我問姊姊：「寶大娘那許多年如何生活？」她回答說：她仍是安生過苦日子，並沒有與佩珍伯伯一塊過活。用當今的話說，寶大娘與佩珍伯伯相好，是很真誠的友誼，在那個歷史時代這種

友情更令人感動。佩珍大娘與佩珍伯伯都很長壽，佩珍伯伯活到九十。50 年代初，還捎來話給我，要我回去看看他。

　　姐姐說，寶伯伯後來多年沒有音訊，至少十年二十年沒回來過。我估計他一直滯留在蒙古草地。當年走一趟路需一個多月，可見路途多麼遙遠。寶伯伯不是不想家，多半由於戰爭，還有其他原因，他被困在草地，回不了家鄉。寶大娘活不下去，只得另外尋了人家。她不是背離了丈夫，而是無可奈何的事。到了解放以後，寶伯伯像孤魂一樣從草地回來，他已老得走不動路，一身破破爛爛，穿得還是幾十年前寶大娘補綴的那些衣裳。他不會再回到口外草地去了。當他曉得老婆早已離開了那間小屋，他只痛恨自己沒出息，對不起老婆。他晚年一個人住在「寶大娘家」裡。姐姐說，人們現在還把那間屋子叫「寶大娘家」，彷彿寶大娘還沒有離去。寶伯伯晚年的最後那幾年，寶大娘每年回來三五回，白天來，晚上走，為寶伯伯拆洗衣被，縫補衣裳，冬天還醃一甕子酸菜，秋天還磨幾天麵。把寶伯伯的生活安頓得踏踏實實。寶伯伯在「寶大娘家」平靜地離開了人世，寶大娘把他埋進喬家的祖墳。姐姐說：「寶大娘應當成神！」

　　關於寶大娘的形象和生平，我只能零零散散寫到這裡。這幾年一直不敢輕易下筆寫她，生恐歪曲甚至玷汙了她。直到不久之前，自以為對她有了了解，而且引起我許多人生感悟；尤其她的晚年，以高潔的情感和行動，對奔波了一輩子的寶伯伯的照顧，使我深深感動，最後才寫下了這些艱澀的文字。寶大娘的一生，尤其是苦度青春的那些年，所經受的孤獨和困苦，我是親眼看見的。她堅強地默默地掙扎著，守著自己美好的人性，度過了她真實的一生。她不會留下甚麼傳記。她已經安然地化入大自然永恆的泥土之中。

國家圖書館出版品預行編目資料

我仍在苦苦跋涉 / 牛漢著. -- 初版. -- 臺
北市：人間, 2011. 09
　　面：公分

　ISBN 978-986- 6777-36-3 （平裝）

　1. 牛漢　2. 回憶錄

782.887　　　　　　　　　　100012149

現代中國回憶錄叢刊 003■

我仍在苦苦跋涉

本繁體字版由生活・讀書・新知三聯書店授權

口述◎牛漢
編撰◎何啓治、李晉西
出版者　人間出版社
發行人　呂正惠
社長　林怡君
地址　台北市長泰街 59 巷 7 樓
電話　02-2337-0566
郵撥帳號　11746473 人間出版社
印刷　龍虎電腦排版股份有限公司
登記證　局版台業字第三六八五號
初版　2011 年 9 月
定價　新台幣 300 元